Artemis

阿耳忒弥斯

Stephanie Lynn Budin

[美]斯蒂芬妮·林恩·布丁 著 玛赫更里 译

西北大学出版社
·西安·

项目支持

古典辞书编纂与古典语文学研究

(2020CDJSK47ZH07)

重庆大学"双一流"学科重点建设项目
"外国语言文学一级学科水平提升计划"

丛书中文版序

> "去梦想不可能的梦想……"

什么是神?传说,出生于古希腊凯奥斯岛(Ceos)的诗人西摩尼德斯(Simonides),曾在公元前6世纪受命回答过这个问题。据说,一开始,他认为这个问题很好回答,可思考越久,他越觉得难以回答。若当初果真有人问过他这个问题,我也不相信他曾经得出令人满意的答案。当然这个传说,很可能是后人杜撰的。但是,关于西摩尼德斯及其探求规定神性构成要素的传说,可追溯至古代,表明关于定义"神-性"有多难甚或不可能,古人早就心知肚明。

本丛书试图处理的正是西摩尼德斯面对的问题,丛书采取的视角不是作为宽泛概念的"神"或"神性",而是专注于作为个体的神圣形象:对于这些神祇和其他存在者,丛书将其置于"诸神"和"英雄"的总体名目之下。

丛书始于一个梦——这个梦符合一位对难以捉摸的超自然

存在者感兴趣的人。做这个梦的人，就是劳特里奇出版社前编辑凯瑟琳（Catherine Bousfield），她在 2000 年前后的一个夜里做了这个梦。凯瑟琳梦见她正在看一套丛书，每本书的研究主题是一位"奥林波斯"神，作者是研究这位神祇的专家。醒来后她确信，世上一定已经有了这样一套丛书——她肯定在哪里见过这些书，或许在某家书店橱窗里，或在某家出版社的书单上。但在查询书单和询问同事后，她才逐渐意识到，这套丛书并不存在，而只存在于她的梦中。

当凯瑟琳与其他人，包括主编理查德（Richard Stoneman）分享她的梦时，得到的回应都一样：这套书应该已经有了。理查德和凯瑟琳朝着实现这个梦前进了一步，他们问我是否有兴趣主编这样一套丛书。我"毫不迟疑"地接受了邀请，因为，当时我正在研究一位特殊的古代神祇雅典娜，以其作为探索古代文化、社会、宗教和历史的工具。我欣然承担了此项任务，并开始为拟定的书目联络资深作者。我的邀请得到的回复都是满满的热情和"我愿意"（yesses），他们都表示有兴趣撰写某一本书，然而——尽管所有人都确信这套丛书是"好事"，可将诸神和英雄作为独特对象来研究的做法，在学术界到底已经过时了。

当时学者的兴趣，大多在于古人在宗教事务上的作为——譬如，他们举行仪式时，以及在献祭活动中的做法——对这种崇拜的接受者，他们都没有多大兴趣。在为更"普通的"读者撰写的文学作品中，情况则全然不同，有些极好的"畅销书"和"咖啡桌边书"，展现了个别神祇与众不同的特点。我主编这套书的目的，就是要将处在学术边缘的诸神引入中心。

诸神在学者中失宠有一个原因，就是认为独特实体不是学术研究的可行主题，因为——尽管"畅销的"文学作品可以传达此主题——毕竟世上没有一样事物就是某一位神或英雄的某种"曾经之所是"。无本质要素，无连贯文献，无一致性格。相反，在艺术家和著作家笔下，任何一位神都呈现出千姿百态。每个群体都以截然不同的方式构想诸神；连每个家庭也是如此。的确，每个人都能与一位特殊的神建立属己的联系，并按照其特殊生活经验来塑造他。

在更早期阶段，学术界以一个假设作为出发点：每个神都具有其自己的本质和历史——对他们的宗教崇拜，的确千变万化、捉摸不定，尽管古代的多神教并不就是真正的多神教，在任何意义上也不存在多不胜数的神祇。古代宗教好像是由一组一神教构成的——这些一神教平行而不以任何有意义的方式相互重叠，就像对于古希腊人而言，有一个"宙斯宗教"，有一个"雅典娜宗教"，有一个"阿芙洛狄忒宗教"，如此等等；地中海和古代近东的其他文明中的宗教也是如此。譬如，对于罗马人而言，可以有一个"朱诺宗教"，也有一个"马尔斯宗教"，如此等等；在苏美尔人（Sumerians）当中，有一个"伊南娜宗教"（Inanna religion），有一个"恩基宗教"（Enki religion），有一个"马耳杜克宗教"（Marduk religion），如此等等。

这套丛书并不试图回到这种过于单一地理解古代诸神的方式。这种观点出自一种一神教，这是犹太-基督教看待古代宗教的方式。相反，这套丛书试图迎接挑战，探究一种宗教观念模式，其中的诸神内在于世界，诸神可以无处不在处处在，而且往往不可见，有时候也会现出真容。

丛书传达了如何描述诸神才对人类有益的方式，他们描述诸神的典型方式就是将其描述得像人类一样——拟人化，具有人类的形象和行为方式。或者，如丛书所记录的那样，人们也会以非人类的动物形象或自然现象来设想诸神。譬如，阿芙洛狄忒，她常被描绘为伪装成一个女人，有理想的体形，带有一种特别令人渴望的女性美，但也以石头的形象受到崇拜；或如雅典娜，她能够显现为一个披甲的女人，或显现为一只猫头鹰，或显现在橄榄树闪烁的微光中，或显现出一道犀利的凝视，作为 glaukopis［格劳考皮斯］：意为"眼神犀利的"，或眼神闪耀的，或灰眼的，或蓝绿眼的，或猫头鹰眼的，或就是橄榄色眼的。可能的译法之广泛本身就表明，有不同方式来传达古代表现任何神圣事物的某种特点。

总之，诸神能够无处不在，也被认为变化多端，但也仍然能够清晰地描述他们。丛书的另一个目标，就是要把他们当成截然不同的实体来把握，而且任何对显而易见的连贯性的观察，都需要以违背分类一致原则的宗教实体为背景。这也正是他们何以是诸神的原因：这些存在者能够具有表象，也能够活动在人类的世界中，但他们却是具有力量和魔力的实体，他们能显现，也能消失不见。

尽管现代西方人将诸神——或上帝——理解为超验全知和道德正直，他们也常常为诸神故事中所记述的行为震惊：他们会背叛其他神，会虐待其他神，也会表现出妒忌，甚或有杀婴和弑亲这样的恐怖行为。

古代诸神只是看似为现代西方人所熟悉。由于基督教扎根之后所发生的事情，古代诸神不再受到崇拜。在全然不同的宗教观念模式下，那些形象能够安插进基督教化了的德性观念之中，继续发挥重要作用。

与此同时，他们不再被视为真实的存在者，这些形象中很多变成了文化作品的主流——譬如，在艺术中，在"高级"和"低级"文学作品中，还有在音乐中，从古典音乐伟大时代的歌剧，到摇滚歌队"安提戈涅放飞"（Antigone Rising），再到流行艺术家嘎嘎小姐（Lady Gaga）以维纳斯的形象出场，几年前，还有一位流行歌星米诺（Kylie Minogue），扮作维纳斯的希腊对应者阿芙洛狄忒。或者，从美国（嘎嘎）或澳大利亚（米诺)的西方流行音乐,到韩国流行音乐(K-pop),也都是如此:2019年,韩国"防弹少年团"(Korean boy band BTS)成员,各自戴着某个古代神祇的面具(金硕珍扮成了雅典娜,闵玧其扮成了赫菲斯托斯,郑号锡扮成了宙斯。接下来,金南俊是迪奥女,金泰亨是阿波罗,朴智旻是阿耳忒弥斯——最后——田柾国扮成了波塞冬)。

与此同时,对于一代年轻人来说,赖尔登(Rick Riordan)的佩西·杰克逊小说系列(Percy Jackson novels),创造了一个希腊诸神曾经存在过的世界,他们以伪装和被遗忘的方式活过了数世纪。

诸神和英雄仍然是现代的组成部分,西方文化受益于数世纪的古典传统,现代人能够感觉到与他们熟稔。丛书的另一目标是记录这些世纪的复制和挪用——正是这个过程,使古代的阿芙洛狄忒们、维纳斯们,等等,被误认为堪比曾生活在凡人中间的存在者——甚至连佩西·杰克逊小说系列,也依赖于一种理解:每个神都是一个连贯的实体。

丛书中文版的新读者,也许恰恰能以从前的读者所不具备的方式来理解丛书中的诸神和英雄。新读者也许更能理解一个诸神内在于其中的世界——在这个世界中,对于古希腊哲人泰勒斯(Thales)而言,诸神"内在于万物"。古代诸神——尽管对于现代西方人如此不寻常——能够进入每个人的梦。可以认为他们寓居于自然之境，或寓居于他们自己的雕像中，或居住在他们自己的神殿中。可以视其为人类的祖先，甚或视其为获得了神性的人类。

古代地中海和近东的诸神与中国诸神的亲缘关系，更甚于其与当代西方人的关系，当代西方人虽然继续在刻画他们，却不认为他们是这个世界所固有的诸神。

中国诸神，与希腊、罗马、巴比伦等文明中的诸神一样，数量众多；他们的确可谓不计其数。中国诸神与古典古代的众神相像，却与后来犹太-基督教西方的一神教体系不同，中国诸神可以是男神或女神。每个神，都像古代西方人的诸神那样，活动在很多领域之中。譬如，丛书中文版的读者所理解的赫耳墨斯，可能就像中国的牛头（Ox-head）和马面（Horse-Face），他是护送刚死的人到哈德斯神领地的神；作为下界的统治者，哈德斯——丛书未来规划中一本书的主题——堪比中国神话中的阎王（Yanwang）；赫拉作为天界至高无上的女性统治者，其地位可以联系天后斗姆（Doumu）来理解。万神殿中的诸神，也是人类的祖宗。希腊神宙斯，尤其可以当"诸神和人类的父亲"来设想。其他诸神——如赫拉克勒斯（Herakles / Ἡρακλῆς），这位声名卓著的神——也可能从前就是人类。

我很荣幸能介绍给大家一系列古代形象——女性的、男性的、跨性别的、善良的、恐怖的——这些形象无一例外耐人寻味，扎根于崇拜他们、讲述他们故事的人民的文化中。

丛书中的每一本书，开篇都首先提出值得以一本书篇幅来研究这个对象的原因。这个"为什么"章节之后的部分是全书的核心，探究古代刻画和崇拜这个对象的"关键主题"。丛书最后一章总结每个研究对象在后古典时代的"效应"（afterlife），有时候篇幅相对较短，如在《伊诗塔》（*Ishtar*）中；有时候则篇幅较长，尤其在《赫拉克勒斯》中，这是因为古代以降对研究对象的描述十分宽广。每本书带有注解的"参考文献"，为读者指引深入研究的学术领域。

一言以蔽之，欢迎中国读者阅读"古代世界的诸神与英雄"丛书——欢迎你们来到一个由著作构成的万神殿，这些著作的主题是非凡而又多面的存在者，每位作者所要表现的就是他们的独特之处。此外，每位作者又都是其主题研究领域的专家，正如凯瑟琳所梦想的那样。

苏珊·迪西（Susan Deacy）

于伦敦

2023年1月

（黄瑞成 译）

献给图尔法（Jean MacIntosh Turfa）
φιλίστη πότνια θηρῶν［最亲爱的众兽女王］

目 录

丛书前言：为何要研究诸神与英雄？   *007*
插图目录   *013*
缩略语目   *015*

介绍阿耳忒弥斯   *001*
   融和论   *007*
   资料和方法   *016*
   小结   *018*

一、阿耳忒弥斯的早期历史   *019*
   线形文字 B   *020*
   自然女神   *025*
   "波提尼亚·塞隆"   *032*
   早期圣所   *039*
   提洛岛   *040*
   卡拉波迪 / 海姆波利斯   *041*
   近东的联系和影响——以弗所的阿耳忒弥斯   *045*

本土的融合与外来影响——阿耳忒弥斯·奥忒亚	*054*
小结	*072*

二、阿耳忒弥斯的童年和永恒的童贞   *074*

童年	*074*
童贞	*084*
童贞作为一种阈限状态	*095*
希波吕托斯	*099*
小结	*104*

三、荒野中的阿耳忒弥斯   *105*

荒野和狩猎女神	*105*
神圣的女猎手	*105*
即使是兔宝宝?	*115*
野生空间	*123*
水	*124*
绰号	*126*
阈限	*127*
战争女神吗?	*129*
给阿耳忒弥斯·阿格罗特拉献祭	*131*
更多绰号	*146*
小结	*151*

四、阿耳忒弥斯和儿童   *153*

KOUROTROPHIC ARTEMIS（？）   *153*

    Kourotrophic 绰号   *155*

    Kourotrophic 肖像   *156*

    家庭浮雕   *159*

    用石头和黏土制作的儿童雕像   *163*

    重新审视 Artemis kourotrophos   *166*

阿耳忒弥斯的熊   *172*

以及人形动物   *180*

阿耳忒弥斯和合唱队   *183*

性和惩罚   *188*

    卡利斯托   *189*

    帕特莱的阿耳忒弥斯·特里克拉里亚   *190*

处女的疾病   *193*

    其他处女的疾病   *195*

从男孩到男人   *198*

小结   *202*

五、阿耳忒弥斯与妇女   *204*

从处女到新娘   *206*

从新娘到母亲   *210*

母性   *215*

    阿波罗   *232*

    穿孕妇装（？）   *234*

为什么是现在？	*240*
男性医疗机构	*242*
女祭司（和一些男祭司）	*247*
小结	*256*

六、阿耳忒弥斯作为瘟疫和残忍女神 — *257*

瘟疫的故事（和救赎）	*257*
原因论崇拜	*260*
狮子般对待妇女	*264*
残忍的传说和仪式	*264*
伊菲革涅亚（和赫卡忒）	*270*
克里米亚崇拜	*279*
布劳戎事件	*287*
哈莱的阿拉菲尼德斯	*292*
阿耳忒弥斯的替罪羊	*293*
从奥忒亚那里偷奶酪	*297*
鞭打	*299*
年代学	*300*
原因论	*302*
那些男孩被鞭打了！	*312*
斯库提亚人的阿耳忒弥斯	*316*
小结	*320*

七、阿耳忒弥斯一些被低估的方面 　　　　　322
阿耳忒弥斯是城市女神 　　　　　322
阿耳忒弥斯会让你自由的！ 　　　　　329
神圣购买与解放祭礼 　　　　　329
Hiera têi Artemidi 　　　　　331
在以弗所的阿耳忒弥斯 　　　　　337
狄安娜在阿里西亚 　　　　　343
小结 　　　　　353

八、后世的阿耳忒弥斯 　　　　　355
阿耳图密斯和狄安娜 　　　　　356
以弗所和基督教的出现 　　　　　358
不过，还是很喜欢这些乳房 　　　　　363
阿耳忒弥斯在布鲁克林 　　　　　367
现代文学：伊迪丝·沃顿 　　　　　370
阿耳忒弥斯·卡忒尼斯 　　　　　373
小结 　　　　　384

参考书目 　　　　　385
索引 　　　　　409

附录：古代世界的诸神与英雄译名表 　　　　　434
跋 "古代世界的诸神与英雄" 　　　　　449

丛书前言：为何要研究诸神与英雄？

> 正当的做法，
>
> 对于开启任何严肃谈话和任务的人而言，
>
> 就是以诸神为起点。
>
> ——德摩斯泰尼《书简》（Demosthenes, *Epistula* 1.1）

古典古代的诸神和英雄是我们文化的构成部分。他们大多数成为诗人、小说家、艺术家、作曲家和电影人创作的灵感源泉。希腊悲剧的持久魅力保证了人们对其主人公的遭遇和苦难的熟稔经久不衰，而英国最新的一所大学林肯大学（University of Lincoln）选择密涅瓦（Minerva）作为校徽标志，表明了古代诸神持久的象征潜能。甚至管理界也用诸神作为不同风格的代表：譬如，宙斯（Zeus）与"俱乐部型"文化（the "club" culture），阿波罗（Apollo）与"角色型"文化（the "role" culture）（参见汉迪［C. Handy］《管理中的诸神：他们是谁，他们如何发挥作用，他们为什么失败》［*The Gods of Management: Who they are, how they work and why they fail*, London, 1978〕）。

这套丛书的关注点在于：这些神的形象如何又为何能持久引人入胜和令人神往。还有另一个目的，那就是探究这些形象的奇特之处。熟稔诸神和英雄也有风险，会模糊其现代意义与古代功能和目的之重大区分。除了某些例外，如今人们不再崇拜他们，但对于希腊人和罗马人而言，他们真实存在，处在一个简直是包括成百上千种神力的体制之中。他们的范围从主神到英雄再到精灵和仙女这样的形象，每位主神都按照其尊号或"绰号"制作的装束受到崇拜，英雄则是与本地社群关联在一起的已故个体。景观中点缀着圣殿，山川树木被认为有神明居于其间。研究古代异教，涉及找到策略，以理解一个万物——用泰勒斯（Thales）的话说——"充满了诸神"的世界。

为了把握这个世界，有必要将我们关于神圣之物的先入之见放在一边，后者主要由基督教关于一位超验全能、道德善好的上帝的观念所塑造。希腊人和罗马人的崇拜对象数不胜数、有男有女，他们的外貌、行为和遭遇与人类无异，只是作为不死者不受人类处境束缚。他们远非全能，各自能力有限：连至高无上的宙斯/朱庇特（Jupiter），也要与兄弟波塞冬/尼普顿（Poseidon/Neptune）（海）和哈德斯/普路托（Hades/Pluto）

（下界）分治世界。由于缺乏某种信条或有组织的教会，古代异教向不断重新解释保持开放，所以，我们不应期待会发现这些形象具有统一本质。通常着手解说众神（the pantheon）的做法是列举主神及其功能（赫菲斯托斯/福尔肯［Hephaistos/Vulcan］：手工艺，阿芙洛狄忒/维纳斯［Aphrodite/Venus］：爱，阿耳忒弥斯/狄安娜［Artemis/Diana］：狩猎，如此等等），但很少有神的功能如此单一。譬如阿芙洛狄忒，她远不只是爱神，尽管此项功能至为关键。她的绰号还包括 hetaira（"交际花"）和 porne（"娼妓"），也可以证实她的身份变化多端，她既是公民全体的保护神（pandemos："保护公民全体"），也是航海业的保护神（Euploia［欧普劳娅］，Pontia［庞提娅］，Limenia［丽美尼娅］）①。

正是有鉴于这种多样性，本丛书各卷不包括每个神或英雄的传记（虽然曾有此打算），而是由探究其在古代异教世界综合体中的多重面相构成。如此规划进路，部分是为了回应以往研究的两种截然不同的模式。直到 20 世纪中期，学术界大多采用研究诸神和英雄个体的方式。很多著作提出了对每一形象的起源、神话和崇拜等问题的详尽评价：包括法奈尔（L.R.

---

① Euploia 在希腊语中意为"安全航海女神"，Pontia 在希腊语中意为"海中女神"，Limenia 在希腊语中意为"海港女神"。——译注

Farnell)在其《希腊城邦的崇拜》(*Cults of the Greek States, five volumes*, Oxford, 1896—1909)中对主神的考察,还有库克(A.B. Cook)的三卷本巨著《宙斯》(*Zeus*, Cambridge, 1914—1940)。其他人运用理论方面的成就来研究诸神和英雄,值得一提(并且已有书目最接近一个统一的丛书)的是克雷尼(K. Kerényi)按荣格式(Jungian)的原型来研究诸神,包括《普罗米修斯:人类实存的原像》(*Prometheus: Archetypal image of human existence*, English tr. London, 1963)和《狄奥尼索斯:不可毁灭的生命的原像》(*Dionysos: Archetypal image of the indestructable life*, English tr. London, 1976)。

与之相对,受法国结构主义影响,20世纪晚期,出现了由专门研究诸神和英雄,向探究其作为部分的体制的谨慎转变。确信研究单独的神不可能公正对待古代宗教的动态原理,受此刺激,众神开始被作为一个合乎逻辑的相互关联的网络来描绘,各种神力在其中以系统方式彼此对立。譬如,在韦尔南(J.-P. Vernant)的经典研究中,希腊的空间概念通过赫斯提亚(Hestia,灶神——固定空间)与赫耳墨斯(Hermes,信使和旅者之神——移动空间)的对立而神圣化:韦尔南《希腊人的神话与思想》(*Myth and Thought Among the Greeks*, London, 1983, 127—175)。但是,诸神作为分离的实体并未遭忽视,堪为范例的有韦尔南的著作,还有他的同事德蒂安(M. Detienne)专研诸神阿耳忒弥斯、狄奥尼索斯和阿波罗的著作:参见他最新的著作《阿波罗,手中的刀:研究希腊多神教的实验进路》(*Apollon, le couteau en main: une approche expérimentale du polythéisme grec*, Paris, 1998)。

某种意义上,本丛书在寻求一个中间地带。虽然进路是以唯一(尽管具有多样性)个体为主题,却关注他们的神力在宗教的集体性中的重要性。"古代世界的诸神与英雄"丛书,为古典古代很多重要的宗教事务投下了新的亮光,也为21世纪理解希腊和罗马多神教提供了进路。

本丛书意在引起普通读者的兴趣,也意在符合广泛学科领域的大学生之所需:从希腊和罗马宗教、古典文学和人类学,到文艺复兴文学和文化研究。每卷书分三大部分,对其研究的主题对象作出权威性的、易于理解和令人耳目一新的解说。"导言"提出关于这个神或英雄要研究什么,值得特别关注。接着是核心部分,介绍"关键主题"和观念,包括(角度不同的)起源、神话、崇拜和文学与艺术中的表现。考虑到神话遗产是其具有持久魅力的关键要素,古代以来对每个形象的接受,构成每卷书第三部分的主题。丛书各卷都包括关于某个神或英雄的插图、时序图、家谱和地图。一个带有注释的"参考文献",

综合了以往的研究成果，有助于更进一步研读。

为方便起见，丛书名称采用阳性术语"诸神"（gods）与"英雄"（heroes），尽管要为使用男权语言而表示歉意，但如此选择一定程度上也反映了古代的用法：希腊词 theos（神）也用于女神。为方便和一致，古代专名采用希腊语拼写，著名的拉丁语拼写例外，纪元采用 bc/ad 而非 bce/ce。

感谢鲍斯菲尔德（Catherine Bousfield），她担任编辑助理直到 2004 年，她（一字一句）设计丛书，一丝不苟积极主动，直至丛书接近出版。她的继任吉朋斯（Matthew Gibbons）工作努力高效，监督了丛书的出版进程，劳特里奇出版社的前古典学出版人斯通曼（Richard Stoneman），始终提供支持和专家意见。每一项提议的匿名读者，都提出了坦率而又富有助益的建议，作者们有前沿学术水准保证，就其设定的主题作出了易于理解的解说，这使得与其一道工作成为一桩乐事。

苏珊·迪西（Susan Deacy）

罗汉普顿大学（Roehampton University）

2005 年 6 月

（黄瑞成 译）

插图目录

（页码指原书页码）

图 1.1：3a 室的自然女神（页 12）

图 1.2：弗朗索瓦陶瓶上的波提尼亚·塞隆画像（页 16）

图 1.3：绘自然女神和孩子们的忒拜浮雕大口陶瓷坛（页 17）

图 1.4：以弗所的阿耳忒弥斯雕像（页 22）

图 2.1：勒托带着她的双胞胎阿耳忒弥斯和阿波罗逃离皮托（页 36）

图 3.1：绘一位自然女神的波奥提亚双耳陶瓷坛（页 53）

图 3.2：绘阿耳忒弥斯狩猎的白底细颈瓶，归于画家卡尔斯鲁厄（页 53）

图 3.3：绘阿耳忒弥斯喂养天鹅的白底细颈瓶，归于画家潘（页 54）

图 3.4：抱着幼鹿的阿耳忒弥斯陶俑（页 54）

图 4.1：阿耳忒弥斯和一个小女孩陶俑（页 71）

图 4.2：位于弗西奥蒂斯的埃克希诺斯的阿耳忒弥斯还愿大理石浮雕（页 72）

图 5.1：来自廷达里斯的阿耳忒弥斯大理石还愿浮雕（页 94）

图 8.1：《自然女神喷泉》（页 162）

图 8.2：《塔里的狄安娜》（页 163）

图 8.3：《维维安·圣乔治和她的狗》（页 164）

缩略语目

以下约定俗成的缩略语,用于引用某些权威著作。古代作家及其作品在文中有详细介绍。现代学者的作品在注释中按作者日期引用,参考书目中附有完整的出版细节。

AO 《斯巴达的阿耳忒弥斯·奥提亚圣所》(*The Sanctuary of Artemis Orthia at Sparta* R.M. Dawkins(ed.) Macmillan and Co, Ltd. London. 1929)

BCH 《希腊通讯公报》(*Bulletin de Correspondance Hellénique*)

CMS 《米诺斯和迈锡尼印章文库》(*Corpus der Minoischen und Mykenischen Siegel*. I. Pini (ed.). Gebr. Mann Verlag. Berlin)

FrGrHist 《希腊历史学家残篇集》(Jacoby, F. (1923—1958) *Die Fragmente der Griechischen Historiker*, Leiden) 近期,通过在线 Brill's New Jacoby (ed. I. Worthington, Leiden

2006—），学生可通过大学图书馆提供的该机构网站许可证进行访问，更易于获取大量希腊历史著作的残篇合集。每个残篇都附带英文翻译，以及希腊文本、评注和参考书目。

GA 　　《希腊文选》（*Greek Anthology*）

IG 　　《希腊铭文集成》（*Inscriptiones Graecae*）

LIMC 　　《古典肖像神话词典》（*Lexicon Iconographicum Mythologiae Classicae*, Zurich and Munich 1981—1999）

LSCG 　　《希腊城邦的神圣法律》（Sokolowski, F. (1969) *Lois sacrées des cités grecques*, Paris）

SEG 　　《希腊碑文补集》（*Supplementum Epigraphicum Graecum*, Leiden 1923—）

介绍阿耳忒弥斯

阿耳忒弥斯(Artemis/Ἄρτεμις)是古希腊万神殿中最重要的神祇之一,对她的崇拜从东方的巴克特里亚(Bactria,今阿富汗)延及西方的伊比利亚(Iberia)。她在希腊人日常生活中的职司之多和作用之广,令人印象深刻。人们对这位女神最普遍的认知是作为狩猎女神和荒野女神的身份。阿耳忒弥斯也负责帮助妇女分娩(当她不是在杀死她们的时候),使孩童过渡到成年,划定政治领土和战争与和平期间的边界,带来和治愈瘟疫,带来光明,并解放奴隶,尤其是女奴。在我们这个时代的早期几个世纪,一位俄耳甫斯(Orphic)诗人在一首颂诗中对阿耳忒弥斯作了很好的总结:

《给阿耳忒弥斯(点上乳香粉)》
哦,女王啊!听我说,提坦神宙斯多名的女儿,
美名曰,光荣的,拉弓箭的,可敬的,

全身发光的,手持火把的女神,狄克图娜(Diktynna/Δίκτυννα)①啊,洛赫西亚(Lokheia/Λοχεία)②哟,

帮助那些正在分娩的人和尚未分娩的人,

吕西佐涅(Lysizonê/Λυσιζόνη)③啊,热衷于狩猎的女猎手,你驱赶了烦忧,

迅捷的,擅射的,热爱荒野的,夜间漫游的,

带来声名的,仁慈的拯救者,野丫头,

奥忒亚(Ortheia/Ορθεία)④啊,顺产的赠予者,凡人神圣的儿童养育者,

永生的,质朴的,猎兽者,行好运的神啊,

你遨游在山间幽谷,射鹿手,受爱戴的,

圣女啊!至高的女王,播下永恒公平的,

森林的主宰哟,不断变形的库多尼安(Kydonian/Κυδώνιαν)⑤啊,

来吧,亲爱的女神,救世神(Savior)!开始恩施万物,

给大地带来丰硕的果实,

带来和平安定,健康美好,

---

① 克里特岛使用的一个宗教崇拜绰号。
② 属于分娩。
③ 腰带松解器:用于第一次性交和分娩。
④ 斯巴达和梅塞内使用的一个宗教崇拜称谓。
⑤ 库多尼安属于克里特岛。

你将疾病和痛苦引向山巅。

文学作品中呈现的范围,与女神献祭中所见的多样性相符合。比如,想想西西里岛(Sicily)古代叙拉古(Syracuse)的希腊斯卡拉圣所(Scala Graeca sanctuary)中献给阿耳忒弥斯的祭品。在这里,我们发现了阿尔忒弥斯的陶土神像,她扛着一艘小船,因此是航海者的保护神;阿耳忒弥斯作为波提尼亚·塞隆(Potnia Therôn/Πότινα Θηρῶν,"动物的女主人"),把双手放在狮子和黑豹头上的神像;阿耳忒弥斯将幼鹿抱在胸前,展现出她作为一位喜爱野生动物幼崽的女神形象;而她拎着成年鹿的尾巴或后腿的形象,展示的是阿耳忒弥斯·埃拉菲波洛斯(Artemis Elaphebolos/Ελαφεβόλος)——"射鹿手"。手握弓箭的阿耳忒弥斯是女猎手,手持植物或棕榈树枝的阿耳忒弥斯,则是一位保护自然和生育的女神。从用马献祭这一点,可以推测出人们对阿耳忒弥斯·希皮克(Hippikê/Ἱππική)的崇拜。根据品达的说法(*Pyth.* 2),这位女神帮助叙拉古的希耶罗(Hieron)驯养了马,希耶罗由此赢得了一场在德尔斐城举办的战车竞赛。①在其他圣所,作为妇女女神的阿耳忒弥斯形象更为突出,比如在阿提卡(Attika)的布劳戎(Brauron),人们在那里发现了

---
① Fischer-Hansen 2009:211–212.

站立和蹲伏状的孩童雕像,以及凡人儿童养育者(kourotrophoi/κουροτρόφοι)的陶俑坐像;还有古典的还愿浮雕,上面刻的是抱着婴儿的一家人来到她的祭坛前献祭。[①]

阿耳忒弥斯在崇拜中的重要性,同她在文学作品中相对罕见的露面不相符。她在荷马的《伊利亚特》(*Iliad*)中有一个极为尴尬的场景——她真的被继母赫拉(Hera/Ἥρα)狠狠扇了一巴掌。虽然在《奥德修纪》(*Odyssey*)中也有提及,但她并没有亲自露面。赫西俄德(Hesiod)详细提到过她一次,而且她只在现存的雅典悲剧之一——《希波吕托斯》(*Hippolyto*)中出现过一次。女神在更"个人化"的文学体裁中更为突出:即在抒情诗和颂诗里。然而,即使是在前一种情况,她也不如阿芙洛狄忒那样受欢迎,这或许是因为在唱着抒情诗的酒会上,一个处女女猎手并不像一个性感女郎那么合群。

文学表现的欠缺,是希腊宗教研究中的一个重要考虑因素。因为,很多学生都是通过一门古典神话课程了解古希腊宗教,从而使得希腊神祇的重要性,往往与他们在书面资料中的突出地位相关。雅典娜显然是一个强大而重要的神,就像宙斯一样。相比之下,赫斯提亚(Hestia/Ἑστία)似乎无关紧要,而赫拉只是一个嫉妒的泼妇。只有考虑到了非文学证据,我们才能理解

[①] Hadzisteliou Price 1978:121.

这些神明在希腊宗教中的真正重要性。例如，灶神赫斯提亚是家庭的核心、城邦的核心，是接纳新成员进入这个共同体中的女神，她将她的势力范围扩大到将藩属殖民地与母邦联系起来的地步，并且在其地盘上必须举行所有的燔祭和大多数的奠酒祭神仪式。《荷马颂诗》（*Homeric hymn*，29）中关于她的描述毫不夸张：

> 赫斯提亚，在所有不朽神明的高大殿堂里
> 和寓居于地上的人类中，
> 拥有永恒的席位和一流的荣耀；
> 她享有公平的奖赏和权利。因为没有你
> 凡人无法畅饮欢愉——在哪里谁都无法不把香醇美酒
> 从第一杯到最后一杯，都献给赫斯提亚？

对阿耳忒弥斯的研究为我们提供了一个黄金（也许是白银？）机会，让我们从多种来源来审视希腊宗教，从而认识到，在通行的神话故事中这样一位仅作为边缘存在的女神的重要性。

除了地理上的影响之外，阿耳忒弥斯也是古代地中海地区崇拜时间最长的神祇之一。在青铜时代的克里特岛和希腊（Bronze Age Crete and Greece），以及来自皮洛斯（Pylos）

的线形文字 B 档案中,都证实她肖像的存在。在安纳托利亚(Anatolia)的以弗所(Ephesos),对她的崇拜也持续了很长时间,长到足以让早期的基督徒中风。

尽管证明了阿耳忒弥斯的多重面相和广泛职能,但她的核心角色还是过渡女神。如上所述,她帮助儿童蜕变为成年人。但她的作用远不止于此。作为狩猎女神,她是一个在凶残的野生动物世界和使用工具(同样残暴)的人类世界之间斡旋的神。作为荒野女神,她的崇拜标志着荒野与文明之间,以及政治领域之间的过渡。她帮助女孩们成为女人,而且更重要的是,帮助女孩们成为母亲,就像她帮助奴隶成为自由人一样。从某种程度上说,阿耳忒弥斯在她的大部分职能中是掌管生命状态变化的女神。

由于在时间、空间和职能上的变动,阿耳忒弥斯极有可能与其他女神融合。因此,阿耳忒弥斯为考察古代宗教的融和论(syncretism)提供了一个理想个案研究。这一事实将在本书中反复出现,因此有必要在此向读者就融和论的概念作一番基本介绍。

融和论

简而言之,"融和论"就是神祇融合身份的过程。这通常发生在拥有不同万神殿的人们相互接触时,有意识或无意识地,试着让他们的宗教体系相互融合的时候。

在过去的两个世纪,这个词已经有了相当广泛的关联意义,从"关系"(relationship)的一般概念到相当于单一神论(henotheism)的神的等式。融和论概念的各种细微差别或细分,由莱韦克(P. Lévêque)在 1975 年《关于融和的类型学文集》("Essai de typologie des syncrétismes")一文中确立。莫特(A. Motte)和皮雷恩 – 德尔福格(V. Pirenne-Delforge)在他们 1994 年的论文《论"正确使用"融和概念》("Du 'bon usage' de la notion de syncrétisme")中有反复思考。在后一篇文章中,"融和论"从"影响"(influence)和"借用"(borrowing)的相关概念中分离了出来。然后,依次按照柏拉图式风格(Platonic fashion),研究它的各种表现形式。例如,一种融和论的解释类型,是"那种倾向于……给外来神祇以我们自己的神祇之名予以施洗"[①]。因而,希腊人将腓尼基女神阿施塔忒(Aštart)

---

① Motte and Pirenne-Delforge 1994:21.

视为其本土女神阿芙洛狄忒的异国版本,就像弗福斯(Etruscan Fufluns)是狄奥尼索斯(Dionysos/Διόνυσος),以及埃波纳(Gaulish Epona)是雅典娜一样。当来自不同万神殿的两个或更多神祇可能融合而创造出一个新神时,就会发生"混合"(amalgam)类型的融合。① 这样,在希腊化时代的埃及(Egypt),希腊人结合了埃及神阿比斯(Apis,一头公牛)和奥西里斯(Osiris,死神),创造了新神塞拉庇斯(Serapis)。相比之下,在"融合论-单一神论"(syncrétisme-hénothéisme)中,一个或多个万神殿中几个性别相同的神,被视为同一个男神或女神。② 因此,希腊的阿芙洛狄忒=腓尼基的阿施塔忒=埃及的哈索(Hathor)。

帕卡宁(P·Pakkanen)在她1996年出版的《早期希腊化的宗教阐释》(*Interpreting Early Hellenistic Religion*)中,推进了融合论研究,表明融合实际上是一个过程(process),而不仅仅是一种存在状态(a state of being)。因此,上述定义的各种术语实际上是融合论整个过程中的步骤。拥有他们自己万神殿和宗教崇拜的地方社会,会接触到新的民族、新的宗教意识形态和新神。首先,某一 *interpretatio*[**解释**],或并行

---

① Motte and Pirenne-Delforge 1994:19。
② 同上:20。

（parallelism）的发生过程，凭靠一个（或两个）群体鉴别出一个或多个"异国"神成为他们自己的万神殿成员。长此以往，"并行"可能最终导致融合发生，从而一个新神或对旧神的一个新概念就出现了。这个过程，可能要么自然发生，如希腊化时代德墨忒耳（Demeter/Δημήτηρ）和伊希斯（Isis/Ἴσις）的肖像融合；或人为发生，如上文提到的希腊－埃及神塞拉庇斯的创造。随着新神就位，这个过程可能又会重复。①

在阿耳忒弥斯的研究中，这些融合过程至少需要在两个范畴中理解。在早期希腊历史上，当奥林波斯女神阿耳忒弥斯与类似的希腊或前希腊女神接触并融合时，就有了地方融合。正如我们将在第一章中所见，阿耳忒弥斯同一个叫沃奥萨西亚（Worthasia/Ωορθασία）的斯巴达本土女神发生了融合，以至于最初的那位女神被希腊女神阿耳忒弥斯取代——此后以阿耳忒弥斯·奥忒亚之名为人所知（Ortheia/Ορθεία 来自原名 Worthasia/Ωορθασία）。

在第五章，我们将看到阿耳忒弥斯与古老的分娩女神埃勒提雅（Eileithyia/Ειλείθυια）的身份合并。这些女神如何融合，完全取决于她们在古希腊的地位。在克里特岛和伯罗奔半岛，阿耳忒弥斯和埃勒提雅仍然是独立神（考虑到自青铜时代以来，

---

① Pakkanen 1996：87–88，92.

埃勒提雅在克里特岛长期受到崇拜就不足为奇了）。然而，在阿提卡，女神们开始融合身份，两者都可能受到单独崇拜，但阿耳忒弥斯也被称为阿耳忒弥斯-埃勒提雅，她扮演了埃勒提雅（Eileithyia/Eιλείθυια）作为分娩女神的角色。再往北，在波奥提亚（Boiotia），埃勒提雅没有独立身份，她仅存为阿耳忒弥斯的一面。类似的过程似乎也发生在阿耳忒弥斯和希腊中部的一位名叫伊菲梅德/伊菲纳萨/伊菲革涅亚（Iphimedê/Iphianassa/Iphigeneia）女神之间，如后文第六章所述。在这里，原始女神继续存在，但被降级为"女英雄"（heroine）的地位，并在文学作品中被认为是取代她的女神的女祭司。

第二个范畴中，阿耳忒弥斯同外来神融为一体。有些发生在希腊历史的早期，如阿耳忒弥斯和安纳托利亚的赫卡忒（Hekatê/Eκάτη）的融合，如第六章所述。跟埃勒提雅融合时一样，这两位女神既受到独立崇拜，又相互联系在一起。其他融合发生得较晚，离女神久远，她们的身份融合几乎没有影响到希腊宗教。同样重要的是，要注意到神不一定非得在特征或属性上相似才能融合。希腊人（和其他人）通常只需一个细节就足以将他们的神与其他国家的神区分开来，而且通常情况下，个体神可以与不止一个异国神融合。

这样的怪事在美索不达米亚女神娜娜雅（Nanaya）身上得

到了很好的体现——她在希腊化时代与阿耳忒弥斯融合在一起，而且她们的联合崇拜一直延续到了罗马时代。在美索不达米亚，娜娜雅是一位性欲女神。在第二个千年的苏美尔的巴尔巴勒（BALBALE）颂诗中，女神经常被唤作"姐妹"（这是"心爱之人"的俗称，但绝不指乱伦！）。她最撩人的颂诗——以对话形式展开——由于其残碎的性质，也许恰当地说，颇为挑逗：

不愧是安（An）……贵妇身份无与伦比，一个宝座……在家中作为一个男人，一个宝座……在神龛里作为一个女人，一件金饰……别在礼服上，一枚……别针……扣在尼格拉姆（nigêlam）长袍上。

让我……在你的……上倾听——娜娜雅，它的……是如此美好。让我（？）……在你的乳房上——娜娜雅，它的……粉末香甜。让我把……放在你的肚脐上——娜娜雅，……跟我来，我的贵妇，与我一起来，从神龛的入口来。愿为你而……。来吧，我心爱的姐妹，让我的心欢喜。

你的手有女人味儿，你的足也有女人味儿。你跟一个男人攀谈时有女人味儿。你端详一个男人时还有女人味儿。你的……

手向一个男人伸出时有女人味儿。你的……足也有女人味儿。你的……小臂让我的心欢喜。你的……足带给我快活。当你靠在墙上休憩时,你善解人意的心让人愉悦。当你弯下腰,你的臀部尤其惹人爱。

我靠墙而卧是一只羔羊。我弯腰是一个半鱼叉(giĝ)。请不要挖沟渠,让我成为你的沟渠。请不要犁田,让我成为你的田野。农夫,不要寻找湿地,我珍爱的宝贝,让我成为你的湿地……让这成为你的犁沟……让这成为你的欲望。牵挂着……我来了……我来了……带着面包和酒。

你带着面包和酒来找我。来吧,我心爱的姐妹,让我……这颗心。娜娜雅,让我亲吻你。①

到目前为止,这尊神与处女猎手阿耳忒弥斯,几乎没有什么明显的共同之处。然而,在第一个千年,发生在娜娜雅的崇拜和形象上的变化,使她更"符合"(in line)阿耳忒弥斯。例如,在乌鲁克城(Uruk)的月度节日列表中,在杜穆兹(Dumuzi)

---

① Translation from http://etcsl.orinst.ox.ac.uk/cgi-bin/etcsl.cgi?text=t.4.07.8#.

月的第一天，人们通过举办特殊的盛宴来崇拜娜娜雅。文献记载，人们在神庙周围游行时，其中一尊雕像的手里拎着一个箭袋。[①] 同样，在第二个千年后期，娜娜雅就被视为抄写神纳布（Nabû）的配偶，他们都是博尔西帕城（Borsippa）的主神。在后来的岁月中，希腊人把纳布视为阿波罗，就像他们把娜娜雅等同于阿耳忒弥斯一样。我们在斯特拉博（Strabo，16.1.7）中读到，阿耳忒弥斯和阿波罗是他那个时代的城邦主神。阿耳忒弥斯－娜娜雅（Artemis-Nanaya）也在杜拉－欧罗普斯（Dura-Europos）受到崇拜。韦斯滕霍尔兹（Joan Goodnick Westenholz）在研究娜娜雅时指出，在理解这些女神如何被彼此识别的过程中，存在一些困难，但也强调了她们紧密共享的肖像：

　　这是一个融合的时期，所以当斯特拉博把娜娜雅认作阿耳忒弥斯时，我们发现，娜娜雅的形象是用弓或箭或月牙来描绘的。很难辨别称谓或描述哪一个处于次要地位——她之所以被描绘为带着弓和箭，是因为她被称为阿耳忒弥斯，还是因为她被描绘为带着弓和箭，所以被称为阿耳忒弥斯。在苏萨城（Susa），公元前110年帕提亚（Parthian）时期的硬币上，她被描绘为一位头被光束笼罩的太阳／月亮女神……从亚述古城（Assur）圣

[①] Westenholz 1997：77.

坛上的供奉场景来看,她的裙子上装饰着月牙,她的头上也戴着月牙和太阳装饰的皇冠……娜娜雅出现在几块来自帕拉米亚(Palmyra)的小型大理石镶嵌物上,也被描绘为带着弓和箭。①

很明显,除了相互融合之外,两位女神也都受到了罗马时代阿耳忒弥斯与狄安娜(Diana)合并的影响。因此这三位女神都出现在月亮(甚至太阳)的形象化描述中。

阿耳忒弥斯与娜娜雅的晚期融合就是一个极端案例——这对希腊人如何看待或崇拜阿耳忒弥斯没有任何影响——但它并非希腊和罗马时代盛行的"融合时代"(Age of Syncretism)的典型。也许对希腊的阿耳忒弥斯研究更典型和相关的是她与以弗所女神的融合——后者的崇拜从安纳托利亚海岸传播到法国南部的蓝色海岸(la côte d'azure,下一章将详细介绍)。

因此,融合的概念有着丰富多彩的含义。在最简单的层面讲,存在着解释融合论(*interpretatio* syncretism),即两个或更多神被视为同一个神。初始间距的程度和认同的程度不同,阿耳忒弥斯和沃奥萨西亚就是一个极端亲密融合的例子。通常,不同万神殿的神之间会产生融合。如果身份合并足以创造一个新神,混合物据说就产生了。在这种情况下,一个或多个原初

---

① Westenholz 1997: 79-80。

的、预先-混合（pre-amalgamated）的神，很有可能除新神以外继续存在并受到崇拜。然而，如果身份的融合导致其中一个"创造神"（creator）不复存在，那么我们可以说，一种"侵蚀"类型的融合已经发生，就像伊菲革涅亚一样。当在一个世界性的社会体系中，对融合的解释没有限制时，单一神论就开始出现。在这里，一个不断增长的复杂的并行系统可以导致这样的观念——事实上，所有的男神都是一个神，或所有的女神也都是一个神。在此，我们可能会想起阿普列乌斯（Apuleius）《变形记》（*Metamorphoses*）（又名《金驴记》[*The Golden Ass*]）中，女神伊希斯对卢修斯（Lucius）说（11.5）：

我是自然之母，万物的女主人，时间最初的孩子，一切至高的权威，冥府女王，天界第一，是所有男神女神的唯一展现……我专属的神性形式多样，有各种各样的仪式，以众多称谓受到崇拜，遍及全世界。在最早的种族弗里吉亚人（Phrygians）中，我就是佩西努提娅（Pessinuntia），神圣之母；在这里，土生土长的雅典人称我为刻克罗皮亚·密涅瓦（Cecropian Minerva），在那里，被海浪拍打的塞浦路斯人（Cyprians）称我为帕福斯·维纳斯（Paphian Venus）；擅射的克里特人称我为狄安娜·狄克延娜（Diana Dictynna）。能操三种语言的西西里人称我为冥河的（Stygian）普罗塞耳皮娜（Stygian Proserpina），厄琉西斯人（Eleusinians）称我为古老的刻瑞斯（Ceres）女神，其他人称我朱诺（Juno），还有些人称我贝洛娜（Bellona），另一些人称我赫卡忒，又一些人称我拉姆努西娅（Rhamnusia）；接受第一缕光线的埃塞俄比亚人（Ethiopians），以及信奉古老教义的埃及人，都以我独特的仪式来尊敬我，用我的真名呼唤我：伊希斯女王。

资料和方法

读者会注意到本书包含了很多原始资料。这是经过深思熟虑的。从一个非常个人的角度来看，我总是觉得，在书中所做的说明和埋藏在尾注中的证据非常烦人，然后我还必须自己去查阅原始资料。我试图通过将原始资料放在紧挨小结之后的页面上，来避免您也需要像我说的那样做。对于任何开始学习古代研究的大学生来说，我希望这有助于展示古代研究的过程，以及如何从一手资料到得出结论。对于你们进一步推进研究的人来说，我想明确说明，我自己是如何进行这一过程的。因为，如你们即将看到的那样，我得出的许多结论，并不能视为对阿耳忒弥斯的标准理解。或者，换句话说，在写这本书的时候，阿耳忒弥斯带领我进行了一次疯狂的夜间狩猎，而现在我要给你们分享这段经历。

尽管有关阿耳忒弥斯的文字记载相对较少，但在研究她的时候，令人尴尬的是好作品却很多。除了在荷马、赫西俄德和雅典戏剧家的作品中短暂出现外，她还在一些抒情诗中、两首荷马颂诗中，以及卡利马霍斯（Kallimakhos）的一首超长颂诗和上文给出的俄耳甫斯颂诗中露面。阿耳忒弥斯的崇拜出现在希罗多德和色诺芬（Xenophon）以及普鲁塔克（Plutarch），鲍萨尼阿斯（Pausanias）和斯特拉博的作品中，柏拉图也在不同的文本中提到了她。的确存在很多很多献给这位女神的隽语，她的崇拜在整个希腊铭文中占有显著地位。她的许多圣所都已彻底开掘和公布，提供了关于她在何处、何时，甚至在何种程度上受到何种崇拜的证据。开掘遗址还详细报告了向女神供奉的还愿祭品（如上文提到的希腊斯卡拉圣所），进一步证明了人们如何想象女神以及他们与女神的关系。阿耳忒弥斯还出现在希腊视觉艺术中——花瓶画、雕塑、浮雕——这些也是有关这位女神和她的崇拜的资料来源。

本研究主要集中在古风时代和古典时代（公元前800—前323年）的阿耳忒弥斯。因此，我总是优先考虑那些时代的资料——如果资料丰富的话——而不是考虑来自普鲁塔克和鲍萨尼阿斯等作家的资料。当然，他们的作品也会派上用场。然而，如果普鲁塔克对发生在公元前 5 世纪的某事的陈述，与希罗多德的陈述相矛盾，那么希罗多德的陈述就被认为更可信。此外，如果后世作家的陈述在早期希腊历史中没有相关资料佐证，那么这些资料就被认为有可疑处——可能这只反映了阿耳忒弥斯的后世崇拜，也有可能她早已与罗马的狄安娜合并了。这将对本书中得出的若干结论产生一些严重后果，所以，提前了解我的方法很重要。

小结

阿耳忒弥斯是一位非常多面的女神，受到从伊比利亚半岛到阿富汗，再到埃及的古代世界的大片区域的崇拜。尽管是一位荒野女神，但她的各种角色使她经常出现在古希腊人的生命当中，从他们出生到成年，甚至到成年以后。最重要的是，她是过渡女神，标志着从一个存在状态到另一个存在状态的物理和概念上的转变——野蛮和文明，人类和动物，儿童和成人，少女和母亲，奴隶和自由。她经常帮助她的崇拜者跨越这些边界，有时她也会强迫他们，而那些试图反抗的人很快就会深刻体会到女神的愤怒。

一、阿耳忒弥斯的早期历史

希腊万神殿中某几位神的起源相对容易追溯。例如,宙斯是印欧语系中天父(他的名字在词源上与 dyaus pitar="天父"有关)的后裔,后者似乎采用了近东风暴之神的某些特征,尤其是肖像上的特征,比如闪米特人(Semitic)哈达德(Hadad)或赫梯人(Hittite)泰利皮努(Telipinu)。阿芙洛狄忒则最初是塞浦路斯人根据美索不达米亚的性爱女神伊南娜/伊诗塔或伊诗塔拉(Inanna/Ištar and Išhara)改造而成。

其他神祇在这方面更难追溯,而阿耳忒弥斯绝对属于这个更模糊的范畴。因此,与其说是谈论阿耳忒弥斯的 *origins*[起源],不如说是谈论她的 *antecedents*[前身]——表现希腊女神个性特征的肖像和文本证据,预示着她存在于青铜时代,并可能对她在铁器时代的形成有所贡献。这种探索的尝试性很有必要,因为尽管在爱琴海,甚至近东的青铜时代有许多存世文献展示出阿耳忒弥斯性格的各个方面,但还无法显示出这些青铜时代的神祇与古典时代的女神之间的延续性。人们可能寄希望于未来的挖掘和研究能更进一步阐明这些问题。

线形文字 B[①]

关于阿耳忒弥斯在爱琴海青铜时代的存在,可能最明显的证据是她的名字在线形文字 B 语料库中出现过两次,或是三次。线形文字 B 是指公元前 14 至前 13 世纪迈锡尼文明时期的希腊人使用的一种音节书写系统的名称。这一系统采用并改编自米诺斯线形文字 A(因此得名),用于忒拜(Thebes)、奥克霍美诺斯(Orchomenos)、雅典、厄琉西斯(Eleusis)、迈锡尼、皮洛斯(Pylos)、梯林斯(Tiryns)、克诺索斯(Knossos)和卡尼亚(Khania)的迈锡尼宫殿。主要是为了记录宫廷精英的经济事务,例如谁拥有什么样的土地,拥有多少土地,拥有什么样的动物,以及祭品是在何时何地献给哪位神。该语料库基本上由记录在陶土片和陶土叶上的清单构成,用作临时记录,之后再重新弄湿以追踪下一年的数据。我们现在能拥有这些陶土片的主要原因是,它们在公元前 13 到前 12 世纪青铜时代末期的大规模火灾中被意外烧制而保存了下来,那场大火摧毁了

---
① 线形文字 B 语料库中的阿耳忒弥斯,特别参见 Boëlle 2004:127—135。

大部分宫殿。

在希腊西南部皮洛斯遗址（荷马史诗中涅斯托尔的故乡）的两份文档中，似乎列出了阿耳忒弥斯的名字。第一个文档是 PY-Un 219，其中 PY 代表 Pylos，Un 意指该文本涉及的款项。正文如下：

e-ke-ra-ne, tu-wo 2 O 1[

pa-de-we, O 1 pa-de-we, O 1

ka-ru-ke, PE 2 KA 1 O 6

te-qi-jo-ne, O 1 a-ke-ti-ri-ja-i, KA 1

a-ti-mi-te, O 1 da-ko-ro-i, (E) 1

di-pte-ra-po-ro, RA 1 O 3 ko-(ro)[ ] (1)

(wa)-na-ka-te, TE 1 po-ti-ni-ja[

e-[ ] U 1 e-ma-a$_2$, U 1 pe-[

a-ka-wo-ne, MA 1 pa-ra-[ ]2

ra-wa-ke-ta, MA 1 KO 1 [ ]ME 1 O 1 WI 1

KE 1 [ ] *vacat*

vacat x 2

翻译过来就是：

To e-ke-ra-(wo), perfume, 2 units and 1 unit of oregano

To pa-de-u, 1 unit of oregano, to pa-de-u, 1 unit of oregano

To the herald, 2 units of seed, 1 unit of KA, 6 units of oregano

To te-qu-ri-jo, 1 unit of oregano, to the tailors, 1 unit of KA

To Artemis (*a-ti-mi-te*) 1 unit of oregano, to the sweepers of the temple 1 unit of E

To the animal skin carriers 1 unit of RA, 3 units of oregano, to the ko-ro...

To the king 1 unit of TE, to the Lady...

To... to Hermes 1 unit of U, to pe- ...

To a-ka-wo 1 unit of fennel, to pa-ra... 2 units

To the lawagetas 1 unit of fennel, 1 unit of coriander, 1 of ME, 1 of oregano, 1 of WI

第二个文本,同样来自皮洛斯,是 PY Es 650,其中名称 Es 代表的文本指谷物和持有的土地。文本包括如下:

ki-ri-ti-jo-jo, ko-pe-re-u e-ke, to-so-de pe-mo GRA6

a-re-ku-tu-ru-wo, e-ke (,) to-so-de pe-mo GRA7

se-no e-ke to-so-de pe-mo, GRA1

o-po-ro-me-no e-ke to-so-de (,) pe-mo , GRA4

a₃-ki-wa-ro, **a-te-mi-to**, do-e-ro e-ke to-so-de pe-mo GRA1

we-da-ne-wo, do-e-ro e-ke to-so-de pe-mo GRAT4

wo-ro-ti-ja-o e-ke to-so-de pe-mo GRAT4

wo-ro-ti-ja-o e-ke to-so-de pe-mo GRA2

ka-ra-i e-ke, to-so-de pe-mo GRAT3

a-ne-o e-ke to-so-de pe-mo GRA 1T5

单词 *e-ke* 的意思是"has",*to-so-de* 意思是"so-much",*pe-mo* 意思是"seed",GRA 是一个表示种子的表意字符。因此,这份文档列出了一些人名以及每个人有多少种子。在第五行,我们看到"a₃-ki-wa-ro,即阿耳忒弥斯(*a-te-mi-to*)的奴隶(*do-e-ro*),如此多的种子—1 unit"。

关于 a-ti-mi-te(与格)和 a-te-mi-to(属格)是否真的意指阿耳忒弥斯,仍然存在争议。文本 PY Un 219 列出了神与人的官员,每个人都收到了类似的礼物(牛至),而 PY Es 650 却没有列出任何神。此外,这些名字的拼写也不一样,前者用 a-ti,后者用 a-te。尽管有这些异议,但现在人们普遍认为,线形文字 B 文本确实指的是一位名叫阿耳忒弥斯的女神,尽管拼写有所不同。在 PY Un 219 中，这个名字出现在一个文本中，也指赫耳墨斯神（$e\text{-}ma\text{-}a_2$）以及典型的迈锡尼女神波提尼亚（$po\text{-}ti\text{-}ni\text{-}ja$）。此外，文本还提到了宗教官员，如传令官，以及迈锡尼社会最高级别的成员，国王（$wa\text{-}na\text{-}ka\text{-}te=wanax$）和 lawagetas［**法律官员**］（$ra\text{-}wa\text{-}ke\text{-}ta$）。提问一个女神不会显得格格不入；一个有名但不为人知的"平民"才会格格不入。至于 PY Es 650，众所周知，在迈锡尼时代的希腊，有一类宗教官员被称为"神的奴仆"（$do\text{-}e\text{-}ro\text{-}te\text{-}o\text{-}jo$）。因此，提到"阿耳忒弥斯的奴仆"——顺便一提，似乎拥有相当于一单位谷物的土地，似乎暗示了一个与女神相关的宗教官员。

PY Fn 837 是最后一个可能提到阿耳忒弥斯的地方，Fn 指的是橄榄油的分配。第 5 行列出了"*i-je-re-u a-ti*["，文本在 *a-ti* 符号后断开；*i-je-re-u* 是古希腊 hiereus 的线形文字 B 的拼法，意指"祭司"。因此，显然我们在这里提到的是一个祭司，后面名字的前两个符号使其有可能，甚至很有可能是阿耳忒弥斯的专属祭司。

因此，文本证据支持了这样一个事实——在青铜时代的希腊，至少在皮洛斯地区，女神阿耳忒弥斯受到崇拜的可能性很高。尽管皮洛斯拥有两个最大的线形文字 B 档案馆之一（另一个是克里特岛的克诺索斯档案馆），但这可能更多是为了文献资料的保存，而不是女神崇拜的实际范围。不幸的是，阿耳忒弥斯名字的出现，并没有揭示出女神在当时的形象，也没有揭示出对她崇拜的性质。正如鲁杰蒙特（Françoise Rougemont）在研究线形文字B语料库中的神名时指出：

的确出现了一定数量的神名。但我们必须从一开始就注意到，迈锡尼的文献资料，不允许我们对男神和女神的研究与对他们名字的研究分开：我们对他们的形象一无所知，我们只能零星地看到他们的崇拜是什么，或者他们所依附的仪式是什么。①

所以，文献证据表明，阿耳忒弥斯早在希腊青铜时代晚期就受到崇拜，但资料并未揭示出任何有关她的性格或崇拜的细节。

自然女神

除了文字证据外，还有肖像资料表明，在青铜时代的爱琴海，有一个像阿耳忒弥斯一样的女神受到了认可和崇拜。其中一个肖像资料，可以称之为爱琴海的自然女神。该画像在现存的壁画中有两个示例，也有与之类似的肖像在浮雕中展现，刻画了

---

① Rougemont 2005：326（我的翻译转自法语）。

一位年轻女神在户外的场景。她有野生动物陪伴和/或装饰，最耐人寻味的是，示例中的阿耳忒弥斯原型（Proto-Artemis）与女孩们有关联。

对于爱琴海自然女神的最著名描绘是克塞斯特三号（Xeste 3）建筑（3a室，北墙）女神（见插图1.1），它位于基克拉泽斯群岛（Cycladic）之一锡拉岛（Thera）上的阿克罗提利（Akrotiri），可追溯到公元前1700年左右。[①]

这位女神坐在一个米诺斯风格的三分神龛的宝座上。在她面前，是一只蓝猴为其献上番红花花蕊，而在她身后，是一只展翅的狮鹫，拴在邻近的窗口。女神拥有浓密的长发，头顶上是一根蛇形发辫，侧面可见她发育良好的乳房。根据米诺斯（包括锡拉）艺术中描绘年龄的习俗，发型加上丰满而不下垂的乳房，表明这名女性正处于青春期中晚期。米诺斯人给他们的孩子剃光头，但会在头上留下几缕头发。即使经过反复剃头，这几缕头发仍然可以继续长，因此，年长的孩子在剃过的头皮上留下的几缕头发更长。再后来，米诺斯人允许孩子们长出剩余头发，于是就出现了拥有几缕长发、整体短鬈发的青少年形象。最后，头发全部长出来了。同样，米诺斯女性的标准服装会裸露乳房。年幼女孩的乳头只有小圆点，而年长女孩的乳房发育得更好。

---

① Doumas 1992：130–167.

图1.1：3a室的自然女神（Nature Goddess of Room 3a, North Wall of Building Xeste 3, Akrotiri, c. 1700 BCE. Courtesy of the Cycladic Museum, Athens, Greece）

成年女性，可能是母亲，则胸部下垂。① 从发型和乳房发育的标准来看，克塞斯特三号女神似乎已进入青春期晚期，但还不是一个完全成熟的女性。

装饰这位女神的是一个大的半月形耳环，一条垂挂着番红花的发带（尽管一些学者也认为这番红花是文身），还有两条项链——一条上面有一排鸭子，另一条上面有蜻蜓。植物和动物形象暗示这是一位自然女神，就像猴子和狮鹫暗示的那样。

---

① 关于锡拉岛的壁画中年龄的身体表现，参见Chapin 2002: 8—16; Davis 1986: *passim*。

最后，也相当重要的是，这位女神坐在一幅大型的多壁壁画的中间，壁画上描绘了许多不同年龄段的女孩（依据发型和乳房发育判断），她们都在采集番红花。离女神最近的女孩把她采集到的花倒进女神面前的一个篮子里，就像一个鬈发少女从女神身后提着一桶花走向女神一样。整体看来就是着装精致、佩饰珠宝的女孩们采集番红花，并将它们献给女神的场景。因此，我们似乎在这里看到一位像阿耳忒弥斯一样的自然女神参与了一场户外仪式——就算不是仅由女孩们举办，那也主要是由女孩们举办的仪式。

第二位自然女神，出现在克里特岛南部，哈吉亚的特昂达（Haghia Triadha）皇家别墅 A14 室的一系列壁画上，现藏于赫拉克莱翁（Herakleion）博物馆。这个系列壁画，可以追溯到米诺斯一世晚期（公元前 1600—前 1500 年），它覆盖了一个小室的三面墙——也许这里是某个家族的神龛。入口对面的短墙，也就是构图的主要焦点，展示了一个半蹲的[①]女性，她的手臂从肘部向上抬起，头戴发带，穿着长及小腿的米诺斯式褶边裙与合身的紧身胸衣。她的身后是一个建筑平台或称为 façade，让人想起支撑克塞斯特三号女神的三分神龛结构。这名女性和建

[①] 这种姿态在分析上仍然存在问题。有些人，如 Rehak，认为女神可能坐着，或者摇摆，甚至可能跳舞。参见 Rehak 书中的辩论 1997：174—175。

筑平台都位于一片鲜花盛开的草地上,上面生长着一种似乎是桃金娘的植物。这名女性面朝南墙,上面描绘了一幅布满野山羊(agrimi/αγρίμι)、猫和野鸡的岩石景观,以及番红花、常春藤和紫罗兰的花卉图案。在北墙穿褶边裙的女性"身后"是另一片花草地,另一名女性面对最前面的一名女性跪在草地上。这名女性穿着一件蓝色长裙,除此之外似乎没有任何装饰。这两名女性的胸部都朝前,因此很难断定乳房的大小,但在这两种情况下,似乎乳房只是点状(乳头)。这两位女性的头发都由较短的鬈发和额前及耳后的较长发束组成,这暗示了她们的年龄段处于青春期中期。

居于中心位置的年轻女性,其神性体现在她的位置、姿势以及与其他米诺斯肖像中的女神——尤其是与克塞斯特三号女神的相似之处。无论是从场景的布局还是相对于室内入口的位置来看,这个女孩都是构图的焦点。她位于一个小高台上方,这是十四号室唯一的建筑装饰。[1] 她与建筑平台有关,可将她比作克塞斯特三号女神,以及米诺斯和迈锡尼浮雕中的众多女性形象,这些形象描绘了高大的(相对于构图中其他角色)女性接受人类(通常是女性)或动物(见下文)供品的场景。[2] 她的

---

[1] Rehak 1997: 167.
[2] 同上: 170—171。

双臂向身体两侧伸展,肘部向上弯曲,展示了一种与古代近东和米诺斯的克里特岛有关的典型的祈福姿势,后者既体现在雕刻的肖像上,也体现在后来的米诺斯女神高举的双臂上。最后,花丛暗示了场景本身的超自然本质。正如查宾(Anne Chapi)所说,壁画中同时绽放的花卉,通常在克里特岛的不同季节开花。这幅壁画将一整年的丰饶浓缩在一个场景中,从而描绘出"一个永恒的、不可磨灭的景观,表达了大地神话般的丰饶"①。

尽管这两幅壁画的程式迥然不同,但野生动物、番红花、建筑平台/立面(façade)、女神和少女等共同元素使人联想到它们可能描绘了类似的宗教主题。例如,"动物的女主人或保护者"或"宫殿和山顶圣地的女神"。② 阿克罗提利的宗教肖像和建筑与米诺斯的克里特岛非常相似,至少暗示了宗教崇拜和万神殿有一些共性。

浮雕肖像暗示了这位"自然女神"并不仅仅局限于这两处遗址,克里特岛各地的一些印章(seals)和封印(sealings)也展示出了壁画装饰的元素。与克塞斯特三号女神最为相似的形象出现在了克诺索斯的一枚封印上——一位穿褶边裙的女性坐在一个在大多数方面都与克塞斯特三号女神相似的建筑平台上,

---

① Chapin 2004:58–59.
② Rehak 1997:173–174; Kontorli-Papadpoulou 1996:101–102.

尽管在克诺索斯的封印上，其立面部分可以看到献祭之角（Horns of Consecration，米诺斯的一种宗教象征）。① 在这位坐着的女性前面，站着另一位身穿褶边裙的女性，她明显比坐着的女性矮，她给坐着的女性奉上一个有手柄的角状环（米诺斯仪式的器具），而封印的远端显示另一位穿褶边裙的女性，她蹲在远离前两个人的地方。建筑立面、献祭之角、角状环的存在，以及相对的体形差异，都表明坐着的女性是一位女神，而场景的构图也让人强烈地联想到克塞斯特三号壁画。还有一个非常相似的封印，来自克里特岛南部的扎克罗斯（Zakros），尽管其中只有一个凡人"献祭者"。② 在这里，我们再次看到，一个穿褶边裙的身材高大的女性坐在建筑结构上，由一个较小体形的女性向她奉上一些东西（已不再可见）。封印的边缘似乎描绘了一个岩石构造的形或物，可能是指在哈吉亚的特昂达的壁画中看到的自然世界。

另一个与克塞斯特三号女神密切相关的图案，出现在克里特岛西部的卡尼亚封印上。③ 在这里，我们看到一位胸部丰满、身穿褶边裙的女性，坐在一个类似于克塞斯特三号女神的建筑

---

① *Palace of Minos*（*PM*）II, 767, #498.
② *PM* II, 768, #499.
③ *CMS* V, Suppl. 1a, #177.

结构上。站在她面前的是一个穿着短裙的小女孩,手里拿着一个看起来像扇子和/或是发髻的东西。

这些图像遍布克里特岛,甚至延扩至基克拉泽斯群岛。因此,这样描绘的自然女神可能是青铜器时代米诺斯人和基克拉泽斯教徒崇拜的一种普遍现象。她与自然世界、野生(甚至是魔幻)动物、妇女和女孩的密切关系,都表明她可能最终是希腊女神阿耳忒弥斯的原型。[①]

"波提尼亚·塞隆"

"波提尼亚·塞隆"(Potnia Therôn)这个称呼,给阿耳忒弥斯早期的研究带来了一些歧义。这两个词的意思是:"野生动物的女主人。"[②] 荷马在《伊利亚特》第 21 卷 407 行使用这个称呼替代"阿耳忒弥斯"一名。然而,自 19 世纪末施图德尼奇卡(E. Studniczka)的《一位古希腊女神》(*Eine Altgriechische Göttin*,1890)出版以来,这个词也被用来表述

---

① Rehak 2007:222; Rehak 2004:92.
② 这个词传统上被翻译为"动物的女主人",但在希腊语中 thêr/θηρ 这个词是专门指野生的、可捕猎的动物,而不是更通用的、适用于整个动物王国的单词 zôion。

一个女神抱着和/或抓着一到两个动物的肖像构图。① 如上所述，女性的神性，可以通过她在米诺斯风格的建筑平台上的位置来表达，或者通过展示对狮子的掌控力量来标示——而这也是大多数人都愿意认可的。

一般认为，波提尼亚·塞隆这一肖像是从近东引进的。这个模体（motif）最早出现在公元前2000年早期的巴比伦（Babylon）和安纳托利亚时期，之后在公元前2000年后期近东的浮雕中变得越来越普遍，特别是在米坦尼帝国（Mitanni）的西部地区叙利亚（Syria），最终甚至在塞浦路斯（Cyprus）普遍流行。因此，该模体是爱琴海的一个舶来品，尽管这与它是否被理解为代表当地女神并没有太大关系。近东的模体完全有可能是用来代表某一/特定的自然女神或某一完全独立的存在体。

在青铜时代的爱琴海，动物的女主人仅在克里特岛和迈锡尼文明的希腊浮雕中出现过。她第一次出现在米诺斯晚期第一阶段（LM I）时，就早已完全受到了爱琴海地区的影响：她穿着标准的米诺斯服装——褶边裙，露出来的是紧身胸衣。然而，更多时候，她的上身衣着并没有被描绘出来，但是可以看到她丰满的胸部。有几个例子显示了她与自然女神在类型上非常相

---
① Barclay 2001：373.

似，特别是女神坐在建筑平台上的这一动作。在卡尼亚的一个例子中，一位穿着米诺斯衣裙的女性正坐在"祭坛"上，给长角的野山羊喂食一片叶子。① 同样，来自克里特岛中部阿马里谷（Amari Valley）的一个环形饰品上，一位坐在类似座位上的身穿褶边裙的女性，两侧是一对狮子图案的纹章。② 这两个形象与克塞斯特三号女神有极高的相似度，而且的确有可能描绘的就是同一位女神。

波提尼亚·塞隆类型的另一种表现形式，更接近原始的古代近东版本，展示了一位站立的女神形象。她可能张开双臂抱着一对动物（现实的或魔幻的），或者由这样一对动物左右包围着。在一些不那么对称的情况下，她只抱着一个动物。比如，在希腊西部皮洛斯的一枚印章上，一位胸部突出站立着的女性，抱着一只长角野山羊的脖子。③ 更常见的是对称的构图，比如在一枚迈锡尼印章上，一位女神高举双臂，手持一把双刃斧（double axe），站在一对狮子图案的纹章之间；或者是在一枚来自艾登尼亚（Aidonia）的印章上，一位穿褶边裙的女性，伸出双手抱着一对海豚。④

---

① Rehak 1997：170.
② 同上：171。
③ Younger 1988：179.
④ Barclay 2001：Pl. CIII a and CIV f.

再次强调,我们必须记住:只有在现代(相对的)时代,波提尼亚·塞隆这个称呼才被用于描述一个像是掌控动物的女性形象。没有理由认为,爱琴海的古代居民对上文讨论过的圣像有过类似称呼,或者他们会把这些不同的神归为同一类。看来,来自卡尼亚和阿马里的女神雕像,似乎被视为是克塞斯特三号自然女神的写照,而在更北部的雕刻中,普遍存在的形体丰满的动物女主人则是一个独立形象。然而,我们还必须记住,这位掌控野生动物,甚至是魔幻动物(如狮鹫)的女神,也可能促就了最终意义上希腊的阿耳忒弥斯形象的生成。

第二波近东影响改变了希腊的波提尼亚·塞隆形象。在青铜时代的爱琴海,没有例子证明,这位女神展示了她的双翼,尽管在美索不达米亚和叙利亚,这是一种常见特征。然而,在古风时代,野生动物女主人的标准类型确实有双翼,如图1.2,来自弗朗索瓦(François)的花瓶所示,还有诸如一件公元前7世纪早期的来自波奥提亚的双耳细颈罐(手臂明显像翅膀——见第三章,图3.1),以及斯巴达的阿耳忒弥斯·奥忒亚圣所里无数的铅雕像。这种带翼的新外观,可能与公元前7世纪忒诺斯(Tenos)的浮雕陶罐上显示的类似倾向相一致,该浮雕描绘了雅典娜的诞生。[①] 在这一幕中,宙斯和雅典娜都长着双翼,宙

---
① Morris 1992:91—92.

斯身后的侍从——可能是一口大锅（赫菲斯托斯？）旁的埃勒提雅也长着双翼，还有一个在人类与众神之父前方飞行的角色。在其他任何语境中，这些神都没有被描绘成带翼的，我们可能会认为，"带翼飞行"是来自近东一种非常短期的、用于表达神性的做法。虽然这样的形象只是短暂出现，但在波提尼亚·塞隆的案例中确实存在过。

图1.2：弗朗索瓦陶瓶上的波提尼亚·塞隆画像（Potnia Therôn image from the François Vase, c. 570—560 BCE, Florence Museum 4209. Drawing by Paul C. Butler, used with kind permission）

毫无疑问,这位野生动物女主人确实具有阿耳忒弥斯的特征,然而,我们有理由相信,有翼的波提尼亚·塞隆形象与最终形成的阿耳忒弥斯是不同的产物。最好的证据出现在弗朗索瓦陶瓶上,其中一个手柄下方展示了带双翼的波提尼亚·塞隆,但在其中一个图案中刻有名字(根据铭文)的阿尔忒弥斯未带双翼。此外,在希腊语料库中也没有明确标注关于有翼的阿耳忒弥斯的描述。然而,在古风时代的肖像中确实出现的是有翼的波提尼亚·塞隆类型,不过她有明显的蛇发女怪的头,就像公元前7世纪末罗得岛的卡梅罗斯(Kameiros)碟盘上的图案那样,她两只手各拎着一只鹅。近东有翼的波提尼亚·塞隆类型,明显影响了许多女性神(偶尔也有男性神——宙斯)的肖像,但不一定代表任何一位被命名的奥林波斯神。

相比之下,有一个关于无翼的波提尼亚·塞隆的早期描述,的确表达了许多在这里被认为是与早期的阿耳忒弥斯有关的元素。这是公元前7世纪早期忒拜的浮雕(现收藏于雅典国家考古博物馆),上面展示了一位面无表情、高举双臂的神祇(图1.3)。

她有一顶马球风格的皇冠,上面有鹿角式样的叶状装饰元素从两边延伸。在她两侧,拟人化的小生命(孩子?)紧贴在她高举的手臂下,而纹章图案的狮子面朝女神站在他们的两侧。这幅图景出现在一个大口陶瓷坛的颈部;花瓶的主体由

图1.3：绘自然女神和孩子们的忒拜浮雕大口陶瓷坛（Relief pithos from Thebes featuring nature goddess with children, c. 675 BCE. Athens, National Archaeological Museum, 355. Drawing by Paul C. Butler, used with kind permission）

吃草的鹿装饰。因此，在这个对象中，我们看到一位戴皇冠的神，其与植物术语（叶状皇冠）、野生动物（狮子和鹿）以及孩子明显联系在一起。她高举的双臂让人想起了米诺斯女神——她统治着克里特岛，并最终在青铜器时代末期统治了塞浦路斯；而狮子纹章很容易让人联想到迈锡尼时代的肖像，特别是迈锡尼的狮子大门，更是让人想起来自克诺索斯晚期第三阶段（LM III）的山印之母（the Mother of the Mountain seal）。[①]

尽管延续性的问题仍然存在，但肖像学研究确实表明，在

[①] Morris 1992：91–92。

青铜时代的爱琴海，女神阿耳忒弥斯已经存在，并且是作为自然、孩子和野生动物的女神而存在。这些肖像在古风时代早期重现，偶尔也会加入一些新元素，比如双翼；而且它们通常具有非常相似的特征，如狮子纹章。①

早期圣所

对青铜器时代阿耳忒弥斯的前身探索不局限于文字和肖像，建筑也被纳入了争论。特别是阿耳忒弥斯的两个祭坛遗址显示了可能的证据，暗示从青铜时代到古风时代早期崇拜的延续性——提洛岛的阿耳忒弥西翁（Artemision）和卡拉波迪（Kalapodi）的阿耳忒弥斯·埃拉菲波洛斯神庙，以及弗基斯（Phokis）古老的海姆波利斯（Hyampolis）神庙。

---

① 最后一幅与早期爱琴海的阿耳忒弥斯的身份有关的图像，来自梯林斯（Tiryns）的一幅猎野猪壁画。这幅修复后的壁画描绘了许多只狗正在攻击一头野猪，画面中可以看到一些长矛，还有一对女子在附近的战车上。然而，这对女子与场景之间的关系，表明她们缺乏任何形式的神圣属性，并且她们的多面性与任何阿耳忒弥斯类型的女神身份相左。关于这个身份的更多信息，参见 Muskett 2007: *passim*。

提洛岛

提洛岛上的相关建筑是 Ac 建筑，它是青铜时代晚期的建造方式，埋藏在古风时代阿耳忒弥西翁建筑的底部。正如挖掘者瓦洛伊斯（R.Vallois）所指，这座东西走向的矩形建筑，由大型花岗岩块组成，位于后来的神庙的正下方，且朝向与之一致。[①]这座建筑的神圣性，不仅是出于该遗址被推测具有延续性的缘故，还因为在这一青铜时代的建筑底部发现了迈锡尼时代艺术品的地基沉积物，包括 1928 年从塞浦路斯发现的进口青铜器和象牙。对于德·桑特雷（Hubert Gallet de Santerre）来说，这样的地基沉积物证明了该遗址早期的宗教性质，这种神圣性贯穿了整个黑暗时代，直到希腊文艺复兴时期。[②]然而，后来对地层学和沉积文物的分析表明，情况并非如此。这些艺术藏品最初是分散在各处的墓葬品，后来在古风时代早期，它们被聚集在一起作为还愿物，放在古风时代阿耳忒弥西翁的穹顶之下，因此，其与青铜时代的崇拜无关。[③]此外，Ac 建筑，以及后来阿

---

① Vallois 1944：8–14.
② Gallet de Santerre 1975：*passim*.
③ Bruneau and Ducat 2005：208.

耳忒弥西翁地区毗邻的几座迈锡尼时代的建筑，已被确认为是住宅单位，而不仅仅是一座神庙。① 这与迈锡尼人很少专门建造神庙的事实相吻合：宗教仪式是在 élite megara［埃利特巨石］和露天神庙中举行，比如在阿卡迪亚（Arkadia）利卡翁山（Mt. Lykaion）上宙斯的香坛前。② 由于这些原因，提洛岛的阿耳忒弥西翁不再被认为与青铜时代的崇拜有明显的延续性，因此也就没有证据证明，青铜时代对阿耳忒弥斯（原型）的崇拜一直延续到了铁器时代。③

卡拉波迪 / 海姆波利斯

在卡拉波迪圣所，也就是弗基斯古老的海姆波利斯，有更多的证据可以证明这种延续性。这座圣所建于希腊晚期 C 时期（公元前 12 世纪），一直持续使用至公元时代。④ 在圣所最早发现的主要是陶瓷餐具，特别是像基里克斯陶杯（kylikes/κύλιξ）、杯子和双耳喷口杯（kraters/κρατήρ）这样在圣所长期使用的开口

---

① Rolley 1983：112.
② 关于青铜器时代爱琴海的神庙和神龛，参见 Dickinson 2006：224； Van-Leuven 1981：*passim*。
③ Bruneau and Ducat 2005：208； Rolley 1983：112–114.
④ Felsch 2007：1–27.

式器具。这些器具表明,海姆波利斯圣所从最早出现时起就一直是宴会仪式中心,这与摩根(Catherine Morgan)和麦金纳尼(Jeremy McInerney)的理论非常吻合,即该遗址是弗基斯人(至少在古风和古典时代)的政治中心。[1]一处含有动物骨头的灰烬沉积物,证实了这里是与神庙结构有关的早期祭坛。

在圣所中发现的大多数还愿祭品来自迈锡尼到古风时代早期,包括珠宝、腓骨、铜针、吊坠、戒指、手镯和铜/铁珠。[2]其他的还愿祭品包括陶土动物——主要是公牛,后来是马和拟人雕像——特别是迈锡尼ψ风格的赤土陶器。[3]珠宝和ψ雕像的存在,证明了在最早阶段圣所里女神崇拜的存在。

在几何时代的发展过程中,这一切都发生了变化。公元前9世纪,在原来希腊青铜时代晚期建筑的北面建造了一座新建筑和一个新祭坛。青铜鼎的献供数量开始增多,可与稍早在德尔斐的献供相媲美。在公元前7至前6世纪,自迈锡尼时代以来,典型的珠宝还愿饰品逐渐被包括铁剑和长矛、青铜头盔、盾牌和护胫甲在内的武器献供所取代。[4]到公元前5世纪中期,珠宝的献供已经完全消失了。

---

[1] Morgan 1999:382; McInerney 1999:156–157.
[2] Felsch 2007:554.
[3] 原始的女性陶土俑,举起双臂,因此看起来像希腊字母 *psi* (ψ)。
[4] Felsch 2007:554.

考古证据表明，该遗址最初敬奉的是一位女神，可能是阿耳忒弥斯或阿耳忒弥斯原型——最终形成了弗基斯人的阿耳忒弥斯·埃拉菲波洛斯（Elaphebolos/Ελαφεβόλος），即"射鹿手"。在公元前9世纪，阿波罗也加入到了阿耳忒弥斯圣所，从德尔斐和提洛岛的相关资料可以看出，阿波罗崇拜在这一时期迅速传播到了整个希腊。阿波罗并没有在海姆波利斯取代阿耳忒弥斯，他可能作为阿拜（Abai）的阿波罗和他的姐姐一起受到崇拜，阿拜是古典时代著名的神谕所在地，甚至可以与德尔斐相媲美。[①] 这两个神的名字一起出现在该地区罗马时代的文献里，比如在公元前1世纪某一解放法令中，释放了一个名叫尤克拉提亚（Eukrateia）的女人，并让她受到阿耳忒弥斯和阿波罗的保护：

如果有人占有尤克拉提亚并将她奴役……无论出于何种方式或借口，他都要向阿耳忒弥斯和阿波罗支付30米纳的银子，并且凡是愿意站出来的人，可以（从他的总金额中）夺取其中的一半。愿尤克拉提亚使用阿耳忒弥斯和阿波罗的圣名（hiera/ιερά）获得自由，不再以任何方式属于任何人。[②]

---

① McInerney 1999: 288–289.
② Darmezin 1999: 117—118, 153。了解更多关于阿耳忒弥斯和解放的信息，参见第七章。

阿耳忒弥斯和阿波罗在卡拉波迪的关系，预示着希腊神庙在整个希腊的兴起，正如波利尼亚克的弗朗索瓦（François de Polignac）所指的那样——这两位神，以及赫拉和雅典娜，都是古风时代早期获得神庙的主神。[1] 然而，有必要记住，虽然卡拉波迪早期的还愿物可能暗示一位女神的早期存在，但从祭仪或还愿遗骸中很难推断出该神的形象。正如波利尼亚克指出，在早期圣所里，供品高度同质化，上文提到的四位神都得到了大量的三脚鼎、腓骨、大头针和陶土动物。不仅仅是阿耳忒弥斯，所有女神都收到了野生动物的形象作为供奉，甚至包括波提尼亚·塞隆的肖像。[2] 例如，雅典娜·阿莱亚（Alea/Αλέα）在阿卡迪亚的忒革亚（Tegea）的早期圣所就有青铜鸟、青铜马、陶俑、裸体女性形象、青铜石榴、鹿俑、海陆龟吊坠、大量珠宝，以及几尊带翼的女性铅雕像，让人不禁想起斯巴达的阿耳忒弥斯·奥忒亚（见下文）。[3] 我们所认为的象征阿耳忒弥斯女神的物品类型实际上更多地表达了献祭者的需求和兴趣，并适用于各种神祇。因此，虽然有可能在考古记录中可以确定一个早期的阿耳忒弥斯，但我们必须认识到，在建立供奉和特定神祇之间的对应关系方面存在方法论上的困难。

---

[1] De Polignac 1995：25.
[2] 同上：26。
[3] Voyatzis 1998：139.

近东的联系和影响——以弗所的阿耳忒弥斯

虽然在爱琴海的青铜时代的记录中,有许多关于阿耳忒弥斯面貌的确凿证据,但同样明显的是,女神的某些面貌以及她的各种希腊崇拜,源自东方的原型和影响。古代近东女神为希腊人所接纳,并融入进他们自己对处女狩猎女神的构想之中。最终,到了古典时代,这些"外来"女神被简称为"阿耳忒弥斯",但独特的绰号、还愿物和宗教活动不可避免地泄露了她们的异域起源。阿耳忒弥斯最明显的"东方"版本是以弗所的阿耳忒弥斯:

> 所有(城市)和个人对以弗所的阿耳忒弥斯更加尊敬,并且超过了对(其他)神祇的尊敬。在我看来,原因在于阿玛宗人(Amazons)的名声,她们因建立了崇拜雕像而闻名,而且因为这个圣所建立在最遥远的古代。除此之外,还有三个原因促成了它的荣耀——这座神庙的规模超越了所有人造建筑,它占据以弗所城的首要地位,以及女神在那座城市的名声。
>
> (Paus.4.31.8)

以弗所女神的神庙可追溯到青铜时代晚期。① 当时，赫梯人称这个地区为阿帕萨（Apašas/Apasa，以弗所名字的来源），它是赫梯帝国西部阿耳扎瓦（Arzawa）地区的都城。② 在古都哈图沙（Hattušas，现代 Bogazköy）的赫梯文献中，这块地理区域似乎被称为阿苏瓦（Aššuwa）。③

不幸的是，这里供奉的女神名字不详。尽管她通常与另一位几乎通用的安纳托利亚"母亲女神"米特（Meter/Mother）混为一谈，并且在现代学术界，她可能被称为"库柏勒"（Kybele/Κυβέλη）或简称为"伟大母亲"（The Great Mother），但罗勒（Lynn Roller）曾令人信服地论证，以弗所的女神不能与安纳托利亚的米特（"母亲"）或库柏勒等同起来。在以弗所和吕底亚（Lydia）的萨狄斯（Sardis），以弗所的阿耳忒弥斯和"母亲女神"米特分别受到崇拜，而且米特的以弗所圣所与阿耳忒弥斯圣所相隔数公里之远。④

两项数据为以弗所女神的名字提供了一些证据。希腊诗人卡利马霍斯在《致阿耳忒弥斯颂诗》（*Hymn to Artemis*）中回忆了由阿玛宗人建立的以弗所的阿耳忒弥斯崇拜传统，他们称

---

① Forstenpointer et al. 2008：33.
② Morris 2008：57; Morris 2001：426.
③ Morris 2001：425.
④ Roller 1999：127, n. 36.

女神为欧佩斯（Oupis，l. 240；参见第四章）。从词源上讲，这个"oupi"可能源于Apasa，由此暗示这个城镇的名字和女神的名字是同一个（类似雅典女神雅典娜）。①

当莫里斯（Sarah Morris）查究皮洛斯（PY Fr 1206）的线形文字B语料库中，一个名为波提尼亚·阿西维娅（Potnia Asiwiya）的神的原始身份时（PY Fr 1206），也出现了类似结果，她通常被译为"小亚细亚女士"（Lady of Asia）。假设（而不是确信／确凿／事实）该神起源于东方，在莫里斯看来，阿西维娅（*a-si-wi-ya*）称号是赫梯地名阿苏瓦（Aššuwa）的希腊语的形式。②此外，除了她受崇拜的地区——"以弗所"之外，我们似乎没有女神的私名。

这位女神很可能自青铜时代晚期以来就被供奉在以弗所。然而，圣所中最早的连续性建筑遗迹属于公元前8世纪被称为hekatompedon/εκατόμπεδον（字面意思为"百英尺"）神庙。根据还愿遗物推断，在这个时期被供奉在圣所的很可能不止一个神，甚至不止一个女神。直到公元前6世纪，这些女神才被融合进了希腊的阿耳忒弥斯的至高无上的身份中。③正是在该时期，

---

① Larson 2007：109.
② Morris 2001：425.
③ Roller 1999：127.

在吕底亚国王克罗伊索斯（Kroisos）的大力协助下（就如"像克罗伊苏斯［Croesus］一样富裕"），这座被称为古代世界七大奇迹之一的宏伟庙宇建成了。

尽管希腊的阿耳忒弥斯对宗教崇拜的影响越来越大，但安纳托利亚的影响仍然存在，特别是在女神的崇拜雕像方面（图1.4）。

雕像笔挺的正面是铁器时代安纳托利亚美学的典型代表，也出现在阿芙洛狄西亚斯（Aphrodisias）的阿芙洛狄忒和萨摩斯的赫拉的崇拜雕像上。这种扁平的头饰被称为polos/πόλος，在希腊的肖像图中是神性的象征，但也有更多的本土传统——安纳托利亚女神库巴巴（Kubaba）和赫帕特（Hepat）也曾戴着类似头饰。最具特色的是，女神的胸脯上装饰着许多球状突出物。正如人们可能想象的那样，它们通常被认为是乳房，因此象征一位非常强大的生育神。实际上一些罗马复制品还包括了乳头这一原作中没有的细节。[1]但这并不是乳房。有些人认为，它们是公牛的睾丸，因此其象征意义仍处强大的生育能力范围内。但最令人信服的解释是，它们是一种独特的安纳托利亚物品，被称为kuršaš——一种皮革袋——可以被描述为是神奇的盛放物品的生育袋。当在赫梯文学中提到这样的袋子时，通常与像

---

[1] Nielsen 2009：455；Larson 2007：110，含引文。同参第八章。

图1.4：以弗所的阿耳忒弥斯雕像（Statue of Artemis of Ephesos, first century CE, Ephesus Archaeological Museum, Ephesus, Turkey. Image© Vanni Archive/Art Resource, NY［ART310475］）

雨神特里普努（Telipinu）这样的生育神联系在一起，被形容为包含谷物、葡萄酒、脂肪、长寿和子孙等物品（KUB XVII.10, iv27—35）。① 拉布拉蒙达（Labraunda）的卡里亚（Carian）宙

---

① Morris 2001：431.

斯雕像也佩戴着类似胸饰，兽形的安纳托利亚角状环（Anatolian rhyta）上也有类似胸饰，[①] 这些胸饰完全脱离了乳房领域，但加强了与神圣领域的联系。总之，所有这些属性强调了这位最终形成阿耳忒弥斯的女神深厚的安纳托利亚背景。

女神雕像上的形态描绘是理解她形象的重要突破口。正如典型的安纳托利亚肖像一样，她的力量属性实际上装饰了神像。因此，阿芙洛狄西亚斯的阿芙洛狄忒以华丽的珠宝、翘臀的美惠三女神（kallipygos Graces）以及嬉戏的海洋生物为装饰。于以弗所的阿耳忒弥斯而言，她身上的装饰是野生动物（如狮子）和家养动物（如牛）。她的脖子上戴着授粉花环，身旁有鹿和蜂箱。她的胸部周围是十二宫星座（后来添加的标志），当然，还有大量的下垂袋子。盛开的花朵从她的脚上探出头来。所有这些都让人不禁想起阿耳忒弥斯对动物王国和对自然世界——动植物的繁衍统治。

以弗所的阿耳忒弥斯崇拜在整个希腊世界的传播非比寻常。实际上，它始于小亚细亚西海岸，这个地区在青铜时代与迈锡尼王国有密切关系，在黑暗时代早期由希腊人殖民统治。但希腊人自己认为，这种崇拜的起源要远至北部的斯库提亚（Skythia）。如前所述，传统声称，以弗所人的崇拜由阿玛宗

---

① Morris 2001：431.

人创立,特别是在他们的女王希波(Hippo "马")的领导下。这一传统至少可以追溯到公元前5世纪中期,罗马时代的游记家鲍萨尼阿斯曾记载过(7.2.7):

实际上,在我看来,品达并没有完全了解与女神有关的一切。他说,阿玛宗人在对抗雅典和忒修斯(Theseus)的战斗时建立了这个圣所。但当时从忒耳摩冬(Thermodon)来的妇女们都向以弗所的女神献祭,就像她们早年所知道的那样,不论是当她们躲避赫拉克勒斯的时候,还是先前躲避狄奥尼索斯的时候,她们都来这里寻求庇护。(圣所)并非由阿玛宗人建立,而是由土生土长的克瑞索斯(Koresos)和以弗所人建立的——他们相信他是考斯特罗斯(Kaustros)河之子——他们是这个圣所的创立者。这座城市也以以弗所的名字命名。

事实上,黑海地区关于以弗所的阿耳忒弥斯崇拜的考古证据极少,可以追溯到公元前6世纪。一个供奉女神的小型青铜还愿物在约公元前6世纪潘提卡帕翁(Pantikapaion)出土,而其他一些小型还愿物——一个有黑色光泽的盐窖、一盏青铜灯和一个基里克斯陶杯和双耳大饮杯(skyphos/σκύφος)——分别在贝雷赞(Berezan)、奥尔比亚(Olbia)和克尔基尼蒂斯

(Kerkinitis)出土。在公元前 4 世纪,潘提卡帕翁出土了一座刻有女神名字的祭坛。①

雅典历史哲学家色诺芬在波斯参加了一场失败的 *coup d'état*[**政变**]后,把这种崇拜带到了伯罗奔半岛。正如他在《长征记》(*Anabasis*,5.3.7—12)中所载,色诺芬从他的故乡雅典流亡到了奥林匹亚(Olympia)附近的斯基洛斯(Skillous)。在那里,他收回了一笔钱,他曾把这笔钱托付给了以弗所的阿耳忒弥斯神庙的大祭司——梅加比佐斯(Megabyzos)——他用这笔钱买了一块地用以敬献女神。

(色诺芬)在这里用神圣的白银/钱币建造了一座祭坛和一座神庙,他将田地的出产按比例取十分之一献给女神,所有邻近的公民,无论男女,都参加了这个节日。女神供应居住在此地的人们大麦、面包、酒、糖果,以及从祭祀和打猎中获得的一部分神圣食物……与以弗所的大型神庙相比,这座神庙小得多,不过神像却很相似,尽管这是由柏木雕刻而成的木像,而以弗所的神像则是由黄金打造的。

(5.3.9,12,节选)

---

① Bilde 2009:313.

在遥远的西部，以弗所的阿耳忒弥斯崇拜在古代马萨利亚（Masalia，现在的马赛）确立，当时蓝色海岸大区（Côte d'Azur）正被弗基斯人（Phokaians）殖民。公元1世纪的地理学家斯特拉博在他的《地理学》（*Geography*，4.1.4）中保留了这一说法：

> 马萨利亚由弗基斯人建立……以弗所神庙和德尔斐的阿波罗圣所都建在山顶上；后者为所有伊奥尼亚人（Ionians）共有，而以弗所人的阿耳忒弥斯神庙归以弗所人所有。因为据说，当弗基斯人离开故乡时，得到了一个神谕指引他们从以弗所的阿耳忒弥斯那里获得一个航海领袖，于是，弗基斯人来到以弗所，询问如何才能得到所想之物。与此同时，女神出现在阿里斯塔赫（Aristarkhê）——最尊贵的女人——的梦中，命令她携带一些圣物的模型，与弗基斯人一起扬帆远航。在这件事实现并且殖民定居后，他们就建造了圣所，以阿里斯塔赫为尊，特别是任命她为女祭司。在所有藩属地，他们最尊敬的是这位女神和她的神像，其他的习俗也和他们在母邦中所做的一样保持一致。

这些马萨利亚人后来继续把以弗所人的崇拜传播到更远的西部，直至伊比利亚。因此斯特拉博记载了她在赫莫罗斯科皮昂（Hemeroskopeion）的崇拜（3.4.6）：

在苏克伦（Soukron）和喀赫顿（Karkhedon）之间，有三个离河不远的马萨利亚人的城镇；其中最著名的是赫莫罗斯科皮昂，山顶上有个非常受人尊敬的以弗所的阿耳忒弥斯圣所。

以及她在恩波里翁（Emporion）和罗德（Rhodê）的崇拜（3.4.8）：

恩波里翁：一个马萨利亚基地，距离比利牛斯山（Pyrenees），伊比利亚和凯尔特（Celtic）领土的边界约4000斯塔德（stades）。这个城市的港口很好。还有一个名为罗德的小镇，由恩波里翁人建立，尽管有些人说是由罗德人所建。无论是在这里还是在恩波里翁，他们都崇敬以弗所的阿耳忒弥斯。

本土的融合与外来影响——阿耳忒弥斯·奥忒亚

阿耳忒弥斯崇拜如何在希腊土壤中发展，吸收类似的当地神，并从本地化扩展到泛希腊化的一个最佳研究案例就是阿耳忒弥斯·奥忒亚崇拜。罗马人认为，崇拜女神的雕像来自斯库提亚；更多的现代学者认为，她本身就是黎凡特人（Levantine）。奥忒亚何时被理解为是阿耳忒弥斯仍有争议。但有证据表明，奥忒亚似乎是一个土生土长的斯巴达女神,她在她的崇拜中吸收了黎凡特人的随身饰品(paraphernalia),并最终在整个希腊世界被视为奥林波斯山的阿耳忒弥斯。

考古遗迹和碑文年表都表明,对一位名叫沃奥萨西亚的女神崇拜——最终是奥忒亚——最早出现在斯巴达。在欧罗塔斯河(Eurotas)的西岸,坐落着阿耳忒弥斯圣所,这里是公元3世纪罗马为女神建造的圣所的部分遗迹。这座罗马建筑建于一个更早的圣所之上,早在公元前9世纪就有崇拜实践的证明。几何形状的陶器碎片出现在燃烧区域和灰烬层附近,那里可能是后来的祭坛所在地,这也是献祭实践的最早证据,可以追溯到公元前850年左右。① 在几何时代之前,没有证据表明该遗址有献祭,在线形B语料库中也没有与该遗址有关的神名的证明。因此,似乎沃奥萨西亚的崇拜首次出现是在黑暗时代,并没有迈锡尼时代的先例。②

在公元前7世纪之初,圣所因一堵忒墨诺斯(temenos)的庙墙、一条鹅卵石路面和圣所建造的第一个祭坛(一号祭坛)而熠熠生辉。也正是在这个时候,第一座神庙建成。而保存下来的只有这座建筑西南朝向的长墙,但似乎是典型的希腊风格,

---
① Cartledge 2002:310.
② Carter 1987:374.

神庙呈东西朝向,用日晒的砖盖在防水的石头上,还有一个悬垂的山墙。在该遗址发现的一座神庙的一个陶土还愿模型,可能是这座神庙采用早期多利亚风格的证据,其上带有原始的三叉文字和墙面。[1] 大约在公元前600年,这个圣所遭到洪水淹没。该遗址被一层沙子所覆盖,其上建造了一座新神庙和祭坛——可追溯至公元前6世纪的前25年。更完好的神庙呈东西走向,在短墙的东边尽头有一条短的 pronaos/πρόναος(门廊),以及一个狭长的内殿。[2] 这个祭坛——第一个短而粗,第二个长而窄——在神庙东边约20米处。这种结构一直被沿用,直到公元前2世纪神庙重建,之后在公元前3世纪整个圣所被扩充和重建,包括一个石头剧院——游客可以在那里观看斯巴达男孩被鞭打(见第六章)。总而言之,从公元前800年到罗马时代有相当大的延续性。

最初在这个圣所被崇拜的神似乎并不是阿耳忒弥斯,而是一位独立的神。碑文证据证实了这一点——早在公元前6世纪,圣所中就开始出现对沃奥萨西亚的供奉,但直到公元前1世纪的斯巴达,无论是在碑文、文学或者甚至是神庙的屋顶瓷砖上,

---

[1] Falb 2009: 131.
[2] *AO* 14.

这个名字都与阿耳忒弥斯的名字没有联系。① 最晚在公元前 5 世纪,这个女神的名字出现在希腊的其他地区,而且在某些情况下,她被明确描述为一个不同于阿耳忒弥斯的个体。因此,约公元前 360 年阿卡迪亚的科提利翁(Kotillion)山上的解放铭文(*IG* V², 429)说明了这一点:

> 克莱尼斯(Klenis)将科梅托斯(Komaithos),奥姆布里亚(Ombria)和霍罗瑟恩(Khoirothyon)释放为自由之人。如果有人要对他们伸之以援手,无论是维斯提亚斯(Wistias)还是其他人,他们的所有财物皆"神圣的"［献给］阿波罗·巴希塔斯(Apollo Bassitas/Ἀπόλλω Βασσίτας)、潘·西诺伊斯(Pan Sinoeis/Πάν Σινοείς)、科提利翁的阿耳忒弥斯,以及沃奥萨西亚。②

在查看碑文时,我们马上就会明白,似乎没有人知道如何拼写这位女神的名字。沙层正下方的铭文将她命名为沃奥萨西亚(Worthasia/Ωορθασία)、沃奥萨亚(Worthaia/Ωορθαία),甚至沃奥帕亚(Worphaia/Ωορφαία)。到了公元前 5 世纪,沃奥萨西亚的拼写变得更加普遍,但也并非唯一。在公元前 3 世

---

① Carter 1987: 375.
② Darmezin 1999: 22.

纪，Ω 被一个 B 所取代，导致拼写变为波奥忒亚（Bortheia/Βορθεία）——在被确定为奥忒亚（Ortheia/Ορθεία），并最终成为奥提亚（Orthia/Ορθία）之前。①

关于这位女神特征的线索来自文学、碑文和在她斯巴达圣所出土的丰富的还愿祭品。早在公元前 7 世纪，我们就有证据表明，这位女神与青少年男女以及他们的各种比赛和游戏有关。第一个数据来自抒情诗人阿尔克曼（Alkman）的《帕特奈翁》（*Parthenaion*，"少女颂"），诗中少女们齐声歌唱：

> 神明的报复在其中；
> 任何有福之人，
> 每天都能快乐地度过
> 无泪。我歌唱
> 阿吉多（Agido）的光辉——
> 我视她为太阳，对我们来说——
> 阿吉多见证了太阳的闪耀光辉。
> 这位显赫的合唱队长
> 不允许我赞美

---

① Carter 1987: 374，各种不同的拼写方式，参见 *IG* 5^1 252, *IG* 5^1 252a, *IG* 5^1 255, *IG* 5^1 303, *IG* 5^1 343, *IG* 5^2 429, *IG* II^2 1623 和 Herodotos 4.87.2。

抑或指责她。因为她看起来
如此出众,就像有人
在畜群中放了一匹
强壮的,凯旋的,
蹄声雷鸣的,梦中带翼的马。

难道你没看见?来自埃尼西亚(Enetian)的
赛马。另一端鬃毛飘逸的
是我的女亲属。
哈格希科拉(Hagesikhora)头顶闪耀
如纯金,
她银色的面颊亦是如此;
我为何要公开向你诉说?
哈格希科拉本人,
美貌仅次于阿吉多,
就让她像科拉西亚(Kolaxian)的马,与伊贝尼亚(Ibenian)的马一较高下。
因为当我们为 *Orthria* [奥提利亚] 送来面纱时,
昴星团七仙女(Pleiades)正穿过美妙的夜晚,
像天狼星(Sirius)一样

冉冉升起，与我们作战。

因为既没有紫色之类的物件
足以令人抗拒，
也没有华丽的蛇形手镯，
用纯金打造或是吕底亚的
头饰，让那些姑娘们
目光亲和，显得迷人。
也没有纳诺（Nanno）的秀发，
甚至像阿瑞塔（Areta）一样神圣而美丽的面容也没有，
也没有叙拉喀斯（Sylakis）和克列西塞拉（Kleësisera），
也没有去埃内西姆布罗塔（Ainesimbrota）那里说：
"阿斯塔菲斯（Astraphis）——但愿她是我的！"
请让菲莱拉（Philylla）
或让可爱的达玛瑞塔（Damareta）和伊安忒弥斯（Ianthemis）瞥向这里——
但还是哈格希科拉紧跟着我。

美裸的
哈格希科拉不在这附近吗？

她不是在阿吉多身侧

一起庆祝这节日?

但是,诸神啊,请接受

我们的祈祷。因为圆满

和完美是神的旨意。合唱队长,

请允许我发言。

我自己还是处女;

我在栖木上尖叫,却徒然,像一只夜枭。

但我最想让奥提斯(Aotis)高兴——

她是我们苦痛的医治者。

但年轻的女孩们正踏上这条美好的小路

这归功于哈格希科拉的逗留。

就像给马拉套一样

在船上也是如此……

人们必须

完全服从舵手。

她并不比塞壬(Sirens)

更擅长唱歌,

因为她们是女神。但是与其他十个孩子不同,

> 这个孩子在唱歌。
> 她放声歌唱就像一只天鹅
> 在克森托斯河（Xenthos）的溪流上。
> 她迷人的金发哟……

很明显，奥提利亚（Orthria/Ὀρθρία）是奥忒亚（Ortheia/Ὀρθεία）的另一种拼写，她是女孩们祈祷和行动的焦点。

奥忒亚在青少年比赛中所扮演角色的碑文证据，出现在公元前 4 世纪圣所发现的一个题献中（Artemis Orthia 1 = IG 5¹ 255）："阿雷西波斯（Arexippos）得胜后，在男孩们的聚会上，把这些东西献给了沃奥忒亚，让所有人都看到。"献祭仪式上有五把在比赛中获胜的镰刀，在整个罗马时代，圣所里也出现过类似的供奉仪式。① 除了斯巴达，附近的梅塞内（Messenê）也提供了表明奥忒亚在比赛中扮演角色的类似证据，一份可追溯至公元前 250 年左右（Messene Inv. No. 3587）的供奉仪式是为了纪念："安提克勒斯（Antikles）之子狄奥库里达斯（Diokouridas），作为一名 agonothetes/αγωνοθέτης（比赛教练），他将此（献给）阿耳忒弥斯·奥忒亚。"②

---

① AO 296—297，同参 Kennell 1995：126。
② Themelis 1994：101.

奥忒亚圣所的还愿物呈现了女神不同的一面。这些是在神庙南北向的 bothroi/βόθροι（沟）中的发现。最引人注目的是金饰，尤其是耳环和针饰。铅制品最为丰富，其中超过 10 万件来自于公元前 700 年至公元前 400 年间的圣所。铅本身似乎是来自阿提卡的劳里温（Laurion）矿，因此可以断定起源于希腊。主要的还愿物包括圣甲虫、石榴、玫瑰花、狮身人面像、公鸡、狮子、波提尼亚·塞隆（带翼，见上文）、战士、骑手、马匹、埃奥利克之都（Aeolic capitals）、人头马、蛇发女妖戈耳工（gorgons）、*labrydes*[梯子]和花环。① 这些珠宝强烈暗示了这是一位女性神。圣甲虫和狮身人面像等物件与古风时代晚期希腊艺术的东方化倾向有关。也许更能代表女神形象的是众多战士、马匹和骑手，这似乎表明，在体育比赛之外，她也投入到了战争（warfare）世界。像波提尼亚·塞隆、公鸡和狮子等祭品都与指挥荒野有关，是早期与阿耳忒弥斯有关的女神的证据。

圣所中远远超过一半（大约 68000 或 100000）的铅制还愿物可追溯至公元前 6 世纪，那时出现了一个有趣的肖像变化。作为主要还愿物的马的数量减少了，取而代之的是新出现的鹿。在整个希腊文化中，鹿与阿耳忒弥斯有着紧密关联，所以也有可能（如果不是很可能的话），正是在公元前 6 世纪，斯巴达

---
① Falb 2009：134–135.

的奥忒亚与泛希腊的阿耳忒弥斯融合在了一起。①

考虑到在圣所公开的大量象牙和骨头雕刻,这种看法得到了更有力的支持。除了(再次)出现的珠宝,许多小艺术品都是野生动物,尤其是狮子和山羊,从而再次证实了这是一位类似阿耳忒弥斯神的存在。②同样受欢迎的还有东方化的女神形象,她戴着高高的马球帽,这也是希腊肖像中女神的一大特点。③

在对斯巴达的奥忒亚(及其起源)的现代研究中,更为重要的是在圣所的沟中发现的陶土面具。大约603个形似真人或(始于希腊化时代)略小于真人尺寸/体积的拟人面具从圣所中挖出,数量超过了任何其他的希腊圣所,无一例外。这些面具主要分为四类。较小的两类包括蛇发女怪(可以通过它们伸出的舌头来识别)和森林之神。较大的两类人数大致相同,是英雄——包括年长的(大胡子)和年轻的(胡子刮得很干净)英雄——和奇形怪状的(满脸皱纹的)英雄。这些面具最早出现在公元前660年的圣所。④更多的则出现在沙地上,以公元前6世纪上半叶即公元前570年最为常见。他们持续有一些变化(如大小),直到希腊化时代。所有这些都是用当地的织物制成的,而那些

---

① Falb 2009:135; Larson 2007:106。
② *AO* 203–248。
③ 参见 *AO* Pl. CXVIII—CXX。
④ Carter 1987:359.

被涂上颜料的与同时代的拉科尼亚（Lakonian）陶器上的颜色一样。①

奥忒亚圣所的原始文献由英国雅典学院（British School in Athens）出版，狄更斯（Guy Dickens）推测，这些面具在圣所举行入会仪式的舞蹈中使用。根据波卢斯（Pollux）和赫西基奥斯（Hesykhios）很晚时期的文本，狄更斯认为，这些面具是在Baryllikon［布莱利孔］（Pollux 4.104）或Brydalia［布莱达利亚］（Hesykh. βρυδαλίγα）的舞蹈中使用的。前者是妇女跳 *baryllika*［**布莱利卡**］舞来纪念阿耳忒弥斯和阿波罗，而后者是男性戴上丑老太婆的面具来唱颂诗。②然而，正如卡特（Jane Carter）在她的面具研究中指出的那样，他们中没有一个是老妇人，也没有任何证据表明谁戴过面具。因此，必须回避基于不存在的肖像类型的很晚期的文本证据。相反，卡特记录了这些英雄面具和来自古代近东的怪诞面具之间的密切关系——这些面具几乎完全相同，可以追溯到青铜时代的美索不达米亚，随着铁器时代腓尼基人的殖民，又传遍整个地中海。③考虑到奥忒亚圣所中祈祷面具的突出地位，再加上迈锡尼时代缺乏这种祈祷的先例，

---

① *AO* 169–170.
② *AO* 172–173.
③ Carter 1987: *passim*.

以及大量铅和象牙制成的东方风格的还愿物,卡特认为,奥忒亚的崇拜最初由居住在拉科尼亚的腓尼基人建立,而奥忒亚是他们自己的近东女神阿瑟拉(Asherah)的希腊版本。[1]同样,正如以弗所的阿耳忒弥斯是安纳托利亚女神的希腊化版本一样,阿耳忒弥斯·奥忒亚也是黎凡特女神的希腊化版本。

尽管面具样式的近东起源已得到充分证实,然而,这些证据也对女神或她任何腓尼基的崇拜起源提出了异议。首先,没有证据证明,在斯巴达有任何稳定的腓尼基族落存在,当然也没有任何可与同一时期他们在阿提卡、尤波亚(Euboia)和克里特岛等地的居住相媲美的存在。[2]必须记住,这些面具由当地制造,因此不是由路过的腓尼基人出于对类似于他们自己的崇拜的纪念而带来的。在这一点上,斯巴达的奥忒亚崇拜与更大、更国际化的圣所明显不同,后者很大比例上是异国人——特别是近东——的献祭,如同时代的斐赖(Pherai)、佩拉科拉(Perakhora)、奥林匹亚(Olympia)和萨摩斯。[3]还必须指出,

---

[1] Carter 1987:375-382。
[2] Stampolides 2003: *passim*; Coldstream 1982: *passim*.
[3] Kilian-Dirlmeier 1985: *passim*。在所有这些例子中,希腊崇拜都围绕着希腊万神殿的女王赫拉展开。腓尼基人的神不是 Asherah,而是 Aštart(希腊的 Astarte)。论希腊与腓尼基女王神的融合,参见 Budin 2004: *passim*,尤其是137—139。

在该遗址发现最早的面具之前,这种崇拜已经存在了大约150年,而与该遗址有关的最早物品是当地的陶器。因此,面具是崇拜中后来才出现的元素,而非最初就存在。最后,数目也很重要。这些面具在圣所里供奉了大约400年——从公元前7世纪中期开始,一直延续到希腊化时代。在大约四个世纪里,圣所制作了差不多600个面具,即平均每年制成1.5个面具。这些数目与10万以上的铅制还愿物相比就相形见绌了,或如道金斯(R.M. Dawkins)对那几百件象牙制品声称的那样,"就数目而言,这次挖掘可能比在希腊其他任何一次挖掘的都要多"①。因此,尽管奥忒亚圣所确实生产了希腊最重要的古代近东风格的面具,但不一定代表面具是崇拜中一个特别重要的方面,因为就年表和其他还愿物的数目而言,面具相对不及。最后,我认为还无法解释腓尼基人的面具是如何成为圣所的典型还愿物,也无法猜测它们是如何被使用的。但很明显,这种崇拜本身并非由腓尼基人创立,而且奥忒亚实际上是一位希腊女神,而非近东女神。

后世的希腊人并不一定会这么想。他们似乎更愿意把这个斯巴达的阿耳忒弥斯想象成某种生活在北方的野蛮人,很可能是斯库提亚人。关于阿耳忒弥斯·奥忒亚的起源,罗马时代的传说中有很多。根据鲍萨尼阿斯(3.16.7)的说法:"一个叫利

---

① *AO* 203.

姆奈翁（Limnaion）的地方是阿耳忒弥斯·奥忒亚的圣地。他们说奥瑞斯忒斯（Orestes）和伊菲革涅亚曾经从陶里克（Tauric）土地上偷过一尊木雕神像（xoanon），古代斯巴达人说它被带到他们的领地是因为奥瑞斯忒斯也是那里的国王。"甚至在此之前，早在公元前1世纪，海基努斯（C. Julius Hyginus）就在他的神话纲要《寓言》（*Fabulae*）中记载了奥瑞斯忒斯（§261）：

由于失去了妹妹，他得到了一个神谕，于是他和同伴皮拉德斯（Pylades）找到了科尔基斯（Colchis），杀死托阿斯（Thoas）后，带着藏在一捆木头里的神像潜逃……并将它送到了阿里西亚（Aricia）。但是，由于这种残忍的崇拜方式后来激怒了罗马人，即便献祭的是奴隶，狄安娜还是被转移到了斯巴达人手中。[①]

这种倾向的部分原因似乎源于一种渴望，即让嗜血的阿耳忒弥斯远离希腊社会规范，尤其是在罗马时代（见第六章）。此外，正如霍尔（Edith Hall）在她的作品《与伊菲革涅亚在陶里斯的历险记》（*Adventures with Iphigenia in Tauris*）中详细记述的那样，欧里庇得斯（Euripides）戏剧的极端流行在古代世界掀起了一股潮流，促使许多希腊和罗马社区将自己对阿耳忒

---
① 译自 Kennell 1995：150。

弥斯/狄安娜的崇拜与陶里克/斯库提亚人的叙事联系起来。①正如斯巴达人(等)所说的那样,奥忒亚后来的斯库提亚起源更多地与文学趋势有关,且比任何早期希腊人对她起源的信仰都更有说服力。

当然,并非所有希腊人都认为他们眼中的奥忒亚是斯库提亚人。在梅塞内,奥忒亚似乎与色雷斯(Thrace)和以弗所的阿玛宗人有联系。梅塞内对阿耳忒弥斯·奥忒亚的崇拜可以追溯到公元前4世纪,当时梅塞内人终于摆脱了斯巴达统治。足够多的女神崇拜图像幸存下来,使得人们能够对梅塞内人如何想象这位女神有了一个清晰印象。据挖掘者塞梅利斯(Petros Themelis)说,这座可追溯到公元前4世纪晚期的大理石雕像,以及神庙区域的还愿陶俑和青铜器,描绘了女神的女猎手形象——她穿着一件翻折的短袍,左肩外露,系着幼鹿皮(nebris/νεβρίς)腰带,高筒皮靴,头戴马球皇冠。② 在这尊大理石崇拜雕像上,女神单手持着一个长火把,右脚旁坐着一只猎犬。短袍、幼鹿皮腰带和猎靴都是色雷斯人服装的特色,这一形象在很多方面都类似于本迪斯(Bendis)肖像——这位色雷斯女神于公元前5世纪与阿耳忒弥斯在雅典融为一体(柏拉图《理想国》1.327a—

---

① Hall 2013:*passim*。同参第六章。
② Themelis 1994:105.

328a；*IG* II² 1361）。

尽管这座神庙和公元前2世纪晚期神庙的所有献祭都表明，在那里供奉的女神是阿耳忒弥斯·奥忒亚（另见第四章），但罗马时代的碑文证据显示，女神也被称为欧佩西亚（Oupesia/Ουπεσία）——这是欧佩斯（Oupis/Ουπίς）崇拜头衔的一个版本，如上文她在以弗所的崇拜中所示。这个名称出现在与负责维护神庙和崇拜的男子学院有关的铭文中，被称为 hieroi gerontes tas Oupêsias/ἱεροί γέροντες τὰς Ουπεσίας，即"欧佩西亚的神圣老人"（Messene Inv. No.1013）。① 铭文证据进一步提到，尼科拉托（Nikeratos）和斯特拉顿（Straton）获得了荣誉，他们都被列为欧佩西亚的 epimeletai/επιμελήται（"监督者"）——这是在希腊化时代以及后来在 thiasoi/θίασοι 和 orgeones/ὀργεῶνες 中使用的术语——专门用于崇拜一到两个特定神的宗教"俱乐部"。② 正如塞梅利斯所言，这些 hieroi geronets/ἱεροί γέροντες ［神圣老人］强调了他们与多利亚英雄 Kresphontes/Κρεσφόντης ［克瑞斯丰忒斯］的联系/血统，当赫拉克勒斯后裔和多利亚人入侵伯罗奔半岛时，他以抽签的方式接受了梅塞内人（Paus. 4.3.6）。尽管塞梅利斯声称，这些证据证实了奥忒亚崇拜的古老和多利亚

---

① Themelis 1994: 115 and n. 18。
② 同上。

起源，但更有可能的是，强调这种与多利亚过去的联系，有助于重申梅塞内人的多利亚根源和他们与这片土地的联系，特别是在被他们的多利亚邻居斯巴达人手中奴役了几个世纪之后。

绰号欧佩斯/欧佩西亚后来出现在公元12世纪学者特策利（John Tzetzes）的著作《论吕科弗隆》（*On Lykophron*）中。拜占庭的作家写道（§936）："因此，狄克图娜（Diktynna）是克里特岛的阿耳忒弥斯，色雷斯的欧佩斯，阿卡迪亚人（Arkadians）的欧托西亚（Orthosia /Ὀρθοσία）。"[①] 欧佩斯显然被认为是阿耳忒弥斯的化身，与黑海有着密切关联。

无论欧佩西亚的老人是否为多利亚入侵者的后裔，来自伯罗奔半岛人的证据总体上似乎表明，对沃奥萨西亚，也就是最终形成的阿耳忒弥斯·奥忒亚的崇拜，首先在斯巴达出现并发展，后来转移到了希腊世界的其他地方。这种崇拜是土生土长的，而不是腓尼基人、斯库提亚人或色雷斯人的崇拜，尽管女神在希腊的崇拜过程中明显接受了后一种文化的某些特征。尽管来自斯巴达关于奥忒亚与阿耳忒弥斯融合的证据相对较晚，但到公元前5世纪，这种证据已经存在于整个希腊世界。品达在他

---

① 关于Worthasia in Arkadia，参见 *IG* 5² 429。关于 Artemis Orthosia in Koroneia, Boiotia，参见 Schachter 1981：100。关于 Artemis Orthosia in Lebadeia, Boiotia，参见同上：101。

的胜利颂歌（*Olymp*. 3，1. 30）中提到了阿耳忒弥斯。希罗多德记载了大流士（Danus）如何在博斯普鲁斯（Bosporos）海峡立柱（4.87.2）"拜占庭人后来把这些柱子带进他们的城邦，用作阿耳忒弥斯·奥忒亚的祭坛"。

小结

这些令人信服的证据表明，希腊人所熟知的阿耳忒弥斯女神的元素早在青铜时代就出现了。女神名字出现在线形文字 B 语料库中；与儿童特别是女孩有密切联系的自然女神出现在米诺斯人和锡拉人（Theran）的肖像中；而与野生动物互动，甚至统治着野生动物的女神——波提尼亚·塞隆——出现在米诺斯-迈锡尼的共通语（*koine*）中。至少有一处女神的崇拜地点——卡拉波迪/海姆波利斯——显示了从青铜时代到罗马时代的延续性。虽然只有线形 B 证据可以提供作为号称前古风时代崇拜阿耳忒弥斯的证据，但这些证据也确实表明，自公元前第二个千年中期以来，这位自然女神的各个方面都受到爱琴海人的崇拜了。

其他关于阿耳忒弥斯各种各样的崇拜，是在外来影响和当地融合的基础上发展起来的。泛希腊，甚至泛地中海地区，对以弗所的阿耳忒弥斯的崇拜始于对当地安纳托利亚女神的崇拜，她在铁器时代就与阿耳忒弥斯融合,但在罗马时代,仍保留着安纳托利亚的崇拜和肖像。相反,另一位泛希腊女神阿耳忒弥斯·奥忒亚原本是斯巴达本土神,她似乎在6世纪与阿耳忒弥斯融合,又在后来的几个世纪里被注入了外来起源。

二、阿耳忒弥斯的童年和永恒的童贞

阿耳忒弥斯是伟大的奥林波斯神祇之一。她是宙斯和提坦女神勒托(Leto/Λήτω)的女儿,勒托是众神中最温柔的一位。她有一个亲兄弟是阿波罗。作为宙斯的女儿,她有许多同父异母的兄弟姐妹。

童年

关于阿耳忒弥斯在哪里出生,以及她与阿波罗的关系,有一些模棱两可的说法。根据最早的文献记载,阿耳忒弥斯出生在小亚细亚以弗所地区的奥提伽(Ortygia)岛。在《荷马颂诗:致阿波罗》(*Homeric Hymn to Apollo*, III)中有所涉及(ll.14—16):

神佑的勒托啊,因为你生下了荣耀的儿女,
阿波罗王和擅射的阿耳忒弥斯,

她骑在奥提伽身上,而他骑在提洛岛身上。

阿耳忒弥斯和阿波罗是姐弟关系,但未必是双胞胎;阿耳忒弥斯出生在奥提伽,后来阿波罗出生在提洛岛。然而,后世文本为了让这对姐弟联系更紧密,暗示他们是双胞胎,且都出生在奥提伽或提洛岛。因此在伪阿波罗多洛斯(Pseudo-Apollodoros)的《书库》(*Bibliothekê*)中作了如下叙述(1.3.6):

勒托曾与宙斯在一起,被赫拉驱赶到了天涯海角。后来她来到提洛岛,首先生下了阿耳忒弥斯,然后她又做了助产士,生下了阿波罗。后来,阿耳忒弥斯练习狩猎并保持童贞。

相比之下,斯特拉博记载说,这两个孩子实际上都出生在奥提伽,当时勒托再次逃离赫拉的愤怒(14.1.20):

在同一海岸,离海稍高之地,还有奥提伽岛,岛上树木繁盛,品目众多,尤其是柏树。肯基里奥斯(Kenkhirios)河流经这里,据说勒托分娩后在那里洗澡。据记述,那里既是分娩之地,也是看护者奥提伽所在之地,还是孩子出生的圣地,旁边的橄榄树是传说中女神在生产后第一次休息的地方。树林的上方是索尔米索斯（Solmissos）山，他们说库尔特人（Kouretes）驻扎在那里，用他们喧闹的武器声赶走了监视他们的妒妇赫拉，帮助勒托进行秘密分娩。

不过，有一点是一致的，那就是阿耳忒弥斯和阿波罗是姐弟，是勒托和宙斯唯一的子女。同样一致的是，这两姐弟永远都是青少年——阿耳忒弥斯和阿波罗永远保持青春期，永远处在成年的边缘，而从未跨越过那道边界。对于阿波罗来说，这归根结底还是理论层面大于意义层面：在艺术作品中，他的年轻主要表现在没有胡子。他也从未结婚（宙斯与赫拉结婚，波塞冬与安菲特里忒［Amphitritê/Ἀμφιτρίτη］结婚，哈德斯［Hades/Ἅιδης］与佩耳塞福涅［Persephonê/Περσεφόνη］结婚，甚至狄奥尼索斯和阿里阿德涅［Ariadne/Ἀριάδνη］都结了婚）。然而，他确实与男性和女性都发生了性关系，他有孩子，因此，他可以与赫耳墨斯（Hermes/Ἑρμῆς）比较，与出现在阿芙洛狄忒作为赫菲斯托斯（Hephaistos/Ἥφαιστος）妻子的神话中的阿瑞斯（Ares/Ἄρης）比较，甚至可以与德墨忒耳比较——德墨忒耳与宙斯"发生性爱"，生下佩耳塞福涅，却不被视作宙斯的妻子或配偶。因此，青年的身份对阿波罗的形象并没有显著影响——他是一个经历性启蒙的不在场父亲。

相比之下，阿耳忒弥斯的永葆青春则意义非凡。与其他女神不同的是，在古希腊的艺术中，她被描绘成孩童形象。这一点在荷马《伊利亚特》中的诸神之战（Theomakhy/Θεομάχη）的场景中表现得尤为突出，当时阿耳忒弥斯正与更为成熟的赫拉女神对峙（书21：489—496，505—513）：

赫拉于是用左手抓住阿耳忒弥斯的手腕，
右手扯下她肩上的弓箭；
说着，她微笑着打了阿耳忒弥斯耳光，
打得她不断闪躲，射出她的箭矢。
女神哭叫着逃脱，如同一只山鸽
躲避鹰鹫的追捕，飞进嶙岣的岩隙，
命运并未注定它被凶猛的鹰鹫逮住，
就这样，阿耳忒弥斯哭叫着逃跑了，丢下了那弓箭
……
然后阿耳忒弥斯来到奥林波斯山上宙斯的铜宫，
痛哭流涕的女儿坐在父亲的膝头，
不朽的神袍在她身上不停抖动。
父亲把女儿搂进怀里愉快地笑问：
"女儿啊，乌拉诺斯的哪个后裔竟敢

这样侮辱你,好像你做了什么大恶事!"
头发紧束的狩猎女神这样回答说:
"父亲啊,你的妻子白臂赫拉打了我
是她挑起不朽的神明间的争吵和不和。"

公元前 3 世纪,在卡利马霍斯《致阿耳忒弥斯颂诗》(*Hymn to Artemis*)中,她要求独眼巨人为她制造武器时,显得更加年少(ll. 72—78):

女孩哟,更早之时,你三岁的时候,
当勒托抱着你来的时候,
正如赫菲斯托斯所要求的,他要送出可爱的礼物,
勃朗特(Brontes)让你坐在他结实的膝盖上,
你抓住他的胸毛,
狠狠地撕了下来——直到今天
他胸部的中间部分还是秃的。

这样的描绘意义重大。因为,正如博蒙特(Lesley Beaumont)指出,虽然文学和肖像学可能将一些希腊神描绘为孩子,但希

腊女神几乎从来都不是孩子。① 雅典娜和阿芙洛狄忒出生时都是完全成熟的，她们的力量也都完全显现了出来。雅典娜出生时身披盔甲，阿芙洛狄忒则明显裸体。除了婴儿可能会被他们的父亲克罗诺斯（Kronos/Κρόνος）吞食之外，赫斯提亚、赫拉和德墨忒耳从来都是以成熟女人的形象出现。赫卡忒是文学作品中为数不多的童贞女神之一，根据赫西俄德的《神谱》，她也是一位 kourotrophos/κουροτρόφοs［儿童养育者］，是老一代诸神中的一员。在《荷马颂诗：致德墨忒耳》（*Homeric Hymn to Demeter*）中，只有佩耳塞福涅以年轻女孩的形象出现，毫无疑问，这是为了将她婚前的处女状态与她作为完全成熟的冥后和哈德斯的妻子的地位形成对比。

然而，阿耳忒弥斯却调皮地爬到独眼巨人的膝上，还扯下了他的一撮胸毛。她被赫拉打了耳光，哭哭啼啼地跑到爸爸那里去了。她的孩子气并不只出现在文学作品中：与其他希腊女神不同，阿耳忒弥斯也可能以孩子的形象出现在视觉艺术中。当然这很罕见。已知最早的此类描绘之一，出现在公元前 4 世纪早期雅典或阿普利亚（Apulian）绘制的红色双耳罐上。图中，女神勒托正抱着她的两个婴儿，躲避一条巨蛇，显然那是皮托（Pytho）。

---

① Beaumont 1998: *passim*.

图 2.1：勒托带着她的双胞胎阿耳忒弥斯和阿波罗逃离皮托（Relief with Leto escaping from Pytho with her twins, Artemis and Apollo, fourth–third century BCE, 2003.23.6. Image Michael C. Carlos Museum, Emory University. Photo by Bruce M. White, 2011）

埃默里大学卡洛斯博物馆（Michael C. Carlos Museum）现存放的一块类似公元前 5 世纪末至前 4 世纪初的石碑（图 2.1）显示，母亲勒托从皮托身边跑开，怀里抱着一个刚学步的孩子，另一个孩子（可能是阿波罗 - 杀蟒者）紧跟在她身后。在三维艺术方面，普林尼（Pliny）在他的《自然史》（*Natural History*，34.19）中记载了公元前 4 世纪的画家兼雕塑家欧佛拉诺（Euphranor）的一座青铜雕像，雕像上勒托抱着襁褓中的阿耳忒弥斯和阿波罗。在上文引用的斯特拉博（14.1.20）关于阿耳忒弥斯和阿波罗在奥提伽出生的段落中，地理学家继续他的叙述，描述了公元前4世纪晚期的艺术家斯科帕斯（Skopas）的创作——他制作了一尊勒托雕像，而且把奥提伽拟人化为一位助产士，怀抱着幼小的双胞胎阿耳忒弥斯和阿波罗。这一形象可能出自克里特岛高廷（Gortyn）卫城某个圣所中罗得亚风格的陶土还愿祭品，上面描绘了一名成年女性和两个孩子。一个赤身裸体的小男孩握着女人的右手站在旁边。她怀抱一个穿着衣服的孩子靠在左肩——从衣着判断应该是个女孩儿。相似的肖像，加上发现地点的神圣性，强烈暗示这是勒托、阿波罗和阿耳忒弥斯的形象，且后两者是她的孩子。[①]

再次强调要注意到这一点，阿波罗婴儿时期的外貌并没有什么特别另类或奇怪之处。在关于他的《荷马颂诗》中，明确描述他是个婴儿，并大胆打破了绑在他身上的金环。赫耳墨斯在《荷马颂诗》中完全被描述为是个新生儿，偷牛，发明竖琴，在他出生后的24小时内公然对父亲撒谎。宙斯的婴儿期是他受崇拜的一个重要方面，特别是他被藏在克里特岛的那段经历——他在那里躲避要吃掉自己的父亲，库瑞班忒斯（Korybantes）看护着他，山羊阿玛尔提亚（Amaltheia）则负责照料。他的形象

[①] Hadzisteliou Price 1978：88 and Fig. 35.

和崇拜的这一面似乎可以追溯至青铜时代。半神的赫拉克勒斯在摇篮中将蛇勒死预示了他后来的功绩，也许用棍棒打死他的音乐老师也同样预示着他的不祥。甚至是狄奥尼索斯，也随着时间的推移变得越来越年轻，在传统红绘陶器中，他没有了古风时代的胡须，甚至在公元前4世纪普拉克西特利斯（Praxiteles）创作的一尊著名雕塑中，他像个小婴儿一样出现在赫耳墨斯的怀抱中。

除了阿耳忒弥斯，在古希腊艺术中就没有描绘成孩子的女神了。博蒙特曾指出，这是因为将一个孩童时期的女神描绘出来，将不可避免地导致她在希腊意识形态中失去权力，的确如此。特别是在公元前5世纪雅典人的世界观中，据了解，女性被认为在身体、智力甚至道德方面都远远不如男性。同样，在这些品质方面，成年人要优于孩子。正如亚里士多德（Aristotle）在公元前4世纪他的《政治学》（*Politics*）中指出（1.1260a）：

> 因为，自由人统治奴隶，男性统治女性，男人统治子女则是一种不同的方式。在所有这些人中，灵魂的一部分存在，但呈现方式却有所不同。因为，奴隶完全没有审议能力。女性拥有，但不权威；孩子已经拥有，但还未发育完全。

那么，作为一个孩子，就意味着弱小。作为一名女性，也意味着弱势。作为一个小女孩就意味着居于最为弱势的地位。因此，这样的状态与古希腊的神性至上背道而驰。显然，希腊人有可能把他们的神设想成只有单一的弱点，因此不难想象出一个处于婴儿时期的男性神。如果说有什么区别的话，那就是表明，神在婴儿时期就通过发挥他们的"自然"功能增强了力量，例如，赫耳墨斯在婴儿时期就会偷窃。从定义上看，女神们已经属于弱势类别；在功能上再加一个弱点，会是对神性的冒犯，甚至与她们的神性自相矛盾。因此，为了巧妙地避免她们先天的不完美所带来的尴尬，女神们从来没有被置于双重弱势中：女性和儿童。

唯一能打破这条潜规则的女神是阿耳忒弥斯。很明显，她与年轻人的紧密联系，以及永葆青春的模样，使她处于孩童状态，但这并不会削弱女神的荣耀。阿耳忒弥斯是一个非常强大的女孩：这般描绘，并不会对她的神性或希腊人的世界观构成威胁。然而，正如博蒙特所指，将阿耳忒弥斯描绘成一个孩子的形象——卡利马霍斯，欧佛拉诺——主要出现在公元前4世纪，当女性的地位随着以政治为基础的社会的解体和希腊王国的崛起而提高时，彼时艺术界对儿童也有了新的鉴赏。简而言之，只有当女性和儿童的范畴得以改善时，女孩女神才可能更恰当地被描绘成是一个女孩。其他女神，雅典娜、阿芙洛狄忒、赫拉等，都保持着她们稳固的成熟度。①

童贞

阿耳忒弥斯形象最重要的特征之一是她永远保持童贞。在古希腊意识形态中，没有性启蒙激发的她是个特例，保持独身的选择在凡人中很少得到支持（也很少被接受），在神中更是异常罕见。当然，目前没有男性神在上述关于性的内容的记载。根据《荷马颂诗：致阿芙洛狄忒》（*Homeric Hymn to Aphrodite*）第 5 首，只有三位神对库普利安（Kyprian）的力量免疫（7—33）：

> 三颗心她无法说服也无法欺骗：
> 持有埃癸斯盾（Aegis-bearing）的宙斯的女儿，猫头鹰眼雅典娜，
> 金色的阿芙洛狄忒的功绩并不能取悦她，
> 取悦她的是战争和阿瑞斯的事迹，
> 为彪炳千古而搏斗、较量，以及备战，

---

① Beaumont 1998: *passim*.

她是第一个向世人传授技艺的神,

为了制造战车和装饰精美的青铜战车,

并教授厅廊里优雅的少女们,

让她们学会技艺,使她们心思活络。

爱笑的阿芙洛狄忒无法在爱中驯服她。

因为,真正的弓使她快乐,在山中杀死野兽,

还有竖琴、合唱、刺耳的哭声

阴暗的森林和充满正义的城邦。

阿芙洛狄忒的功绩也不能取悦这位可敬的少女,

赫斯提亚,她是狡黠的克罗诺斯最先生下的,

最后服从持埃癸斯盾的宙斯的旨意。

波塞冬和阿波罗向她求婚,

但她不感兴趣,坚决拒绝了。

她发过一个伟大誓言,这个誓言的确已实现——

通过抓牢持埃癸斯盾的父神宙斯的头——

她要永远做处女,这位众女神中的女神。

父神宙斯送给她一份漂亮的礼物,代替了婚礼

她坐在房子中间,换得了最好的礼物。

在诸神的庙里,她都有尊荣

在所有凡人中,她是众神之首。

39

众神之一[阿芙洛狄忒]既不能说服也无法欺骗她的心智。

第四位女神是赫卡忒,在希腊神话文集中,她也是一位永恒的处女。颂诗中提到的三位女神,每一位都保持着她们的贞洁,这与她们在希腊意识形态中的角色有关。在某种程度上,雅典娜,作为卫城的保护者,保持贞洁,是作为城邦不可侵犯的象征:就像她没有被穿透一样,更不必说城墙了。[①] 也许更重要的是,雅典娜的形象在职能上是雌雄同体的,也就是说,虽然她的性别是女性,但其中也有强烈的男性化成分。虽然她也参与女性编织的活儿,但她同时是战争和战略女神,也是卫城的保护者。在希腊凡人的世俗生活中,这类活动恰如其分地属于人的领域。雅典娜,在她的女性性别中有一种强烈的男性化覆盖,这样就无法想象她在性方面会屈从于男性,或因怀孕和母亲身份而分心。此外,正如她在埃斯库罗斯(Aeschylus)的《欧墨尼德斯》(*Eumenides*, ll. 735—738)中亲自对观众所说的那样,"我在所有事情上都支持男性——除了婚姻——全心全意"。雅典娜是男性的向导和伙伴,是他在战场上的伙伴,也可以说,是男性版图上的伙伴。但她不能履行这样的职能,也不会受到爱欲的影响:在性或其他方面,她不屈从于男性,因为她是他们中

---
① Hanson 1990: 326.

的一员,而且作为一个女神是他们的上级。

赫斯提亚必须保持处女身份,因为她是稳定的化身。她作为处女之火的角色对理解古希腊家庭观念很重要。希腊人遵循父权制和父权本位,这意味着男性在政治、法律和经济上拥有更大的控制权,而且女性在结婚后离开娘家,是加入了丈夫的家庭。对妻子的某种不信任总是存在,因为她们是父系家庭里的门外人,她们可能更忠于自己的家庭,或者与子女形成的关系比与丈夫及其家庭的关系更为紧密。此外,同脉相承的家庭关系普遍紧张。儿子不可避免地会强化父亲必死的观念,而在文学作品中,儿子或孙子常常导致(祖父)父亲的死亡,如俄狄浦斯(Oidipous/Οἰδίπους)和他的父亲拉伊俄斯(Laius/Λάϊος)。母亲和女儿可能会形成亲密的关系,但当女儿离开她的家庭加入丈夫的家庭时,这些关系会不可避免地被切断,就像德墨忒耳和佩耳塞福涅。因此,最亲密的家庭纽带是母亲和儿子,父亲和女儿。然而,与母女关系一样,父女关系也受到女儿结婚后必须离家的限制。因此,在人的一生中,父亲最亲密的家庭盟友是暂时的。然而,神的生活并没有受到这样的约束,赫斯提亚有一个理想的父亲盟友:女儿不结婚,她依附在父亲的壁炉旁,最终忠于父亲。正如灶台是家庭的实体中心一样,在神圣层面上,贞女是家庭的实体中心。赫斯提亚既是希腊人的灶台女神,也是稳定的化身。①

阿耳忒弥斯永远是个处女,因为她像她的哥哥一样永远长不大。她永远是可以结婚的少女,总是处于生育的成熟边缘,但从未跨过家庭生育的门槛。她并非像雅典娜或赫斯提亚那样的无性恋者,而是永远站在性的最前端。正如金(Helen King)说过:

> 逻辑上很难使 parthenos/παρθένος [处女] 完全无性,因为每一个处女都是一个潜在的 gynê/γυνή [女人]。同样,每个女人都曾经是处女……阿耳忒弥斯是一个例外,所有的处女是潜在的 gynaikes/γυναῖκες [女人];真正的处女,她使自己另一端的本性,真正女人的一面,得到了更大的解脱,然而,掌管新女人的却是不朽的处女女神。②

有人认为,阿耳忒弥斯(和雅典娜)实际上是同性恋,由于在男性占主导地位的古希腊和罗马文献中很少谈及女同性恋的性爱,所以文献中没有提及她们的性取向。这当然不是雅典娜的情况,但至少在罗马时代,奥维德提到了,阿耳忒弥斯的

---

① Vernant 1963: 20.
② King 1983: 124–125.

宁芙们和伪装成阿耳忒弥斯的朱庇特之间可能的一些艳遇(《变形记》2.420—425)。也许更接近希腊现实的是,作为一个永恒的少女,阿耳忒弥斯一直处于同性交往,以及同性恋行为对于男性和女性来说都是正常行为的那个生命阶段。考虑到上述希腊文学中没有提及女同性恋,至少有可能表明,阿耳忒弥斯或许已经被理解为对她的女性狩猎伙伴有这种感觉。

阿耳忒弥斯的童贞同样确立了她在神圣等级中的地位。有人可能会说,阿耳忒弥斯不能进行(异性)性交,因为作为荒野女神和野生动物女神,她不能像希腊文学中的其他女性,特别是新娘那样,被性所驯服(damazô)。然而,希腊的宁芙仙女通常会进行所谓的性乱交行为,与神,或是与凡人,一起生儿育女,她们完全没有意识到自己被束缚在任何强大的个体身上,也没有意识到她们会失去自由或自主权。简而言之,她们可以与任何她们喜欢的人自由做爱。[①] 这种自由,也许有点自相矛盾(除非有人考虑到希腊万神殿尖锐的父权性质),是奥林波斯山的女神们所难以拥有的。赫拉和阿芙洛狄忒必须结婚,而阿芙洛狄忒的婚外情被视为通奸,且给她带来了耻辱和惩罚(《奥德修纪》第8卷的阿瑞斯,《荷马颂诗》第5首中的特洛亚王子安喀塞斯);德墨忒耳,宙斯的前配偶,和他一起生

---

① Larson 2001:64–71,87–90.

下佩耳塞福涅——事实上可以说是被强奸，就像阿卡迪亚本地神话中波塞冬强奸她一样，在那里，神化身为马强奸了女神，生出了自然女神德斯波尼亚（Despoina/Δέσποινα, Paus. 8.42.1）。其他女神可能会受到强奸威胁，如赫拉被伊克西翁（Ixion/Ἰξίων）强奸（阿波罗多洛斯 E20），勒托被提图奥斯（Tityos/Τιτυός）强奸（*Od.* 11.576 sqq.），但这些企图都以致命攻击者的灾难告终。因此，对于赫拉、勒托和德墨忒耳来说，当她们与奥林波斯山的众神之一，尤其是宙斯（不包括刚才提到的不正常的马奸）发生性关系后，就再也没有其他关于女神被性侵和怀孕的花边故事了。与宁芙仙女不同，奥林波斯女神面前只有两个选择：被性所驯服，在某种程度上被男性伴侣所束缚；或者完全避开性，保持自由（我的意思是仍然在宙斯的权威之下，但不必和他上床）。阿耳忒弥斯，这位荒野女神，仍然受制于奥林波斯山的女性性行为的准则之下。所以，她选择了贞洁之路（Kall. 3.5）。

早在公元前 6 世纪，女同性恋诗人萨福（Sappho）的一首抒情诗中，记载了女神对贞洁的自我奉献（fr. 44a, ll. 4—11）：

> 阿耳忒弥斯向众神发了一个伟大誓言："我将以您的头起誓，成为一个不被驯服的处女，在牧羊的山巅狩猎。请来为我点头。"她这么说了，众神之父点了点头。

"少女、猎鹿手、荒野者",神人都这么称呼她,多么好的名字。四肢松弛的爱若斯(Eros/Ἔρως)从不接近她。

这种看法在公元前 3 世纪由卡利马霍斯创作的《致阿耳忒弥斯颂诗》中得到了呼应,他描述了这位还在蹒跚学步的女神如何请求她的父亲授予她永恒的处女身份(Kall. 3.5)。

关于阿耳忒弥斯的贞洁,最有趣的描述之一可能出现在阿卡迪亚的卡斐亚(Kaphyai)附近的康迪利亚(Kondylea)崇拜中。根据鲍萨尼阿斯的说法(8.23.6—7):

卡斐亚距离康迪利亚地区大约一个斯塔德(stade);那里有一片树林和一座阿耳忒弥斯神庙,起初这里被称作"康迪利亚提斯"(Kondyleatis)。据说,女神有了一个新名字是因为:孩子们在圣所周围玩耍——他们也不记得有多少人——然后他们偶然发现一根绳子,就把绳子系在雕像的喉咙上,据说阿耳忒弥斯就是这样被勒死的。卡斐亚人发现了孩子们的所作所为,就用石头打死了他们。然后瘟疫降临在妇女身上,以至于她们的胎儿死在子宫里,而后被驱逐出去。皮提亚(Pythia)命令他们尊重这些孩子,要为他们献祭,因为他们出于不公正杀死了孩子们。卡斐亚人根据神谕做了这些事和类似之事,无论是当时还是现在,在康迪利亚人(Kondyleans)当中,女神——据说这也由神谕下令——从那时起,就被称为"被勒死的"。

女神被勒死这一明显怪异的观念,最初被归咎为对一种早期仪式的误解,即女性的形象——特别是植物神——被挂在树上(apankhomenê/απανχομένη 有"绞死"和"勒死"的意思)。① 然而,现在被解释为女神的贞操。具体来说,金认为,勒死/上吊是不流血的,与导致流血的身体插入行为相反,无论是血腥的动物献祭还是处女在新婚之夜被玷污(或者,在神话中通常指强奸)。对女性来说,上吊是为了避免插入,因此上吊自杀是处女试图避免不想要性交的标准手段(或威胁)(Aesch, *Suppl*. 465 和 788;Lactantius *Theb*. 4.225 关于 Karyatids;Eur. Hippolytos 776—785 较少提及)。"因此,勒死从文化角度来看是反对不想要的性行为。"② 作为"被勒死者",阿耳忒弥斯由此重申了她未被穿透的、处女的本性。

在这方面还可以考虑另一个因素。古希腊人认识到,阴道和喉咙之间的平行性,两者都以口腔(子宫颈)和嘴唇(阴唇)为顶点。③ 据信,在出气时,女人的脖子会扩张,因为她的上脖

---

① Cole 2004:206–207.
② King 1983:119.
③ 参见 Hanson 1990:328,特别是编码 96,供医学文库参考。

子与她的下"脖子"的开口相呼应。与此同时,刚刚失去贞洁的女孩的声音会变得低沉而深厚,与之形成鲜明对比的是处女的声音依然高亢,依然"纯洁"(Aesch,*Agam*. 244)。当然,勒死是强行关闭喉咙。通过被"勒死",强调了阿耳忒弥斯永远贞洁的生理现实——就像她的上喉被束缚和封闭一样,她的下"喉",即她的阴道也是如此。被勒死不仅象征着她对性交的抗拒,也是对她未被插入阴道的生理学暗示。

正如阿耳忒弥斯始终是处女一样,她也希望神话中与她一起狩猎或在现实生活中侍奉她的少女们也能保持贞洁。对不服从于此的惩罚可能会非常严厉。神话中最著名的处女破处案例是卡利斯托(Kallisto)。这个神话最流行的版本在奥维德的《变形记》(2.420—425)中被提及,但这个故事至少在古风时代晚期才在希腊流行了起来——卡利斯托出现在伪赫西俄德的《列女传》(*Catalogue of Women*)和埃斯库罗斯已佚悲剧《卡利斯托》(*Kallisto*)的残篇中。① 在这个神话中,少女卡利斯托被宙斯强奸了,或者至少在后来的版本中,是人神之王乔装成阿耳忒弥斯引诱了少女卡利斯托。在发现她的狩猎伙伴怀孕后,阿耳忒弥斯把她变成了一只熊——在古希腊的意识形态中,熊是最具母性的动物。

---

① Cole 2004:204,n. 34。附带额外的参考资料。

按照希腊的标准,更具"历史意义"的是在阿开亚的帕特莱(Patrai)科梅托的(Komaitho)故事,尽管鲍萨尼阿斯叙述的这个故事(7.19.2)与其说是历史本身,不如说是阿耳忒弥斯·特里克拉里亚(Triklaria)崇拜仪式的奠基性神话。在这个故事中,一位异常美丽的处女名叫科梅托,她被任命为阿耳忒弥斯·特里克拉里亚的女祭司。当时帕特莱最漂亮的青少年梅拉尼波斯(Melanippos)注意到了她。他们疯狂坠入爱河,屈服于自己的欲望,甚至在阿耳忒弥斯的圣所里做爱。在这方面他们有双重过错。首先,科梅托在担任女祭司期间破了贞节(如鲍萨尼阿斯所指,女孩们以这种身份服务,直到把她们"交给男人"为止。永葆童贞并不是问题所在,这只是与那个年龄段的女孩产生联系的一种暂时状态)。其次,这对恋人在圣所里发生了性关系,按照希腊惯例,这是一种严重的 miasma/μίασμα(宗教污染)。[①]作为报复,阿耳忒弥斯带来了该区域有史以来最严重的瘟疫,造成了庄稼死亡,给人类带来了恶疾。请示德尔斐后,人们被告知,他们必须献祭科梅托和梅拉尼波斯,而且必须连年献祭一对美丽的男孩女孩来平息女神的愤怒。他们在圣所附近献祭的那条河后来被称为"不可饶恕的"河。

这样的灾难,在第六章有更详细的讨论,并非阿耳忒弥斯

---

① Parker 1983: ch. 3.

独有。《伊利亚特》开篇时阿波罗降下的瘟疫是对这一灾难最早的描述。在俄狄浦斯统治时期，折磨着忒拜居民的瘟疫，因为俄狄浦斯的弑父瘴气，如索福克勒斯所述，并没有具体的神来传达。然而，与其他神相比，性之罪与阿耳忒弥斯的联系更为密切，而瘟疫更多出现在她（以及她的兄弟阿波罗），而非其他神的作品中。因此，失去贞洁与瘟疫之间的动态关系是童贞女神的典型特征。

童贞作为一种阈限状态

不过，重要的是要记住，凡人希腊女孩不会一直维持童贞。她们不得不长大，结婚，希望能有孩子——就像男孩必须长大，结婚，并保护他们的家庭和城邦一样。阿耳忒弥斯之所以能保持适婚处女的阈限状态，是出于她的女神身份。女神的一个重要职能，尤指在文学中，是帮助女孩们摆脱童贞状态。然而，这里的"帮助"一词可能有点用词不当。我们在这方面最常见的引导母题（leitmotif）是，一位在阿耳忒弥斯的合唱队中翩翩起舞的处女，被绑架和强奸，于是被迫进入了成人性爱世界的母题（motif）。

也许这种袭击中最令人震惊的潜在受害者是阿耳忒弥斯本

人。根据鲍萨尼阿斯（6.22.9）的说法，在古老的埃利斯（Elis）河，（河神）阿尔费奥斯（Alpheios/Ἀλφειός）爱上了阿耳忒弥斯。他很清楚她不会嫁给他，所以决定要强奸她。一天晚上，女神在莱特里诺（Letrinoi）和一群宁芙仙女庆祝节日，阿尔费奥斯也来参加她们的庆祝活动。阿耳忒弥斯疑心有什么事发生，便用泥土遮盖了自己和仙女的脸，以致河神分不清谁是谁。他没有花精力去寻找女神，而是带着落空的企图离开了。这个故事可能是后来与女神有关的仪式的奠基性神话（包括为埃利斯的少女们做泥膜美容）。

一如既往，阿耳忒弥斯得以保持自己的童贞，这是其他女孩所不及之处。更典型的是，与阿耳忒弥斯一起玩耍/跳舞的宁芙仙女和凡间女孩会屈服于强奸或诱惑。前面提到的是卡利斯托，她是阿耳忒弥斯的狩猎伙伴，直到宙斯引诱了她。在荷马的《伊利亚特》（16.181）中，少女波吕墨拉（Polymelê）"在好呼喊的金箭女神阿耳忒弥斯的歌舞队"载歌载舞时，引起了赫耳墨斯的注意。赫耳墨斯后来溜进了她的卧房，和这个女孩发生了性关系，于是成为英雄欧多罗斯（Eudoros/Ευδόρος）的父亲。幸运的是，她的父亲非常理解她，后来她嫁给了一个名叫埃赫克勒斯（Ekhekles）的贵族。普鲁塔克在他的《忒修斯传》（*Life of Theseus*，31.2）中记载了忒修斯和佩里图斯（Peirithoos/

Πειρίθοος）如何前往斯巴达，袭击了一群在阿耳忒弥斯圣所跳舞的女孩。他们抓住了斯巴达的海伦，还有逃到阿卡迪亚的忒革亚，抽签决定谁能娶她。忒修斯赢了，但他意识到海伦还太年轻，不适合结婚，就把她留给了自己的母亲。在他完婚之前，女孩被她的兄弟们救了出来，也正是他们给雅典带来了战争。

更（偏向）历史意义的是，鲍萨尼阿斯记述了位于拉科尼亚和梅塞内边界上的阿耳忒弥斯·利姆纳提斯（Limnatis）圣所的故事（4.4.2）：

> 在梅塞内人的边界有一座阿耳忒弥斯·利姆纳提斯圣所——那里只属于多利亚人，包括梅塞内人和拉栖戴蒙人（Lakedaimonians）享有。拉栖戴蒙人说，他们的少女们曾经去参加一个节日，而梅塞内的男人们强奸了她们，甚至杀死了企图阻止他们的国王——忒勒克勒斯（Telekles），他是阿尔刻拉俄斯（Arkhelaos）的儿子，其祖辈及以上是阿盖西劳斯（Agesilaos）、多里索斯（Doryssos）、拉伯塔斯（Labotas）、埃赫斯特拉托斯（Ekhestratos）、阿吉斯（Agis）——更重要的是，他们说那些被强奸的少女因羞耻自杀了。

这不是梅塞内人侵犯拉科尼亚女孩的唯一案例。同样根据鲍萨尼阿斯（4.16.9）的记述，梅塞内王阿里斯托墨涅斯

（Aristomenes/Ἀριστομένες）曾经入侵斯巴达，伏击了一群在卡里埃（Karyai）为阿耳忒弥斯跳舞的女孩，其中几个来自富裕的贵族家庭。严格来说，绑架她们只是为了勒索赎金，但几个士兵（可能喝醉了）强奸了这些女孩。值得一提的是，阿里斯托墨涅斯国王以死刑处治了这些强奸犯，并将这些女孩送回了她们的家中（以换取大笔赎金）。

甚至连女神佩耳塞福涅在与阿耳忒弥斯、雅典娜和其他众仙女玩耍时，也未逃过她未来丈夫哈德斯的强行占有。更滑稽的是，在阿芙洛狄忒向安喀塞斯（Anchises/Ἀγχίσης）撒谎的故事中，她声称自己只是一个无辜的弗里吉亚少女（《荷马颂诗：致阿芙洛狄忒》第5首，116—126）：

"但现在，金杖的阿耳癸丰忒斯（Argeiphontes/ Ἀργειφόντης）绑架了我

把我从金箭女神阿耳忒弥斯的圣歌合唱队那里带走
许多宁芙仙女和备受追捧的少女，
正在和我们玩耍，一大群人围成一圈站在我们周围。
然后手持金杖的阿耳癸丰忒斯绑架了我，
他带我穿过未经开垦的杳无人烟的土地，经过那里的野兽，
都是些食肉动物啊！它们在阴暗的峡谷中游荡。

我原以为我的脚再也不会触碰到生长生命的大地。
然而，他告诉我，我应该被唤作安喀塞斯的妻子，
为你生下光荣的孩子。"

那么，阿耳忒弥斯的合唱队是一个矛盾之处。从理论上讲，在那里，女孩们身边都是同龄伴侣，应该受到最安全的保护。但女孩们最终不可能继续做女孩：她们必须长大，在这个过程中，由阿耳忒弥斯协助她们——她出于职责，将她们交到了成年人的手里。

希波吕托斯

阿耳忒弥斯在帮助儿童向成年过渡的过程中所扮演的角色，在这种过渡失败时表现得最为明显，尤其是在希波吕托斯的案例中。欧里庇得斯的悲剧《希波吕托斯》中流传的这个神话版本，原本是"波提法尔（Potiphar）的妻子"民间传说母题的变体本，讲述的是一个年长的已婚妇女企图勾引家中年轻男子，遭到拒绝后被抓住，就指责那个青年企图勾引或强奸她。因此，在欧里庇得斯的悲剧中，同名英雄的继母菲德拉（在这种情况下，尽管菲德拉并不一定比她的继子年龄大，但作为一个继母，

她要比他年长一辈）在阿芙洛狄忒的阴谋下，她被迫爱上了她的继子。希波吕托斯献身于阿耳忒弥斯和童贞——以至于在现代，我们会诊断他为临床性性冷淡。他会被继母的性魅力吓到，在她的面前大发雷霆。菲德拉反过来上吊自杀，并指控希波吕托斯勾引她，从而让希波吕托斯受到了她的丈夫忒修斯的诅咒，致使希波吕托斯被他的马踩死——马儿们被波塞冬从海上送来的一头巨牛吓疯了。人们不禁要问，忒修斯对他的儿子有多了解，因为他竟然相信一个以厌恶性欲而著称的人会强奸某个人。

认为阿耳忒弥斯至少要对希波吕托斯的命运负部分责任的期望，并非完全非理性。这并不是因为她策划了他的死亡，而是因为他的"罪"是出于对她以及童贞的极端忠诚，从而完全拒绝了敬畏阿芙洛狄忒和性愉悦。而且，尽管阿耳忒弥斯如此忠贞，却没有采取任何行动挽救她的拥护者。欧里庇得斯本人似乎需要解释这一事实，他在他描绘的阿耳忒弥斯角色中指出，诸神的意图并不互相抵触（1. 1330），但只要对彼此"宠爱的"凡人有所怠慢，就会寻求报复（1. 1420）。当现代社会普遍倾向于认为，希腊神是不道德和非理性的时候，这样的理由也许很容易被人不加批判地接受。

然而，这样的反应并没有考虑到希波吕托斯"罪行"的含义，也没有考虑到他长期以来对狩猎女神的过度崇拜。西格尔（Robert

Segal)在分析与希波吕托斯极端对立的非英雄角色——阿多尼斯(Adonis/Ἄδωνις)时,或许对这个问题给出了最好阐释。细看他的论点:

> 这则神话……是政治神话:它把成为城邦成员的先决条件戏剧化了。但它的作用是消极的,因为它呈现了一个最不具备公民责任的人的生活。一个人通过观察不该做什么的榜样来学习该做什么。阿多尼斯(Adonis/Ἄδωνις)不适合城邦生活,因为他不适合城邦的基石——家庭。他的生活涉及对家庭生活最严重的侵犯:乱伦、谋杀、放纵、占有欲、独身和无子女。
>
> 这则神话是对那些自认为是童男型[像潘(Peter Pan)一样长不大的男孩]的人的一个警告。像阿多尼斯那样,作为一个童男,在心理上就像婴儿一样,最终,就像一个胎儿。在神话中,童男的生命总是以过早的死亡而告终。①

这种分析同样适用于希波吕托斯。就像英雄阿多尼斯满足于成为阿芙洛狄忒和佩耳塞福涅的玩物一样,他一生都在野外狩猎,而不是在田间劳作,田地既属于农场,也属于妻子的子宫;他还是一个狂热的狩猎者,在荒野中享受贵族的消遣。他避开

---

① Segal 1991: 64 and 74.

了女人、婚姻和性,因而也回避了生殖、家庭和城邦的维持。简而言之,希波吕托斯不只是冷漠,他是一个不负责任的公民。

孩子们依附阿耳忒弥斯是对的。但阿耳忒弥斯本身是过渡女神,因此,拒绝过渡,并企图无限期依附于她,不仅是一种极端过分的情况(已为希腊人所诅咒),也是对女神的形象和职能的否定。有人可能会说,希波吕托斯不仅对阿芙洛狄忒造成恶意中伤,最终还拒绝了阿耳忒弥斯。正是在这种情况下,我们才看到希波吕托斯的死亡,也能理解阿耳忒弥斯明显没有表示的同情心。

最后,希波吕托斯成了一个典型示范,在特洛伊曾(Troizen,欧里庇得斯的戏剧所在地),人们为他建立了一个崇拜,在那里,女孩们为结婚作准备时,会献上一绺头发。欧里庇得斯的女神如此宣称(II. 1424—1429):

"为了你,哦,受苦之人,作为对这些罪恶的补偿
特洛伊曾城的无上荣誉
我必给;未婚女孩在出嫁之前
会为你剪下头发,因为在漫长的岁月中
你将抹去她们眼泪中巨大的悲哀。
你必常在少女的歌唱中被忆起。"

二、阿耳忒弥斯的童年和永恒的童贞

这一做法发生在特洛伊曾城献祭希波吕托斯的圣所中，早在公元 2 世纪就被鲍萨尼阿斯记载了下来（2.32.1）：

这里有一座最著名的忒墨诺斯，献给忒修斯之子希波吕托斯，里面有一座神庙和一尊古老雕像。据说，狄奥墨德斯（Diomedes/Διομήδης）做了这一切，而且他是第一个向希波吕托斯献祭的人。特洛伊曾人中有一位为希波吕托斯担任祭司的人，他终生都在为他们服侍，并且每年他们都要献祭。他们还做一件事：凡少女在出嫁前都为他剪下一缕发，拿到神庙献给他。

通常情况下，仪式是用来纠正神话中的错误的。雅典的阿勒弗洛伊（Arrephoroi）从卫城送来一个封住的盒子，是为补偿凯克洛普斯（Kekrops）的女儿们——她们打开了雅典娜委托给她们的这个盒子，这个盒子原本被雅典娜勒令永远不要打开。布劳戎（Brauron）的小女孩为阿耳忒弥斯扮熊（见第四章），是为补偿那只抓伤小女孩被不公正处死的熊。每年都有两个来自洛克里斯（Lokris）的少女必须前往特洛亚，在雅典娜神庙服役，因为她们的祖先阿贾克斯（Ajax）曾经强奸过一名女孩。希腊各地的妇女像 mainads［狂女们］一样彻夜狂欢，因为，她们的祖先否认狂女的崇拜神——狄奥尼索斯的神性。

希波吕托斯也是一样。他是一个拒绝长大的青年。像潘一样，他生活在一个疯狂的世界，一个幻想的世界，他周围是年轻的男人们和一个童贞又狂野的单身女性。他拒绝承担成年人的责任，包括婚姻和父亲的身份。他被毁了，从此以后，女孩们哀悼他，以他为反面榜样学习，经过他身边，在她们通往生育成年的道路上留下一个象征童年的标记。显然，她们不允许年轻男人靠近他。

小结

阿耳忒弥斯永恒的童年和童贞就像一个支点，她将带领凡间的女孩最终从女孩过渡到女人和母亲。阿耳忒弥斯本身永远处于但从未跨过性成熟的门槛。她是希腊万神殿中唯一醉心于行使权力的女孩，尽管她永远年轻，甚至这正是因为她的年轻。这种女性青春的一部分源于她持续存在的童贞。不像雅典娜和赫斯提亚，尽管她们很贞洁，但她们是成年人，而阿耳忒弥斯体现了一种潜在的无性，这样最终促成她狂野的、未被驯服的天性，以及她作为森林繁育女神的角色。

三、荒野中的阿耳忒弥斯

荒野和狩猎女神

神圣的女猎手

与阿耳忒弥斯作为过渡女神的角色一致,狩猎是一种介于动物和人类中间点的活动。用结构主义的术语来说,简直就是"生食"和"熟食"的结合。在生-熟系列的一端是农业种植和加工食品;对古希腊人来说,主要是用谷物做面包,用葡萄做葡萄酒,用橄榄做油。与园艺种植的食品(水果、蔬菜、牛奶)不同,这些作物需要大量的准备和劳动才能生长,需要额外的劳动才能加工成可食用和可饮用的形式。由于多步骤过程需要精心打磨的技术和相当大的延迟满足,所以,这些食物代表了人类文明的顶峰。

另一个极端是捕猎。从本质上说,狩猎是为了食物而杀死野生动物;在这一点上,猎人与狮子、狒狒或狼没有什么不同。

然而,与大多数动物不同的是,猎人使用工具来狩猎——弓、箭、矛、网、陷阱,甚至其他动物,特别是狗。因此,人作为猎人与其他狩猎动物的区别在于他作为"工具使用者"的身份。[1]一个在很多方面都不使用工具的猎人,会变回兽性状态,当赫拉克勒斯赤手空拳杀死涅墨亚狮子(Nemean Lion)时,就可以看到这种逆转。因为没有任何武器能伤害这种动物。也就是说,狮子只能被其他动物杀死,而非人类,即使是英雄也不行。

如果把奥林波斯山的诸神也归入这个范畴,那么最"原始"的是波塞冬或宙斯这样的神,他们代表/体现/支配自然的原始力量——海洋、天空和风暴。在"煮熟"一端的神是德墨忒耳和狄奥尼索斯,分别代表面包和酒(或许还有雅典娜的橄榄)。中间是赫耳墨斯、赫卡忒和阿耳忒弥斯。前两种与家畜有关(赫西俄德,《神谱》444—447),因此,它们代表了畜牧业的"农业"方面,即时间、计划、工具和技术被应用于从非野生动物身上获取食物和其他产品(牛奶和乳制品,羊毛和纺织品)。而阿耳忒弥斯是一位女猎手,她使用人类的工具和技能在荒野猎杀野生动物。

---

[1] 我意识到女性也可以打猎,我在这里的描述在术语上有点性别歧视。然而,由于在古希腊,男性是占统治地位的狩猎者,而且人类学术语本身是在一个性别意识较低的时代演化而来,我使用原始语言是为了符合时间顺序。

三、荒野中的阿耳忒弥斯

作为女猎手的阿耳忒弥斯是我们在希腊文学中看到的女神的主要形象,早在她成为分娩女神(第五章),成为儿童的养育者(第四章),或斯库提亚人(第七章)之前。这也是我们在希腊古代史诗诗人的作品中一直看到的形象。阿耳忒弥斯充其量只是赫西俄德史诗中的一个小角色,但在荷马史诗中,她以女猎手的身份明确出现。在《奥德修纪》中我们读到(6.102—108):

> 就像在山间狩猎的阿耳忒弥斯,
> 翻越高峻的透革托斯山(Taygetos)或埃律曼托斯山(Erymanthus),
> 欣喜于野猪和飞奔的鹿群,
> 以及她的宁芙仙女们,持埃癸斯盾的宙斯的女儿们,
> 她们一同在野外游玩,勒托见了心欢喜,
> 阿耳忒弥斯的头与前额非其他仙女可媲美,
> 很容易辨认,尽管仙女们都可爱无比。

在古风时代晚期,关于她主要的《荷马颂诗》(27)几乎完全围绕女神的这一面展开:

> 我为金箭的阿耳忒弥斯颂唱圣歌,

威严的少女,射鹿手,倾箭者,

手持金剑的阿波罗的姐姐。

她穿行在幽暗的山峦和云烟缭绕的峰顶之间

在狩猎中欢快地拉着她的金弓,

射出引起哀号的利箭。高耸的山峰

在震颤,浓密的森林在嚎叫,

野兽发出可怕的吼声,令大地震动,

令海水翻腾。她的心硬如钢铁

令万物都四处逃散,她去屠杀它们。

但每当射箭手找够了猎物时,

她就放下那张做工精良的弓,心满意足地

来到她亲爱的哥哥福波斯·阿波罗的家,

那里位于富饶的德尔斐,

缪斯女神和美惠女神安排了一支有趣的合唱队。

她在那儿挂好弓箭后,

在优雅的舞蹈前列引领着,

她的容貌端庄,女神们发出天籁之声,

她们赞颂美踝的勒托,歌唱她生下的孩子,

在谋略和行为上都是不朽神祇中的佼佼者。

敬祝,宙斯和金发勒托的孩子!

不但如此,我还会想起另一首歌。

在抒情诗人的作品中,她也以女猎手的身份出现。阿尔克曼声称:

我是你的仆人,阿耳忒弥斯。
你在夜里拉起你的长弓,
披着野兽的毛皮。①

虽然安纳克瑞翁(Anakreon)坚称:

我恳求你,埃拉菲波洛斯,
秀发亮泽的宙斯之女,
野生动物的女主人,阿耳忒弥斯。
现在这座城市怎么了
雷泰奥斯河(Lethaios)卷走了勇敢的男子们
你欢喜地注视着
因为(你乐于见的)是这些市民
而不是野蛮的羊群。

---

① 译自 Barnestone 1988:52。

阿耳忒弥斯在保存下来的雅典戏剧家的作品中并不常见。她最突出的戏剧角色是在欧里庇得斯的《希波吕托斯》中,其中强调了她作为一个纯洁的处女猎手的地位。当直接提到女神时,女仆问(145—150):

> 哦,小姐,你着了魔吗?
>
> 要么由潘,要么由赫卡忒,
>
> 或要么由庄重的,一直漫游的科律班特斯(Kourybantes),
>
> 或是由群山之母支配了?
>
> 还是你得罪了狄克图娜,①
>
> 被野兽包围,
>
> 不圣洁,疏忽了祭奠,是她把你折磨的么?
>
> 因为她漫游要穿过沼泽
>
> 干燥的陆地
>
> 和咸湿的、翻腾的海水。

阿耳忒弥斯更具有象征意义的是"菲德拉之歌",剧中的主人公想象自己化身为女神(209—231):

---

① 与克里特岛有关的阿耳忒弥斯的一个称谓。

哎呀呀!
但愿我能喝到一口纯净的
春天露珠汇成的水,
在白杨树下
躺在草地上休息。
……
送我上山,我要去森林
在松树丛中,那里有猎犬
在跟踪追赶
斑纹鹿。
众神啊,我真想呼唤狗群
抛开我飘逸闪亮的秀发
挥动一根帖萨利人(Thessalian)的长矛,
手握着的锋利的尖刺。
……
盐沼的女主人
和驯马场的阿耳忒弥斯,
哦,我将如何在你的领域
驯服埃涅提亚(Enetean)小马驹啊!

除了文学中的描绘之外,阿耳忒弥斯作为狩猎守护神也更加"现实"。博学的色诺芬(Xenophon)在他的《论狩猎》(*On Hunting*)一书中,直言阿耳忒弥斯和阿波罗是狩猎技艺的发明者,他建议读者在狩猎时求助他们:

1.1:用狗狩猎是——阿波罗神和阿耳忒弥斯神——的发明。他们把这项技艺交给了喀戎(Kheiron/Χείρων),因他极其公正而尊重他。

13.18:不仅所有爱好打猎的男人是好样的,而且女神阿耳忒弥斯赐予狩猎技艺的女人——阿塔兰忒(Atalanta)和帕洛克里斯(Prokris)以及其他一些人——也都是好样的。

6.15:设网人一直蹲守在该地后方;然后,他带着狗,出发前往猎物的撤退地。他承诺在这场角逐中与阿波罗和阿耳忒弥斯·阿格罗特拉(Agrotera/Αγροτέρα)平分猎物,他放出一条最擅长追踪的狗。

很多人显然采纳了色诺芬的建议,还可以从《希腊文选》中保存下来的献给女神的感恩祭品中判断出来。

三、荒野中的阿耳忒弥斯

6.105(阿波罗尼德斯 [Apollonides]):木炭烤架上的红鲻鱼

和海藻献给你,阿耳忒弥斯·利姆纳提斯,

我是渔夫梅尼斯(Menis),

还有斟到满溢的纯酒,和一口干面包

掰碎泡在酒里。这寒酸的祭品,

作为交换,请赐予我满网的猎物

保佑我的神啊,所有的捕鱼线都献给你。

6.111(安提帕特 [Antipater]):觅食的鹿在拉顿(Ladon)和厄里马西翁(Erimathion)水域附近

以及野兽出没的福洛阿斯(Pholoas)山岭出现,

忒阿希达斯(Thearidas)的孩子——吕科玛斯(Lykormas)——

用长矛的菱形枪头刺死了这头鹿

把鹿皮和两只鹿角从鹿的额峰剥下

献给了少女阿格罗特拉。

6.268(姆纳萨尔卡斯 [Mnasalkas]):为了你,女神阿耳忒弥斯,建造了这尊克莱奥尼莫斯(Kleonymos)雕像,

你保护着这片野兽出没的海岬

每当你踏过树叶闪熠的山峦，

女士，你双足迅捷，

在狂奔的猎犬身后健步如飞。

6.326（亚历山大的列奥尼达［Lenidas of Alexandria］）吕克提亚（Lyktian）的箭袋和弯弓，

由利比亚（Libyan）的吕西马库斯（Lysimakhos）的儿子尼基斯（Nikis）献给阿耳忒弥斯。

因为他倒空了箭袋里的箭

射入了狍子和斑纹鹿的腹中。

关于更多集体活动，是由阿耳忒弥斯担任狩猎协会的庇护者，这在公元前 2 世纪中期波奥提亚的哈里阿托斯（Haliartos）颁布的法令（*IG* VII 2850）中得到了印证：

在雅典尼科德莫斯（Nikodemos）执政时期，奥特林内斯（Otrynes）的安塔戈洛斯（Antagoros）之子安塔戈洛斯在哈里阿托斯的秘书处任职，阿耳忒弥斯的祭司卡利斯特拉忒（Kallistratê）声明：奥特林内斯人（Otrynean）安塔戈洛斯之子安塔戈洛斯被任命为猎人协会的司库，他妥善公正地履行他的职责,在被任命的同时,他也致力于妥善公正地修缮(俱乐部)的房屋,以便对猎人协会更有帮助。因为这些事,他们都赞美安塔戈洛斯之子安塔戈洛斯,而且在猎人协会看来,最好给他戴上一顶金冠。

即使是兔宝宝?

最具讽刺意味的是,阿耳忒弥斯也以喜爱野生动物而闻名,尤其是幼小动物。埃斯库罗斯在《阿伽门农》(*Agamemnon*)中这样评价她(140—143):

在对待狮子幼崽的时候,
她是那么的亲切、和善
她喜爱所有野生动物的幼崽。

色诺芬在他的狩猎专著(5.14)中写道,"然而,运动健将都把幼崽留给了女神。一岁的小动物刚开始跑得很快,但很快就会落后,虽然敏捷,但很虚弱"。

所以,"爱他们然后杀了他们"似乎是女神的座右铭。也有人认为,这位自然女神对持续繁衍很感兴趣。让幼崽慢慢成熟,希望它们能繁殖后代,这样以后就会有更多的野生动物可供捕猎。

肖像语料库复制了在文本中看到的内容。在《古典肖像神话词典》（*LIMC*）中，没有哪个版本的阿耳忒弥斯，比各种狩猎类型的阿耳忒弥斯和相关的波提尼亚·塞隆母题表现出更强大的繁殖力和多样性（请参阅第一章）。后一个母题在青铜时代已突出显现，有可能预示着迈锡尼时代阿耳忒弥斯的早期版本。这一母题在公元前7世纪再度出现。在希腊中部——波奥提亚和科林西亚（Corinthia）——有翼的、无翼的和"半翼的波提尼亚·塞隆出现在当地陶器上。有这样一个例子，出现在波奥提亚的双耳陶罐上，它描绘了一个正脸的女性，有着翼状的手臂，站在几种不同类型的动物中间（见图3.1）。各种各样的动物——鸟代表天空，狮子代表大地，鱼代表海洋——在整

图3.1：绘一位自然女神的波奥提亚双耳陶瓷坛（Boiotian pithos-amphora depicting a nature goddess, c. 680—670 BCE. Athens, National Archaeological Museum, A00220. Drawing by Paul C. Butler, used with kind permission）

个动物领域中都扮演着重要角色,而波提尼亚右边的牛头,则暗示献祭仪式,由此也暗示着女神的神性。

从公元前 6 世纪开始,阿耳忒弥斯就以波提尼亚的身份出现在阿提卡的花瓶画中。在她更暴力的角色中,阿耳忒弥斯用弓箭狩猎,最常见的是她作为一个 Elaphebolos/Ελαφεβόλος("猎鹿手")狩鹿。所以她出现在洛克里(Locri)的一件公元前 5 世纪中期白底细颈有柄瓶(lekythos/λέκυθος)上,这幅图归卡尔斯鲁厄(Karlsruhe)画家所有(见图 3.2)。

图 3.2:绘阿耳忒弥斯狩猎的白底细颈瓶,归于画家卡尔斯鲁厄(White-ground lekythos of Artemis hunting, attributed to the Karlsruhe Painter, from Locri, c. 460—450 BCE. Bibliothèque nationale de France, Department of Coins, Medals, and Antiquities, Paris, De Ridder 494. Image © Bibliothèque nationale de France)

这种肖像的表现方式在古典时代和希腊时代的雕塑中很流行，也许最著名的版本是"来自凡尔赛的狄安娜"（Diane de Versailles），这是希腊原版的罗马复制品，可追溯到公元前325年，归莱奥卡列斯（Leokhares）所有，现收藏在卢浮宫博物馆。

与统治动物的波提尼亚·塞隆母题和杀死动物的"女猎手阿耳忒弥斯"母题相辅相成的是，阿耳忒弥斯作为动物守护者的母题（图3.3和3.4）。在这样的描绘中，即使女神是用弓或箭，

图3.3：绘阿耳忒弥斯喂养天鹅的白底细颈瓶，归于画家潘（White-ground lekythos of Artemis feeding a swan, attributed to the Pan Painter, c. 490 BCE. Saint Petersburg, The State Hermitage Museum, B.2363. Image © The State Hermitage Museum, Saint Petersburg）

图 3.4：抱着幼鹿的阿耳忒弥斯陶俑（Terracotta figurine of Artemis holding a fawn. Korkyran workshop, c. 480 BCE. Athens, National Archaeological Museum, 1120. Drawing by Paul C. Butler, used with kind permission）

强调的也都是对野生动物的养育。在这方面最著名的是白底细颈瓶，可以追溯到公元前 5 世纪初，归于画家潘（Pan），现在在埃尔米塔什（Hermitage）博物馆（图 3.3）。这幅精致的描摹图展示了身着一件宽松长袍的女神，她的背上有一个箭袋，左手拿着一个 phialê/φιάλη（仪式杯）。不过，这位女神不是在打猎，她用右手抚摸着一只大白天鹅或大雁的下巴，可能是在喂它。

同样，来自科基拉（Korkyra，现代科孚岛，图3.4）的陶土还愿祭品展示了女神左手持弓，右臂抱着一只幼鹿的形象。女猎手的威胁总是存在，但她对野生幼崽的爱也同样存在。

阿耳忒弥斯作为野生动物女神，是女神还愿中的一个永恒主题。来自西西里岛和意大利三处遗址的陶俑还愿祭品在这方面很有代表性。上文提到过在叙拉古的希腊斯卡拉圣所的发现（见导言），在那里，还愿沉积物使阿耳忒弥斯的形象显现了出来——她手持弓箭，与豹子和狮子在一起，用腿抚摸着（猎）狗，要么怀里抱着鹿（养育的角色），要么抓着鹿的尾巴或腿——作为波提尼亚·塞隆。[1]大陆上的斯巴达殖民地塔拉斯（Taras）展示了古典时代的陶俑，画中女神穿着狮子皮或幼鹿皮，脚下有狗或幼鹿，手持弓和箭袋，骑着鹿，或膝上抱着一只鹅。该地区的阿耳忒弥斯崇拜在一个公元前6世纪末前5世纪初的碑文上得到了印证，其命名为Artamitos Hagrateras——阿格罗特拉的一种方言形式，即"野生的"。[2]圣比亚吉奥（San Biagio）的阿耳忒弥西翁可追溯到公元前7世纪，其中供奉物遗址的年代可追溯到公元前6世纪。这里发现了阿耳忒弥斯作为有翼的波提尼亚·塞隆的形象，她要么牵着水鸟的脖子，要么

---

[1] Orsi 1900: 366–376.
[2] Fischer-Hansen 2009: 237.

怀里抱着哺乳动物（鹿？山羊？），要么作为一位无翼的、坐在宝座上抱着水鸟的女神。①

类似资料也来自希腊大陆、岛屿和安纳托利亚，但有些细节需要记住。首先，并非所有的阿耳忒弥西昂（Artemisian）圣所都对女神与动物的关系表现出类似的关注。希腊诸神的表现和崇拜各不相同，阿耳忒弥斯也不例外。主要出现野兽还愿祭品的阿耳忒弥西亚（Artemisia），位于斯巴达、以弗所、阿卡迪亚的洛索伊（Arkadian Lousoi）、卡吕冬（Kalydon）、阿提卡的布劳戎以及提洛岛和萨索斯（Thasos）群岛的阿耳忒弥斯·奥忒亚圣所，数量较少的阿耳忒弥斯神庙出现在弗基斯的海姆波利斯/卡拉波迪和斐赖北部的遗址。②

来自斯巴达奥忒亚圣所的资料非常吸引人，因为它们为当地新兴的阿耳忒弥斯崇拜提供了线索。正如第一章所指，阿耳忒弥斯可能并不是最初在那里受人崇拜的女神。相反，当地一位叫作沃奥萨西亚的女神，似乎只在古风时代晚期才与阿耳忒弥斯融合在一起。不可否认，奥忒亚圣所比任何其他阿耳忒弥西翁能带来更多的动物还愿祭品。贝文（Elinor Bevan）1985年发表的《阿耳忒弥斯和其他奥林波斯诸神圣所中的动物形象》

---

① Fischer-Hansen 2009：242。
② Bevan 1985：Appendix 8.

(*Representations of Animals in Sanctuaries of Artemis and Other Olympian Deities*)给出的计算结果显示：有3只熊、120只鸟、3头以上的野猪、30多只牛、大约50头狮子（一些大猎物）、大量的鹿、41条狗、6条以上的鱼、4只青蛙、7只乌龟、15只以上的山羊、2只兔子、超过100匹马（不包括近30幅骑马画像，以及7幅以上的马车图）、106只公羊和绵羊、3条蛇、6只蝎子和1只蜘蛛。这些还愿祭品在土陶、骨头、黄金、青铜、铁、铅、象牙、彩陶、银、珠宝和印章上都出现过。他们中的绝大多数可追溯到沃奥萨西亚和阿耳忒弥斯的融合之前。[①] 因此，我们在斯巴达的"阿耳忒弥斯"圣所看到的是动物和女神之间很强的相关性，阿耳忒弥斯最终将与之融合。

以弗所的阿耳忒弥斯祭坛上的骨化石揭示了供奉给狩猎女神的动物种类。在这里发现了鸡、猪、牛、鹿、一只瞪羚、狗、绵羊、马的骨头，以及献祭用的山羊骨头和山羊角——以希腊人的标准来看，这些动物的种类之多令人印象深刻。虽然这种多样性的部分原因可能来自圣所的世界性范围，但女神的天性也有助于促成这个骨化石动物园的崇拜。

---

① Bevan 1985: Appendix 8.

野生空间

当不在奥林波斯山上时,阿耳忒弥斯就在荒野中。在卡利马霍斯《致阿耳忒弥斯颂诗》中,她告诉她的父亲宙斯(19—23):

把所有的山都给我,再给我一座城,

无论您是否愿意,因为阿耳忒弥斯很少下城去;

我要住在山上,巡视世人的城邑

只有当妇女在剧烈的阵痛、痛苦中,

吁求援救时,我才会去城邦。

古希腊人当然认为阿耳忒弥斯居住在远离男性(女性较少)的地区。正如科尔(Susan Cole)在她的《阿耳忒弥斯的风貌》("Landscapes of Artemis")一文中提道:

鲍萨尼阿斯提到或描述了她的86个圣所,其中49个在伯罗奔半岛。总共86个圣所中有五分之四(约70处)远离定居地区,在伯罗奔半岛的49处遗址中,至少有29处位于城外,18处位于两城之间的道路或领土之间的边界上。[1]

再次提到伯罗奔半岛,博鲁洛特(E.L.Brulotte)报告了不少于175个阿耳忒弥斯圣所,其中大多数位于城市以外的地界,有些地区本来就不属于城市,甚至连城市都无法占据。[2] 这并不是说城市内部从来不崇拜阿耳忒弥斯:正如第七章所指,阿耳忒弥斯可以作为城市女神,在城市内部也有神庙和圣所。但这是一个例外,即使是进城,女神也倾向于让她的圣地反映出她更加野性的本质,比如位于岩石裸露,或有明显水生物存在的地方。

水

水是阿耳忒弥斯圣所的一个重要方面,那些没有水的圣所自然是用人工添置。阿耳忒弥西亚的典型代表,是泉水、湿地、河流和水井。[3] 阿耳忒弥斯在布劳戎的圣所坐落在一个泉水旁,这个泉水形成了一个小水库,然后汇入圣所西边的伊拉西诺斯河(Erasinos)。在尤波亚(Euboia)海湾的另一端,是阿耳

---

[1] Cole 2004:180.
[2] Brulotte 2002: *passim.*
[3] 所有参考资料,参见 Morizot 1994。

忒弥斯位于阿玛林索斯（Amarynthos）的圣所，也依傍一处天然泉水。在南部的拉科尼亚（Lakonia），女神被供奉在德里农（Dereion）和卡里埃等圣所（著名的"女像柱"的来源），以泉水、野生树木和祭坛为代表，但没有任何神庙证据。梅加洛沃尼（Megalovouni）山上的阿耳忒弥西翁有一个岩洞，里面的泉水可以提供清凉的淡水。在安纳托利亚，阿耳忒弥斯·皮提亚圣所位于米勒托斯（Miletos）和迪迪马（Didyma）中间，它建在一块岩石上，那里隐藏着泉水，圣所的看守人挖了水库用于收集泉水。

阿耳忒弥斯最著名的一些圣所位于湿地附近，名气最大的是她在以弗所的宏伟神庙。如今，这座神庙已荡然无存，只剩下一根柱子，柱子顶上是一个鹳巢，柱子下面是无数海陆龟。事实上，阿耳忒弥斯可能会喜欢那种样子。阿耳忒弥斯·萨罗尼亚（Saronia/Σαρόνια，Saronic Gulf 萨罗尼克湾）在特洛伊曾的咸水湖旁受到崇拜，而在塞浦路斯，阿耳忒弥斯·帕利亚（Paralia/Παραλία，"海边"）在基提翁（Kition）位于沼泽旁的圣所里受到崇拜。在奥利斯（Aulis），伊菲革涅亚的"献祭"之地，阿耳忒弥斯圣所坐落在一块古老湿地的西边，那里的水可以通过一座建于公元前5世纪的喷泉屋进入，这座喷泉屋正好位于湿地和神庙之间。

湿地通常位于河流附近，所以是女神的崇拜点。位于斯巴达的阿耳忒弥斯神庙，坐落在欧罗塔斯（Eurotas）河旁的沼泽地带，为女神赢得了额外的 *Limnatis*［利姆纳提斯］（*limen*="沼泽"或"湿地"）的绰号。在阿卡迪亚位于洛索伊（字面意思是"浴场"）的女神圣所水域，尤以其治愈能力而闻名。在阿开亚（Akhaia），据说阿尔法奥斯（Alphaios/Ἀλφαίος）河已经爱上了阿耳忒弥斯（见第二章），而以前的阿梅利希俄斯河（Ameilikhios/Ἀμειλίχιος，"不能平息的"）是人类为阿耳忒弥斯献祭的地方，后来狄奥尼索斯来到这里，把献祭仪式改为沐浴仪式，于是这条河就变成了梅利希俄斯（Meilikhios/Μειλίχιος）河（见第四章）。

就像在奥利斯和小亚细亚，人们使用人工手段获取女神圣所的水源一样，人们也挖水井来获取地下水源。在古老的海姆波利斯，阿耳忒弥斯·埃拉菲波洛斯圣所就是如此。更令人惊奇的是墨托内（Mothonê/Μοθώνη）女神神龛的水域，鲍萨尼阿斯告诉我们（4.35.8），"那里有一座阿耳忒弥斯圣所，井里的水和沥青混合在了一起，看起来很像来自基吉科斯（Kyzikos）的膏油。而且水里加了各种颜色和气味"。

绰号

阿耳忒弥斯的许多绰号也强调了她的"野生"特质。在文学和碑文中，女神以这样的形式出现：Agrotera（野生）、Agrotis（野生）、Agrota（野生）、Philagrotis（喜爱野生）、Polyboia（许多羊群）、Maloessa（绵羊）、Hippikê（马）、Tauro（公牛）、Tauropolos（公牛－驯服者）、Polo（小马驹）、Elaphia（鹿）、Khelytis（乌龟）、Batrakhis（蛙）、Kedreatis（雪松）、Karyatis（核桃）、Kyparissia（柏树）、Baïane（棕榈树）、Daphnia（月桂树）、Phakêlitis（芦苇束）、Lygodesma（用 *agnus castus*［穗花牡荆］捆上）、Thermaia（温泉）、Limnatis（湿地）、Limnêtis（湿地）、limnaya（湿地）、Limnênoskopos（湿地景观）、Heleia（沼泽）、Potamia（河流）和 Paralia（海边）。与之相呼应的是表达女神狩猎倾向的绰号，如 Toxia（弓的）、Toxodamos（用弓制服）、Klytotoxos（以弓著称）、Elaphebolos（猎鹿手）、Lykeia（似狼的）、Kaprophagos（野猪－捕食者）和 Taurophagos（公牛－捕食者）。① 阿耳忒弥斯一半以上的绰号都与荒野有关。

阈限

阿耳忒弥斯对荒野的偏爱，意味着她的圣所往往位于所谓"偏僻"之地，波利尼亚克的弗朗索瓦（François de Polignac）

---
① Brulé 1998：23–25.

指的是城郊区（periurban）和城外区（extraurban）。"近郊"（或"郊区"）圣所是指坐落在城邦的边缘或稍远的地方，它们的作用之一是帮助划分城邦本身的区域。城外区的圣所位于城邦以外，通常在城墙外 5 至 15 公里。阿耳忒弥斯的城外区的圣所包括她在布劳戎和穆尼基亚（Mounykhia）的阿耳忒弥斯神庙，在埃利斯的科姆波特克拉（Kombothekra），在拉科尼亚的波利摩斯（Bolimos），在阿卡迪亚的洛索伊高山圣所以及在弗基斯的海姆波利斯/卡拉波迪神庙。[①] 阿耳忒弥斯并不是唯一一个远离城邦而受崇拜的希腊神：宙斯、赫拉、阿波罗和波塞冬也有类似的城外区崇拜。

就像城郊区的神庙有助于界定城邦边界一样，城外区的圣所表达了城邦权力的真实界限。也即，城邦通过保持对远离城邦边界的领土控制来显示其防御和影响力的范围。尤其是当城外区的圣所成为年轻女孩的崇拜场所时，比如在布劳戎。在这种情况下，城邦为了宣传自己有能力保护最脆弱的公民，例行公事地把他们"送到荒野"去膜拜诸神，目的地通常是阿耳忒弥斯圣所。

因此，阿耳忒弥斯作为过渡女神的角色也表现在她圣所的位置上。正如沙赫特（Albert Schachter）所指：

---

① De Polignac 1995: 22–23.

可以看到，她的圣所……有一个共同特点就是都处于过渡地区：靠近陆地和水的交汇处，如奥利斯、哈莱的阿拉菲尼德斯（Halai Araphenides）、提洛岛、阿耳忒弥西翁呷角、阿玛林索斯；在沼泽地带，像斯巴达、斯特芬法洛斯（Stymphalos）、布劳戎、以弗所；在模糊不清和有争议的边界地区，如戈戈皮斯（Gorgopis）、海姆波利斯、卡里埃、利姆奈（Limnai）；在科拉（chora）最远的高地上，如在洛索伊和科姆波特克拉；在中间地带，如在阿玛林索斯和帕特莱；在城邦与科拉之间，如同在卡吕冬和斯巴达之间；在一个新建的殖民地中心，它们本身处于母城扩张领土的不确定边界上，如萨索斯、科基拉和奥提伽；在神圣与世俗之间，作为大型圣所的入口，如在厄琉西斯、迪迪马和埃皮道鲁斯（Epidauros）。[①]

战争女神吗？

阿耳忒弥斯圣所的阈限位置与她作为狩猎女神的角色相结合的一个重要结果是，阿耳忒弥斯在现代众多学术研究中被视为战争女神。韦尔南（Jean-Pierre Vernant）对这一普遍共识作

---

① Schachter 1992：50.

了最好总结：

> 阿耳忒弥斯在战争中发挥了她的全部作用，尽管她不是战争女神。她在这个领域的干预并非好战。阿耳忒弥斯并非战士；她在那里是引导和拯救的，既是 Hegemone ["领袖"]，也是 Soteira ["救世神"]。当一场冲突威胁到城邦的存续时，当城邦面临彻底毁灭的威胁时，她被称为救世神。当军事交战太过暴力，当战争抛弃了维持军事斗争规则的文明准则，惨无人道地进入野蛮领域时，阿耳忒弥斯就被鼓动了。
>
> 在这些极端情况下，女神并没有为了带来解脱就诉诸身体或军事力量。相反，她通过超自然的表现行为，搅乱了正常的战场来摧毁侵略者，并给那些在她保护下的人提供了便利。对于前者，她蒙蔽了他们的双眼，使他们迷失在道路上，或者用混乱和恐慌来扰乱他们的心智。对其他人来说，她提供了一种超常的清醒，通过引导他们奇迹般地穿过黑暗，或者用突然的灵感照亮他们的头脑。[①]

如资料所示，这种共识是错误的。阿耳忒弥斯在战争中发挥的作用很小，且主要是在斯巴达。但她并不是任何级别的战

---

① Vernant 1991：203.

争女神,现代的构想是建立在错误的方法论基础上的。

给阿耳忒弥斯·阿格罗特拉献祭

那么既然如此,阿耳忒弥斯在古希腊战争中扮演了什么角色?阿耳忒弥斯以军事伪装的方式出现,主要表现为"野生的"或"乡村的"阿耳忒弥斯。斯巴达人在战争开始前把山羊献给了阿格罗特拉,如色诺芬(《希腊史》4.2.20)记载,在公元前4世纪初尼米亚(Nemea)战役中,阿盖西劳斯(Agesilaos/Ἀγησίλαος)国王领导下的斯巴达人同雅典人和阿卡迪亚的忒革亚人的联合军队对抗:

> 就在不远处,拉栖戴蒙人按照惯例,向阿格罗特拉献祭了一只母山羊,然后向包围着遁甲的敌人进发。

斯巴达战前献祭山羊的仪式也出现在其他语境中,人们通常认为,山羊也会献给阿格罗特拉。因此,色诺芬在他的《拉栖戴蒙人的政制》(*Constitution of the Lakedaimonians*,13.8)中提到,斯巴达的法律制定者吕库耳戈斯(Lykourgos)规定,所有参加战前山羊献祭的斯巴达人都应戴上花冠,这个细节后来记载在普鲁塔克的《吕库耳戈斯传》(*Life of Lykourgos*,

22.2）中。在这些段落中，没有明确提到任何神圣接受者，但是山羊献祭和阿耳忒弥斯之间的紧密联系使得这位神圣接受者很有可能就是她。

雅典人也尊崇阿耳忒弥斯·阿格罗特拉，尽管没有进行像斯巴达人站前献祭的预备仪式，但特别祝颂了马拉松战役的胜利。根据色诺芬（《长征记》，3.2.11—12）：

> 因为，当波斯人来的时候，那些与他们齐头并进的人想要彻底摧毁雅典人，正是那些敢于抵抗［进攻］的雅典人击败了他们。他们又向阿耳忒弥斯发誓，他们击杀多少敌人，就会为女神献上多少只母山羊。然而，当他们到了献祭的时候，却找不到足够的山羊，所以他们决定每年献祭500只山羊，并延续至今。

伪亚里士多德在他的《雅典政制》（*Constitution of the Athenians*，§58）中明确提到，雅典的军事执政官波勒马克霍斯（Polemarkhos）的职责之一，就是向阿耳忒弥斯·阿格罗特拉和阿瑞斯的一个绰号——恩耶利奥斯（Enyalios/Ἐνυάλιος）献祭。阿里斯托芬（Aristophanes）在他的《骑士》（*Knights*，660—662）中幽默地提到了向阿格罗特拉献祭山羊，又为古希腊文献增添了一处细节资料。

这实际上是我们从希腊古典时代（相对于从罗马的资料来源投射到古希腊）得到的关于阿耳忒弥斯在战争中所扮演角色的证据总和。有一些短诗记载了献给女神的武器（包括狩猎武器），还有一些铭文证据提到，年轻的战士会参加为女神举行的仪式，女神的神庙也会接受战俘的赎金。但是这些出现在铭文列表和法令中的数据，也都提到了万神殿中所有其他的神。因此，阿耳忒弥斯并没有比德墨忒耳或赫耳墨斯更特别地与战争联系在一起。

那么，战争女神的形成从何而来？主要来自罗马人。除了色诺芬（以及伪亚里士多德和阿里斯托芬）的简短提及，阿耳忒弥斯帮助战士的大部分证据来自罗马时代的作家，且主要来自普鲁塔克和鲍萨尼阿斯。正如资料显示，如此强调夜间（月亮）的光，以至于很明显——与其说这是希腊的阿耳忒弥斯，不如说是月亮女神狄安娜影响了这些叙事，尽管（我们将看到）叙事本身是以希腊古典时代的历史为背景。

所以，这是此难题的其中一部分。另一部分由现代学者贡献，是将后世罗马人的叙述与色诺芬的叙述联系在一起的"共同特征"的创造。也就是说，我们注意到了，战争故事中与阿耳忒弥斯有关的某些关键细节（例如山羊），然后在其他故事中也看到一些相同或类似细节，因此我们根据这些共同的相似之处，推断出了一个共同含义。这些故事中的新细节也成为连贯故事的一部分（例如，黑暗），从而引入了更多的故事。反转会发生，因此，只要后面的细节（黑暗）存在，就不再需要原始细节（山羊）来识别已认可的构想。更多类似资料的叙述卷入了这场争论，直到我们关于阿耳忒弥斯军事功绩有了一个完整的故事语料库，而事实上，阿耳忒弥斯本身早已不再是故事中的主题，而这些联系完全是基于其他的、遥远的细节。

关于阿耳忒弥斯作为战争女神这一最终观念的核心资料，出现在上文对斯巴达人和马拉松的简短引用中。关键的细节是：阿耳忒弥斯、战斗、山羊献祭。这两个故事和三处细节，如何构想出了阿耳忒弥斯作为战争女神的形象？

看看鲍萨尼阿斯的两个故事。在鲍萨尼阿斯书中第7.26.2—3中，我们读到了埃盖拉（Aigeira），即以前的"许佩瑞西亚"（Hyperesia），这座城市的来历：

> 在荷马史诗中，它被称为许佩瑞西亚。它现在的名字来自伊奥尼亚人的定居点，它的由来是这样的：一支锡基昂人（Sikyonians）的军队正准备和他们争夺土地，但他们〔许佩瑞西亚人〕——认为自己不是锡基昂人的对手——所以将城邦中

的山羊尽可能多地聚集在一起,把火把拴在山羊的角上,直到深夜,他们才把火把点燃。此刻,锡基昂人——因为害怕锡基昂人的同盟会代表他们出战,因为火焰正是来自他们的同盟者那里——所以他们回家了,许佩瑞西亚人便给这座城邦起了一个名字,现在这个名字来自山羊[以希腊语中的 aiges/αιγές 命名]。在最漂亮的山羊带领其他山羊坐下时,他们为阿耳忒弥斯·阿格罗特拉建造了一座圣所,他们认为,若没有阿耳忒弥斯,就不会有对付锡基昂人的诡计。

很容易看出这个故事如何与色诺芬的叙述联系在一起。这三个故事都以阿耳忒弥斯、战争和山羊为主题,虽然这些山羊在叙述锡基昂人的故事中并没有牺牲,但将火把绑在角上对它们来说并不一定是好事。其他出现的元素,包括夜间活动的环境、夜晚光的使用(火把,通常也与阿耳忒弥斯有关),以及诡计的策划。这些细节——夜、光、诡计——出现在鲍萨尼阿斯讲述的第二个故事中,也与阿耳忒弥斯和战争有关。这个故事讲述了阿耳忒弥斯在公元前479年如何帮助歼灭一支波斯人小分队(1.40.2—3):

在离喷泉不远的地方,有一座古老的圣所,现在那里矗立着罗马众王的雕像，还有一尊被称为"救世神"［Sôteira］的阿耳忒弥斯青铜像。据说，马多尼奥斯（Mardonios）军队在掠夺麦加里德（Megarid）时，想回到忒拜的马多尼奥斯去，但由于阿耳忒弥斯的一个念头，黑夜袭来，行进的军队迷了路，进入了这个国家的山区。为了发现附近是否有敌军，他们放了箭，附近的岩石被击中时发出了呻吟声，于是他们开始全力射击。最后，他们用尽了所有的箭，以为全力射死了敌人。天一亮，麦加拉人开始作战，配备武器的人与手无寸铁的人战斗，导致他们杀死了很多没有配箭的人。因此，人们建造了一尊阿耳忒弥斯·斯忒拉（Sôteira/Σώτειρα）雕像。

这个故事和之前的故事有一些不同，特别是在没有山羊的情况下，阿耳忒弥斯被称为斯忒拉而不是阿格罗特拉。尽管如此，除战前背景外，对阿耳忒弥斯、夜和光的强调与鲍萨尼阿斯叙述的锡基昂人非常相似，也与色诺芬的描述非常相似，所以我们接受这一点作为战争女神构想的一部分，现在以（意想不到的）黑暗和诡计为特征（请记住，这二者都没有出现在色诺芬的作品中）。我们完全抛弃了山羊。

另外在普鲁塔克的作品中也有引入。当提到萨拉米战役时，普鲁塔克在他的《论希罗多德的恶意》（*De Herodoti Malignitate*,

869d=37）和《忒米斯托克勒斯传》(*Life of Themistokles*, 22.1）中声称，雅典军事家忒米斯托克勒斯在墨利忒（Melitê）为阿耳忒弥斯·阿里斯托布勒（Aristoboulê/Αριστοβούλη），即"最佳顾问"，献上一座神庙，显然，是她怂恿他使用诡计来挑起这场战斗。① 此后，普鲁塔克在他的《雅典人的荣耀》（*On the Glories of the Athenian*, 349 年）中记载："他们（雅典人）将穆尼基翁月（Mounykhion）的第十六天献给了阿耳忒弥斯，因为在那一天，希腊人在萨拉米获胜时，女神用满月照耀着他们。"在这一天，他们给阿耳忒弥斯带来了 amphiphôn/αμφιφών（"两边发光的"）蛋糕——一个扁平的圆形蛋糕，上面装饰着点燃的蜡烛（Athenaios 14.645）。雅典人正是出于对光明的感激，大概也是出于伴随而来的神恩的眷顾，才作出了他们的献供。

因此，现在我们看到了作战准备、诡计、月光以及对阿耳忒弥斯的提及，那么，这些故事就会被添加到证据链中。

但细心的读者会注意到，所有这些叙述都来自罗马时代的作家。所有这些细节，比如对 αμφιφών 蛋糕的引用，萨拉米的（满月），以及忒米斯托克勒斯对阿耳忒弥斯·阿里斯托布勒的献祭，

---

① 据希罗多德记载，当忒米斯托克勒斯无法让希腊将领们（也就是他的）同意一个作战策略时，他派奴隶去告诉波斯人，希腊人正在撤退，他们应该立即进攻。波斯人这样做，不仅使希腊的将军们很快达成了共识，而且也失去了在海峡近处的人数优势。

都始于公元纪年时代,尤其是与月光的联系强有力地显露了狄安娜的影响。值得注意的是,当这些事件的描述出现在更现代的希腊资料中时,并没有提及阿耳忒弥斯,也没有提及用于形成战争女神的细节。当希罗多德描述马多尼奥斯在麦加拉轻易取胜时,他只是简要提到(9.14):

然后马多尼奥斯小心翼翼地撤退了,在路上,他接到另一个消息,说在他前面有一支军队正赶往麦加拉——1000名拉栖戴蒙人。他听见这些话,就考虑怎样先攻打他们。他把军队调转了方向,向麦加拉进发,骑兵们出发践踏了麦加拉的国土。这的确是波斯军队在欧洲最远的一次西进。

没有箭,没有夜,没有阿耳忒弥斯。希罗多德在描述忒米斯托克勒斯在萨拉米的诡计时,根本没有提到阿耳忒弥斯。此外,正如帕克(Robert Parker)所指:"战斗中的月光(原文如此)由普鲁塔克,而不是由埃斯库罗斯或希罗多德提出(*De Glor. Ath*. 349f),他们的故事更像原因论的虚构……简而言之,注意女神与萨拉米海峡两岸的土地关系(Hdt. 8.77)。"[①]

因此,将阿耳忒弥斯视为一个狡猾的、有启发性的战争女

---

① Parker 1996:155,n. 10。我的强调。"*sic*"意思是原文。

神的提法，实际上始于罗马时代。由于更多是与月光下的狄安娜而不是阿耳忒弥斯有关，罗马时代的作家从狩猎女神那里获得的军事援助要远远多于他们的希腊先辈。这可能部分是由于各种各样的融合影响了阿耳忒弥斯在希腊和罗马时代的进程，如第一章所论。① 例如，阿耳忒弥斯与波斯–亚美尼亚女神阿娜提斯/阿娜希塔（Anaïtis/Anahita）的融合。阿娜提斯/阿娜希塔/阿娜希特（Anahit）通过佐罗亚斯特人（Zororastrian）采用和改编了美索不达米亚女神伊诗塔，即战争和爱情女神而出现。然而，她也吸收了当地一位水神的特质，最终被称为"无瑕女神"阿娜希塔。② 她最常被比较的希腊神是阿耳忒弥斯，她的职能是"纯洁的"生育女神。这一点在普鲁塔克的《卢库鲁斯传》（*Lucullus*，§24）、塔西佗的《编年史》（3.63）③，以及阿耳忒弥斯的安纳托利亚绰号阿娜提斯，或 Persikê/Περσική[佩西克]中得到了证实。④ 和伊诗塔一样，阿娜希塔也有黩武的一面，这位女神在斯塔克斯（Staxr）神庙里收到了在战斗中被砍下的敌

---

① 希腊的阿芙洛狄忒也经历了类似演化。在希腊资料中，她只在希腊斯巴达和基西拉（Kythera）附近拥有武器（"Hoplismenê"）。在罗马时代，她成为更好战的维纳斯。
② Boyce 1987：61.
③ Garsoïan 1989：347.
④ Brosius 1998：*passim*.

人的头颅。[1]

然而,我们很少有希腊的阿耳忒弥斯作为战争女神的例子,而且这些大都与希腊的实际资料相矛盾。尽管如此,在现代学术中,所有这些叙述,无论年代如何,都被放在一起考虑,并确认了一种模式:在一场战斗开始前的某个时刻,提到了诡计、黑暗和夜间照明,并命名为阿耳忒弥斯。[2] 按照这样的思路,一旦你有足够多的这些共同点,你就不一定需要所有的共同点来论证整体结构的隐含性。

因此,让我们考虑另一种证明阿耳忒弥斯战争形象的资料。克莱门特(Alexander Clement)在讨论企图推翻雅典民主制的问题时,在他的著作中间接提及阿耳忒弥斯是领袖和救世神。克莱门特在此回忆起色拉绪布卢斯(Thrasyboulos)如何在一场突如其来的暴风雪的辅助下,带领民主党人摆脱了流放(*Stromate* I,24,163):"他们在一个没有月亮且天气恶劣的夜晚里作战,这时一团火焰出现在他们面前,将他们毫发无损地带到穆尼基亚,并将他们留在那里。在这里,福斯弗洛斯(Phosphoros/Φώσφορος)女神的祭坛仍然矗立着。"[3] 阿耳忒弥斯的著名圣

---

[1] Chaumont 1965:172.
[2] 然而,山羊越来越少了。
[3] Vernant 1991:248.

所之一穆尼基亚，与绰号福斯弗洛斯（"持光者"，见下文）的结合，将叙事与阿耳忒弥斯以及黑暗中的光明概念联系起来。

但当色诺芬描述色拉绪布卢斯回归时，他只是在对民主人士的鼓动演讲中宣称了这一点（Xen. *Hell*. 2.4.14）：

众神现在显然是我们的盟友了。因为，即使在好天气，他们也会制造暴风雪，任何对我们有用的东西，任何我们可以尝试的东西，即使是多数人对立少数人，他们都给了我们获取战利品的机会。

没有火焰、祭坛，或福斯弗洛斯。与普鲁塔克和鲍萨尼阿斯一样，克莱门特在希腊神话中添加了一层罗马色彩，这与狩猎女神没有任何关系。然而，他的版本中包含了人们熟知的元素，如公民敌对、黑夜和光明，因此被拉进了阿耳忒弥斯作为战争女神的成长模式中。

接下来，我们可以考虑普鲁塔克在其《妇女的美德》（*Virtues of Women*）中记载的"弗基斯人的绝望"（2：Phokis）：

帖萨利人没有任何条约就发动了攻打弗基斯人的战争；因为［弗基斯人］在一天之内杀死了弗基斯各城中所有［帖萨利

人的]统治者和暴君。所以,帖萨利人就屠杀了250名弗基斯人质,然后全军从洛克里斯入侵弗基斯。他们事先立下决议,不准任何人放过弗基斯任何适龄战斗之人,儿童和妇女全部出售为奴。因此,巴希洛斯(Bathyllos)之子代丰忒斯(Daiphontes)身为弗基斯第三位执政者,他一方面说服弗基斯人与帖萨利人作战,直到他们被完全摧毁,另一方面,又将弗基斯全境的妇孺集中到一个地方,一边堆起柴薪,一边留下守卫,给他们下了一道命令,如果他们听到弗基斯人战败,他们要以最快的速度点燃柴薪,把[妇孺]扔上柴堆。其他与会人士都投票赞成这个计划,但有个人站在边上说,这要看妇女们是否愿意接受这样做,如果她们愿意接受而不是出于被迫,我们才有权利这样做。等到这个计划传到妇女们的耳中时,她们聚集在一起,投票支持他们,为代丰忒斯加冕,因为对弗基斯来说这是幸事。据说,就连儿童自己也有一个委员会,投票支持这个计划。完成这些事后,在海姆波利斯的克莱奥尼亚(Kleonia)附近作战的弗基斯人取得了胜利,希腊人因此将弗基斯人的投票称为"绝望之举"(Desperation)。直到今天,他们[弗基斯人]还在庆祝他们最盛大的节日埃拉菲波利亚节(Elaphebolia),以(纪念)这场胜利,向阿尔忒弥斯致敬。

三、荒野中的阿耳忒弥斯

我们再次看到罗马时代的叙事,它讨论了一场战斗的前夜,被压垮的一方获胜,并在最后提到了阿耳忒弥斯。人们可能会注意到,阿耳忒弥斯出现在"弗基斯人的绝望"中唯一的原因是,在那之后,海姆波利亚人每年都在阿耳忒弥斯·埃拉菲波洛斯的圣所庆祝他们的胜利。文中并未提到阿耳忒弥斯以任何方式帮助这些公民争取自由的叙述,然而当地的地理位置很有可能使这个圣所被特别挑选出来,因为它位于弗基斯和帖萨利(Thessaly)之间的边界附近。所以阿耳忒弥斯是空间界限女神,但即使在普鲁塔克的作品中,也没有证据表明她是战争女神。这个故事甚至缺乏广泛认可的共同要素,而这些要素——夜/黑暗、光/月亮、诡计、山羊——一直被用于证明阿耳忒弥斯是战争女神的典范。然而,"弗基斯人的绝望"不仅是用来证明阿耳忒弥斯战争形象的证据,而且还在这个模式上增添了新的要素,特别是增添了绝望和压倒性胜利这样的战争概念。①

一旦学者们确定阿耳忒弥斯是诡计多端的战争女神——她在夜间的毁灭之战中拯救了绝望的人们,其他例子也可以加入争论中,即使完全没有提到阿耳忒弥斯。例如,在 1984 年《阿耳忒弥斯的战时把戏》("Les Ruses de Guerre d Artémis")一文中,埃林格(Pierre Ellinger)列出了四个相互补充的战斗故事,据说

---

① 在 Pierre Ellinger 的作品中尤其如此。

都与阿耳忒弥斯有关。在第一个故事中（Herodotos 8.27），在弗基斯人和帖萨利人之间的一次战斗中，弗基斯人在夜间突袭，他们用白垩涂在身上让自己看起来像幽灵一样，而且决心杀死所有遇到的非全身洁白的人。黑暗中，帖萨利人被奇怪的幽灵吓得惊慌失措，遭到屠杀。获胜的弗基斯人将 4000 个缴获的盾牌奉献给阿拜和德尔斐（两个都是阿波罗的圣所[①]）。在鲍萨尼阿斯的补充故事中（10.1.5—6），帖萨利人在一次夜间溃退中杀死了弗基斯人，当时弗基斯人尽量躲在黑暗里，避免与敌人交战。在第三个故事中（Herodotos 7.176），弗基斯人为了防止帖萨利人进入他们的领地，将温泉引到山路上，这样凿出的沟谷就无法通行，同时，他们还建造了防御墙。但这两个计谋都没有成功。相比之下，弗基斯人挖了一条壕沟，用碎陶器填满并掩盖起来，当帖萨利人骑兵的战马跌入战壕时，他们摔断了腿，于是就被阻止了（Hdt. 8.28）。

就连埃林格也承认，这些叙述一开始似乎都与阿耳忒弥斯无任何关联。[②] 但接着他又列举了这些故事和那些显然与阿耳忒弥斯有关的故事之间的许多共同点，比如埃盖拉如何得名的故事，关于马多尼奥斯军队的故事，以及克莱门特的色拉绪布卢

[①] 阿波罗，而非阿耳忒弥斯。
[②] Ellinger 1984: 56.

斯的故事：黑夜、诡计、混乱，避免了全歼的威胁[1]，正如上文韦尔南所讨论的那样。当然，所有这些都是阿耳忒弥斯作为战争女神整体模式的一部分。如果存在足够多这样的要素（就会继续这么思考），模式就会牢固地建立起来，阿耳忒弥斯也就可能会被描摹出来。所以，那些与阿耳忒弥斯无关的叙述会突然被用作证明她的军事形象。

尽管存在这些缺陷，这一构想还是被广泛刊载。韦尔南写了一篇《阿耳忒弥斯和战斗中的初步牺牲》（"Artemis and Preliminary Salrifice in Combat"），他基本上引用了埃林格的所有参考资料。[2] 科尔同意这两位学者的观点，在她的《阿耳忒弥斯的风貌》一文中，有"边界与战斗"（Boundaries and Combat）和"神显与危机"（Epiphany and Crisis）小节，她也重复了广泛认可的"证据"。[3] 在这一点上，有几个"古代"的参考文献都提到阿耳忒弥斯是战争女神，以及至少三位知名的、非常受人尊敬的学者在这个问题上达成了一致，因此这个构想成为公认的看法。现在，任何关于夜间战斗、诡计策略，甚至是月光的引用都可以用来强化感知构念。任何时候，当我

---

[1] Ellinger 1984：56—60。
[2] Vernant 1991：244–257.
[3] Cole 2004：188–191.

们不知道阿耳忒弥斯为什么可以被称为"救世神"或"福斯弗洛斯"时,就可以简单援引她的军事特征:这个论证已经提出,模式已被认可。因此,当书写以弗所的阿耳忒弥斯之谜和她的绰号 Soteira/Σώτειρα(救世神)时,罗杰斯(Guy MacLean Rogers)总结,"相反,作为救世神的阿耳忒弥斯由军事胜利塑造而成,她很有可能是一位能够以军事胜利的形式提供拯救的神,她被概念化了"①。现在,除了斯巴达、雅典、弗基斯,人们还可能会在以弗所找到战争女神阿耳忒弥斯,且这种模式还在继续。

但我们必须记得,关于阿耳忒弥斯在战争中所扮演的角色,我们所拥有的唯一真实的希腊证据是本节开头提到的少量参考资料——色诺芬的阿格罗特拉,由阿里斯托芬和伪亚里士多德证实。其他的一切要么是罗马狄安娜式的附加,要么是现代学术界错误的模式认知。阿耳忒弥斯就不是战争女神。

更多绰号

即便如此,让我们考察一些阿耳忒弥斯在她"军事伪装"中使用的绰号。可以说,最不好战的是在亚历山德里亚(Alexandria)的克莱门特的叙述中出现的绰号——福斯弗洛斯。这是至公元

---
① MacLean Rogers 2012:267.

前5世纪以来用于形容女神的众多相关绰号之一。我们在欧里庇得斯《伊菲革涅亚在陶里人中》(*Iphigeneia Amongst the Tauroi*) 第11行发现了福斯弗洛斯,"持光者",而同义词 Phaesophoria/Φαισοφόρια [斐索菲利亚] 出现在卡利马霍斯《致阿耳忒弥斯颂诗》第11行。Amphipyron/Ἀμφίπυρον——"双[手]举火"或更有可能是"双[手]举着火把"——出现在索福克勒斯的《特拉喀斯少女》(*Trakkhiniai*) 第214行中。此外,福斯弗洛斯作为一种崇拜女神的绰号,在梅塞内(见第四章)最为突出,那里的阿耳忒弥斯·福斯弗洛斯崇拜雕像由公元前2世纪的达摩丰(Damophon)雕刻(Paus. 4.31.10)。根据现场发现的陶土神像,可以初步重建该雕像的形象:

> 两处出土的大多数陶俑都描绘了阿耳忒弥斯的形象,她穿着一件褶皱的短袍,上面套着一层动物皮(幼鹿皮),用皮带裹着身体;动物的尾巴向下垂在她的大腿之间;她的一个乳房和相应的肩膀裸露着。她穿着高筒皮靴,头上戴着马球风格的皇冠;她左手举着一个很高的火把(λαμπάς);一只坐在她右脚旁的狗抬起了头。①

---

① Themelis 1994: 105。总的来说,她的形象听起来有点像个施虐狂。

那么，为什么阿耳忒弥斯是光的传播者呢？部分原因可能与她作为狩猎女神的角色有关。正如上文提到在阿尔克曼的诗中，阿耳忒弥斯"在晚上拉着她的长弓"。当然，手持火把拉弓难度非常大，更别说危险程度了，所以女猎手的假设也有其缺陷之处。更有可能的是，在阿耳忒弥斯女神开始与赫卡忒女神融合时，就采用了她携带火把的一面，对赫卡忒来说，手持火把是一种属性。这位女神在早期希腊文学中最重要的角色之一，就是在荷马《致德墨忒耳颂诗》中帮助德墨忒耳寻找并呼喊佩耳塞福涅。在厄琉西斯的肖像图中，火把是一个常见主题，涉及夜间寻找失踪的科尔勒（Korê）和更普遍的与冥界有关的仪式。来自雅典、波奥提亚和萨索斯岛的碑文证据表明，阿耳忒弥斯和赫卡忒在不晚于公元前 5 世纪开始合并身份（见第六章），因此，从这一时期可以预料到，她们共享同一个肖像属性。

Hegemonê/Ηγεμόνη［赫戈默尼］意为"领袖"，但在任何方面都与阿耳忒弥斯处理军事事务不相称。正如韦尔南特别提到的女神在战争中的作用，她不会出现在队伍中，更不用说上前线了。她被认为是诡计多端的女神，靠夜间潜行和诡诈取胜。事实上，阿耳忒弥斯确实有 Ἡγεμόνη［赫戈默尼］这个绰号，她的肖像可以与阿耳忒弥斯·福斯弗洛斯的肖像重叠。在阿卡

迪亚地区吕科索亚(Lykosoura)的德斯波尼亚①圣所,鲍萨尼阿斯描述阿耳忒弥斯的崇拜雕像为(8.37.1):

离阿卡基诺斯(Akakinos)四步远的是德斯波尼亚圣所。首先是阿耳忒弥斯·赫戈默尼神庙和一个举着火把的青铜雕像——我们估计它最多有六英尺;它就在那神圣辖区的入口。

作为典型的绰号,阿耳忒弥斯并非是唯一获得这个头衔的女神。同样拥有"领袖"绰号的还有赫耳墨斯神,阿芙洛狄忒女神(两次)和受阿提卡崇拜的卡里忒斯女神之一赫戈默尼(如果不是赫西俄德《神谱》第907行)。正如瓦伦斯坦(Jenny Wallensten)指出,阿耳忒弥斯、赫耳墨斯和阿提卡的卡里忒斯女神都有一个共同特征,那就是他们都关心照顾青少年——阿耳忒弥斯是较大青少年的"养育者"(见第四章),赫耳墨斯是比赛和运动员之神,作为美惠三女神之一的赫戈默尼则帮助儿童身体成长。②当阿芙洛狄忒被称为赫戈默尼时,她一度与卡里忒斯(*IG* II² 2798)有关,一度是为了纪念尼科马霍斯

---

① "Mistress"是德墨忒耳的一个女儿,除此之外很少得到证实。在吕科索亚的本土神话中,阿耳忒弥斯是德墨忒耳的女儿,她和德斯皮尼亚是姐妹。
② Wallensten 2003:69,附参考文献。

（Nikomakhos）——他父亲的名字叫埃涅阿斯（因此与阿芙洛狄忒有象征意义上的联系）——他掌管着以弗比（ephebes）的驻军。[1] 因此，这两个例子都将此称谓拉回了青少年领域。考虑到在称呼青少年时使用赫戈默尼这个绰号/名字，更合乎逻辑的看法表明，阿耳忒弥斯的绰号指的是她作为儿童的养育者（kourotrophos/κουροτρόφος）的角色，而不是与战争有关的任何东西。

最后，让我们看看 Sôteira/Σώτειρα——"救世神"。这个称谓适用于如此多的神，以至于我们很快就会发现，除了是对神力的一种相当笼统的赞美之外，没有任何特定含义可以从它衍生出来。女"救世神"这一称号由阿耳忒弥斯、德墨忒耳、佩耳塞福涅、雅典娜、赫卡忒、堤喀（Tykhê/Τύχη，幸运）、忒弥斯（Themis/Θέμις，神圣正义）、欧若弥亚（Eunomia/Εὐνομία，良好习俗）和瑞娅（Rhea/Ρέα）共享；而男性救世神的称号则属于宙斯、赫利奥斯（Helios/Ἥλιος）、阿波罗、赫耳墨斯、阿斯克勒庇俄斯（Asklepios/Ασκληπίος）和宙斯的儿子们（Dioskouroi/Διόσκουροι）。所有的神都可能从某方面拯救某人（德墨忒耳从饥荒中拯救，阿斯克勒庇俄斯从疾病中拯救），因此没有必要暗示战争中救世神这一角色特指阿耳忒弥斯。

---

[1] 出处 Wallensten 2003；Budin 2010：92—94。

作为最后一个细节，值得注意的是，即使是俄耳甫斯的阿耳忒弥斯颂诗，也未在其广泛的女神属性和职能列表中提到战争（参见"为什么是阿耳忒弥斯？"）。就这点而言，卡利马霍斯也未曾提及。

最后，我们可以看到，阿耳忒弥斯在战争中发挥的作用非常有限。斯巴达人在战场上为她献祭山羊，就像他们在战争中越过边界为宙斯和雅典娜献祭绵羊一样。雅典人赞扬她在波斯入侵时的帮助，因马拉松战役的胜利为她献祭了500只山羊。在阿提卡的墨利忒，有一座神庙可能也与她在萨拉米战役中的出现有关。这样的献祭不值一提，也不值得授予阿耳忒弥斯"战争女神"的绰号。直到后来，可能是在罗马的影响下，阿耳忒弥斯在战斗中提供援助的故事才进一步流行起来，但仍然有限。

小结

阿耳忒弥斯首先是一位掌管荒野和狩猎的女神。她的大多数绰号与狩猎和自然世界有关，就像她的大多数肖像展示了她带着弓和箭，经常统治一个或多个野生动物。在希腊最早的文学作品中，她被描绘成高大美丽的女猎手——这是她保存最完好的荷马颂诗中的首要议题，也是她现存戏剧中唯一的角色。

许多献给她的隽语与她在狩猎中的帮助有关,就像许多人感谢女神在分娩时给予的帮助一样(见第五章)。

尽管如此,阿耳忒弥斯并不是一位战争女神,尽管现代许多学者声称她是战争女神。作为过渡女神,斯巴达人在投入战斗时为她献祭也许合理,雅典人也会称赞她在保卫受威胁的边界方面的帮助。但阿耳忒弥斯既不是战士,也不是战士的助手,当然与我们在《伊利亚特》中看到的雅典娜、阿波罗,甚至是赫拉不一样。也许这是一个教训,希腊人不太可能像我们认为的那样宽恕战争中的野蛮行为。

四、阿耳忒弥斯和儿童

也许阿耳忒弥斯最著名的一面就是她是儿童的保护神。在现代学术中,贯穿古希腊的她的许多崇拜都与启蒙、儿童崇拜祭司、婴儿献祭以及照料小孩有关。在现代文学中,女神常被称为 kourotrophos/κουροτρόφος,"儿童的养育者"。

然而,正如下文证据所示,关于女神的这一方面有一些模棱两可的地方。阿耳忒弥斯远没有她现代"儿童的养育者"(kourotrophic)的名声所显示的那样关心保护小孩,她更有可能要求杀死儿童,而不是保护他们,至少根据古代资料来看是这样。因此,阿耳忒弥斯与儿童的融洽关系是她的崇拜和个人形象中相当需要重新考虑的一个方面。

KOUROTROPHIC ARTEMIS(?)

据说,阿耳忒弥斯发现了照料婴儿的适当方式和适合他们

天性的滋养物，因此她被称为 κουροτρόφος［儿童的养育者］。

(Diodorus Siculus 5.73.5—6)

阿耳忒弥斯是最卓越的"儿童养育者"。她负责所有的小家伙，无论是动物还是人类，无论是雄性还是雌性。她的职责是养育他们，让他们成长成熟，直到他们完全成年。对于人类的后代，她会引导他们进入青春期的门槛。

(J.-P. Vernant 1991：198)

这就是现代对阿耳忒弥斯与婴幼儿关系的理解。她被称为 κουροτρόφος［儿童的养育者］，字面上是"男孩们（κουροι）的养育者（τροφος）"，尽管她的养育职责也同样适用于年轻女孩，或者更适用于女孩们。阿耳忒弥斯并非唯一一个有这个职能或绰号的神祇：这个词同样适用于希腊万神殿中的众多神祇，包括赫卡忒（《神谱》450—452）、盖娅（Gaia/Γαία，Pausanias 1.22.3）、德墨忒耳（IG^2，5131，5152—5153）、阿芙洛狄忒（《希腊文选》VI，318）、和平女神（Peace《劳作与时日》228）、阿波罗（Kallimakhos *Delos* 2.276）、宁芙仙女，以及作为独立女神的 κουροτρόφος［库罗特罗弗斯］。[①]正如贞洁女神阿耳忒弥斯、

---
① Pirenne-Delforge 2004：*passim*； Hadzisteliou Price 1978：189–195.

赫卡忒和阿波罗（非贞洁男性）所表明的那样，养育者和儿童之间的关系不是母亲和子女的关系，而是看护人和儿童的关系。更具体地说，术语"κουροτρόφος"在现代文学中倾向于指照料青少年，特别是照料婴儿，照料他们的身体需求并保护他们。在肖像研究中，"κουροτρόφος"一词指的是有婴儿的成年女性（神的或凡人的），对她们而言，前述的关系往往由推断而来。

Kourotrophic 绰号

然而，关于阿耳忒弥斯作为一名"儿童养育者"（Kourotrophos）角色的资料比最初看起来更加矛盾。所有的文学文本都指向罗马时代。因此，就有了上述狄奥多鲁斯·希库鲁斯（Diodorus Siculus）的一段话。在介绍内容讨论的《俄耳甫斯颂诗：献给阿耳忒弥斯》（*Orphic Hymn to Aatemis*）中，称她为 brotôn kourotrophe daimon/βροτῶν κουροτρόφε δαίμων，"凡人的神圣养育者"（*OH* 36，8），而鲍萨尼阿斯在公元 2 世纪记录了在科洛纳（Koronê）城邦（4.34.6）"在这里有神庙的神祇分别是被称为'Paidotrophos/Παιδοτρόφος'（儿童养育者）的阿耳忒弥斯、狄奥尼索斯和阿斯克勒庇俄斯"。在克尼多斯岛上，阿耳忒弥斯被崇拜为 Hiakynthotrophos/Ιακυνθοτρόφος，这是后来更正过来的 Hyakinthotrophos/Υακινθοτρόφος 的一个错误拼写，表明这位女神至少负责照料过英雄雅辛托斯（Hyakinthos/Ὑάκινθος）或者她的弟弟阿波罗。阿耳忒弥斯·许坤忒托弗斯（Hyakinthotrophos/Ὑακινθοτρόφος）的名号可追溯到公元前1世纪。① 最后，在公元3世纪，阿特奈奥斯（Athenaios）这样描述斯巴达（*Deipnosophistai* 4.16 = D139a）：

在［斯巴达］城邦，人们庆祝Kopis［割肉节］和代表孩子的Tithenidos［哺乳节］。因为，看护者按时带孩子们到乡下去，来到名叫Korythalia/Κορυθαλία［盛放青春］的阿耳忒弥斯圣所，这是位于克勒塔（Kleta）一带叫作提亚索斯（Tiassos）的地方。他们庆祝［割肉节］的方式同上述一致。他们会在宴席上献供乳猪和烤面包。

Kourotrophic 肖像

阿耳忒弥斯作为儿童养育者（kourotrophos）的艺术证据更古老一些，但需要谨慎决定如何解释这些资料。具体来说，阿耳忒弥斯与儿童的融洽关系由四种不同的肖像证据证明——阿耳忒弥斯常与儿童在一起；养育者的描绘（成年女性抱着孩子）；在阿耳忒弥斯面前展示有孩子的家庭雕塑；还有阿耳忒弥斯圣

---

① Hadzisteliou Price 1978：160.

四、阿耳忒弥斯和儿童

所的儿童雕像。

卡希尔（Lily Kahil）在《经典肖像神话辞典》（*LIMC*）上发表的关于阿耳忒弥斯的文章里有数百幅描绘图，其中只有两幅突出描绘了伪装成 kourotrophic［儿童养育者］的女神（#s 723 and 723a）。这两幅图都来自科孚岛（Corfu）的科基拉，描绘了女神笔直站立，头戴马球皇冠，左手拿着狩猎弓的形象（图 4.1）。

图 4.1：阿耳忒弥斯和一个小女孩陶俑（Terracotta figurine of Artemis with a small girl. Korkyran workshop, c. 480 BCE. Athens, National Archaeological Museum, 1112. Drawing by Paul C. Butler, used with kind permission）

站在女神正前方——实际上，就站在阿耳忒弥斯的脚上①——有一个到她臀部高的女孩，抬起双臂伸向女神。这两个陶俑都可以追溯到公元前5世纪。②科孚岛的肖像非常清晰，毫无疑问，这位带孩子的神就是阿耳忒弥斯。

与阿耳忒弥斯肖像形成鲜明对比的是，在希腊世界各处的阿耳忒弥斯圣所发现的众多kourotrophic的雕像——似乎并不代表女神本人，而是代表女神的崇拜者。因此，从塞浦路斯基提翁的阿耳忒弥斯·帕利亚圣所，出现了众多养育者雕像，其中一些可以追溯到古风时代。同样，在卡迈拉加（Kamelarga）的阿耳忒弥西翁，人们发现了两个公元前6世纪的雕像。在布劳戎的阿耳忒弥斯圣所中，出土了坐着的陶俑，她们大多是戴着面纱，怀抱婴儿的养育者形象（见 *LIMC* 721）。同样，在以弗所的阿耳忒弥斯圣所中出土的陶俑，描绘的明显是伊奥尼亚-罗迪亚（Ionian-Rhodian）式的蒙着面纱的陶俑。在北部的萨索斯岛，人们看到了一群来自阿耳忒弥斯圣所的养育者雕像。③

布劳戎的还愿雕像就是一个范例。其中一例可以追溯到公元前5世纪中期，描绘了一位戴着面纱的成年女性，怀里抱着

---

① 这部分的还愿雕像是重修的，但此位置似乎确认了女孩的头部位置。
② LIMC Artemis 723 and 723a.
③ Hadzisteliou Price 1978: 96–164.

一个小孩。孩子不是在哺乳,而是抬头望着儿童养育者,右手伸向那个女人的脸。① 布劳戎人的地理位置显然暗示这是阿耳忒弥斯。然而,这位成年女性身上没有显示出神性的迹象,如马球皇冠,更不用说像弓或箭袋这样独有的特征了。此外,在希腊肖像中,面纱通常与已婚妇女联系在一起,这说明她肯定不是阿耳忒弥斯。因此,有更多的争论认为,这名女性养育者不是阿耳忒弥斯,而是最近供奉在圣所里的一位带着孩子的母亲形象。

家庭浮雕

在阿耳忒弥斯圣所发现的浮雕供品,可以说太多了。布劳戎发现了几幅大理石浮雕,展示了在阿耳忒弥斯面前游行的相对庞大的家族,而她的身份和神性在她更大的规模和属性中体现出来,如一只鹿或弓箭。至少有一个家庭成员会带着一个 *kistos*——这个盒子里装着献祭所需的供品,在某些情况下,还会有公牛等献祭动物。提洛岛的基恩托斯(Kynthos)山也发现了类似浮雕,以及描绘孕妇站在女神面前的浮雕。② 然而,没有任何迹象表明,阿耳忒弥斯和浮雕场景中的儿童之间存在特殊

---

① LIMC Artemis 721.
② Hadzisteliou Price 1978:151–152.

关系：该组合由崇拜的接受者阿耳忒弥斯和崇拜她的家族集团或家族主母组成。

阿耳忒弥斯、孩子和母亲/家庭之间的这种关系在一块大理石浮雕上得到很好的展现，这块浮雕于 1979 年在卫城的南侧发现（图 4.2），可以追溯到公元前 4 世纪晚期的古埃克希诺斯（Ekhinos），现存于拉米亚（Lamia）博物馆。[①]

图 4.2：位于弗西奥蒂斯的埃克希诺斯的阿耳忒弥斯还愿大理石浮雕（Marble votive relief to Artemis from Ekhinos in Phthiotis, late fourth century BCE, Lamia Archaeological Museum, 1041. Courtesy of the Lamia Archaeological Museum, Ministry of Culture and Sport）

---

① Dakoronia and Gounaropoulou 1992: 217.

四、阿耳忒弥斯和儿童

这块大理石面板（68×120厘米）描绘了一位女性家庭成员将一个婴儿献给阿耳忒弥斯。女神本人站在面板的右侧，面朝走近她的家人。她头戴马球皇冠，右手举着一个燃烧的火把，因此强调了她作为"福斯弗洛斯"的角色。她的左臂搭在一个高台上。她穿着一件多利亚风格的佩普洛斯衣袍（peplos），从左肩垂下的宽松裙摆盖住了她身后的底座。

在她的左肩后面几乎看不见她的箭袋。然而，雕刻家似乎忘了加上一个绑带，所以箭筒漂浮在女神身后的半空中。① 阿耳忒弥斯的面前是一个小祭坛，在祭坛前站着整幅画中唯一的男性，他的比例比画中其他任何人都小得多。这是个极其矮小的男性，按其体形来看可能是奴隶身份，他左手牵着一头似乎是牛的牲畜向前走，右手握着一把刀。显然，这里即将举办一场献祭。在似牛之物的身后可能是一位母亲，作为成熟女人，她的头发向后梳成一个发髻，穿着一件类似女神的佩普洛斯衣袍。她把婴儿举了起来，头发和衣服表明这是一名女婴；② 婴儿向女神伸出双手，可能是在乞求阿耳忒弥斯不要让他们杀死那头漂亮的牛。③ 这个身体向前伸展的婴儿是构图的中心，因此是整个

---

① Dakoronia and Gounaropoulou 1992：218。
② 同上：220。
③ 不好意思，有点素食主义的幽默。

场景的焦点。妈妈身后是一个小女孩，头上顶着一盘供品。她也有可能是一个仆人/奴隶，但相对于男性的身形比例来看，她要么是婴儿的姐姐，要么是这位母亲的妹妹。祭品包括一个苹果、一颗石榴、一串葡萄、桃金娘树枝和三角形蜂蜜蛋糕，也可能是奶酪。女孩右手拿着一个小 askos/ασκός［矮花瓶］，放在大腿处。最后一个人物是位年长女性，她的体形与女神相似。她的脸部受损，戴着面纱，手里拿着一个小药瓶（软膏？）。在家庭成员这条线的后面，是一根挂着鞋子、束腰外衣和各种纺织品的绳子，就像阿提卡和其他地方的阿耳忒弥斯圣所记载的一样（见第五章）。①

对这一幕诠释的是一种感恩。具体来说，它描绘了一个家庭（或至少是家庭女性成员）为了感谢阿耳忒弥斯帮助她安全分娩而向她献上祭品，而这个孩子在整个构图中占据了中心位置。② 考虑到阿耳忒弥斯在分娩中的重要性（参见第五章），这也就不足为奇，也无须将此面板视为——专门将婴儿置于阿耳忒弥斯保护之下的献祭。

---

① Cole 2004：213.
② Dakoronia and Gounaropoulou 1992：220； Cole 2004：213.

用石头和黏土制作的儿童雕像

最后,在阿耳忒弥斯的圣所里,孩子们的雕像也已公开。到目前为止,最著名的儿童雕像收藏发掘于布劳戎的阿耳忒弥斯圣所,其中大部分雕像可追溯到公元前 4 世纪。[①]这里既有穿精致的希顿麻裙(khitons)的小女孩,也有裸体的小男孩。类似的藏品也出现在医神阿斯克勒庇俄斯的圣所,到公元前 4 世纪晚期,陶俑版本出现在整个希腊世界。[②]在阿斯克勒庇俄斯的案例中,这些儿童雕像很有可能代表的是神在他的圣所治愈的孩子,或是神向请愿家庭赐予的后代。关于布劳戎,圣所雕像底座上的铭文表明,这些雕像代表了父母对成功分娩和养育健康后代的感激之情,[③]还有关于在阿克忒亚(Arkteia/Ἀρκτεία)仪式中充当"小熊"的女孩的描绘(见下文),因此,这是以前暂时任职的崇拜侍从的纪念碑。[④]

类似场景发生在伯罗奔半岛梅塞内的阿耳忒弥斯·福斯弗洛斯圣所。[⑤]这座公元前 2 世纪早期的神庙,拥有由达摩丰雕刻

---

① Beaumont 2003:78.
② 同上。
③ Demand 1994:89 and n.14,并附参考资料。
④ Lundgreen 2009:122.
⑤ Themelis 1994:*passim*。同参 Connelly 2007:147—157。

的阿耳忒弥斯崇拜雕像，取代了早期的阿耳忒弥斯·奥忒亚圣所。（不要与斯巴达的奥忒亚混淆！）这尊雕像位于新建筑的北面，在新圣所，人们用这两个绰号来崇拜这位女神。[①] 在希腊化－罗马神庙的地窖里，发现了11个石制底座，其中5个底座上刻着字，底座上放着妇女和女孩的还愿雕像，它们在阿耳忒弥斯雕像周围围成半圆形。在神庙中还发现了四尊大理石和一尊砂岩的真人大小的小女孩雕像，她们似乎曾在圣所担任阿耳忒弥斯的祭司。很明显，各种各样的雕像最初被放在底座上，并刻有铭文或其他内容，因此，我们有大量的铭文还愿词来了解这一崇拜。

最完整的证据涉及女孩梅戈（Mego），除了她的雕像外，关于她相对较长的铭文也保存了下来。碑文（*SEG* 23.220）可以追溯到公元前1世纪，上面写着：

［达摩尼科斯（Damonikos）……的儿子］和提马科希斯（Timarkhis）——达马奎达斯（Damarkhidas）的女儿，她曾做过祭司——［献上梅戈］他们的女儿。敬你，奥忒亚女士，达摩尼科斯和他出身高贵的妻子提马科希斯把我——他们的孩子梅戈——献给你，阿耳忒弥斯，在我的手中拿着你的木像（bretas/βρέτας），还有我放在你祭坛前的火把。也请允许我向我的父母

---
① Themelis 1994：107–111.

表示感谢,因为子女理应尊敬他们的父母。

梅戈的雕像被保存了下来,展现的是一个接近青春期的女孩的下半身(从胸部到脚)。她四肢较长,但胸部相对较小。具有类似质地和大小的另一尊雕像的手臂,与梅戈的雕塑有关,其描绘的是一个戴手镯和臂环的手臂,举握着一个小雕像的底部一角,这很可能是铭文中提到的阿耳忒弥斯的bretas/βρέτας[木像]。有趣的是,在《希腊文选》(6.356)中潘克拉特斯(Pankrates)写道:

克莱奥(Kleio)的两个孩子——阿里斯托迪克(Aristodikê)和阿梅农(Ameinô)——
她们是克里特姑娘,献给你,阿耳忒弥斯女士,
由她们的母亲,你的女祭司(Neokoros/Νεωκόρος)献上。
啊,女王,你看,
她们是多么好的孩子啊,愿你让她们成为两名女祭司(Neokoroi/Νεωκόροι)。

另一尊和铭文有关的雕像是女孩蒂玛雷塔(Timareta)。在公元前1世纪的雕像铭文(*SEG* 23.221)中直接写到她,"蒂

奥塔斯（Thiotas）和索法基斯（Sopharkhis）将他们的女儿蒂玛雷塔献给了阿耳忒弥斯"。这尊雕像本身在很多方面与梅戈相似：没有头和手臂，但身材高挑，臀部窄，胸部小（正如保存的那样）。可能是后世（公元1世纪？）的雕像描绘了一个看起来更年轻的女孩。她的头和手臂再度被砍去，但是从她的希顿麻裙下可以看到，她的腿比梅戈和蒂玛雷塔的腿更短更粗，胸也更小。很明显，这是为了展示在梅塞内的圣所里侍奉阿耳忒弥斯的年轻女孩们的青春活力。

重新审视 Artemis kourotrophos

越来越清楚的是，无论是文本还是肖像资料，都很少有证据表明，阿耳忒弥斯会照顾或保护儿童和婴儿，这是对 kourotrophos/κουροτρόφος［儿童的养育者］一词的典型理解。文学上的证据也姗姗来迟，甚至晚到罗马时代，而在她的神殿——以及像德墨忒耳、赫拉、阿芙洛狄忒、埃勒提雅和佩耳塞福涅等神的圣所中出现的养育者肖像——更可能是感恩的母亲抱着自己的孩子，而不是实实在在抱着婴儿的阿耳忒弥斯。同样，还愿浮雕显示了为成功分娩而感谢阿耳忒弥斯的家庭场景。在她圣所里的儿童雕像——在与其他神祇之间——似乎更像是崇拜她的年轻侍从的纪念物，而不是置于她保护和照料之下的儿童。

考虑到阿耳忒弥斯早期，特别是婴儿时期的证据普遍缺乏，问题就出现了——为什么女神被认为是"最卓越的儿童养育者"，用韦尔南的话来说，是最卓越的古典主义者。部分答案当然归于理论。阿耳忒弥斯作为儿童养育者的形象特征，很符合她在希腊宗教和神话中的角色。作为监督和帮助过渡的女神，她是帮助他人度过分娩危险过程的处女女神（见第五章）。正如阿耳忒弥斯自己都没有真正长大（见第二章），却帮助凡人的孩子度过生命中最危险的时期（古代婴儿死亡率高得离谱）。最后，儿童被认为是相当野蛮的，处于文明人和野兽动物之间的极端。作为掌管野兽的女神，最终也应该由阿耳忒弥斯来看管人类野兽。

此外，我们必须考虑到，阿耳忒弥斯扮演 kourotrophic［儿童养育者］角色的年代学问题。如上所述，所有女神的 kourotrophic 绰号都属罗马时代，因此以希腊的标准来看相当晚。然而，在阿耳忒弥斯圣所（以及其他圣所）中发现的凡人妇女带着小孩的形象，至少可以追溯到公元前 5 世纪，在她的（及其他的）圣所中普遍存在的儿童雕像可追溯到公元前 4 世纪晚期，而像梅塞内这样的收藏是从希腊到罗马时代晚期。这与博蒙特（Leslie Beaumont）的发现相吻合。她注意到，在希腊历史进程当中,人们对小孩子的态度发生了明显变化。只有在希腊化后期及以后,希腊人才对他们的孩子表现出一种多愁善感,甚至亲近的态度。正如她所说,"既通过描绘儿童可爱的幼稚行为和身体姿态,又通过采用图示的方式表现儿童幼小迷人的身体构造,使得儿童和童年的形象现在被情致化和理想化了"[①]。那么,阿耳忒弥斯照顾婴儿的形象可能是后来的演变,更多地与凡人对婴儿新发现的喜爱有关,而不一定与女神多年来的形象有关。

值得注意的是,希腊神话中的其他女神与婴儿的关系比阿耳忒弥斯更密切,而且要早得多。首先是赫卡忒,在公元前8至前7世纪希腊文学中,她是第一个被称为"kourotrophos"的女神(《神谱》450—452):

> 克罗尼德斯(Kronides)使她成为kourotophos,他们[②]随后亲眼看见多识的黎明女神厄俄斯(Eos/Ἔως)的曙光。
> 所以从一开始她就是kourotrophos,这些是她的荣耀所在。

在公元前2世纪,拉吉纳(Lagina)女神神庙的楣板上,

---

① Beaumont 2003: 79.
② "他们"指的是她照顾的孩子们。

艺术地表达了赫卡忒形象的这一方面，在那里，坐着的女神抱着一个新生婴儿。①

还有赫斯提亚女神。在阿提卡，她通过 amphidromia/ἀμφιδρόμια 引导新生孩子进入家庭，这个仪式要求父亲抱着新生婴儿绕着壁炉走或跑，从而使婴儿融入家庭。② 没有经过这样的接纳而出生的婴儿会被视为异邦人，可以毫无负罪感地被抛弃。此外，作为与家庭变迁最密切相关的女神，赫斯提亚最终是家宅和家庭的保护者。在欧里庇得斯的《阿尔克提斯》（*Alkestis*）中，当王后即将死去时，她来到壁炉前，祈求赫斯提亚能照顾好她的孩子（ll. 163—169）：

> 女主人，等我入土之后，
> 我最后一次恳求您，
> 照顾我的孤儿，让我的儿子
> 娶个好妻子，女儿嫁给一位高贵的丈夫。
> 也不要让他们，像他们的母亲一样，
> 过早死去，而是让他们
> 在祖国过上幸福的生活。

---

① Hadzisteliou Price 1978：159.
② Burkert 1985：255.

最后是宁芙仙女。正如赫卡忒是第一个被赫西俄德称为 kourotrophos 女神,众海仙女俄刻阿尼得斯(Okeanid/Ωκεανίδ)在《神谱》(346—348)中也被赋予了养育幼孩的任务:

[泰堤斯(Tethys/Τηθύς)]生下了一群圣洁的女儿,她还在大地上

和阿波罗王、诸河神一起抚养男孩们,

这是宙斯分派给他们的任务。

山中宁芙也发挥了类似作用,在《荷马颂诗:致阿芙洛狄忒》结尾,当女神告诉安喀塞斯时(ll. 256—258 and 273):

"至于他(埃涅阿斯),当他初见天日之时,

胸怀宽广的山中宁芙将他养大,

她们住在这伟大而神圣的山上……

她们要把我的儿子抚养长大。"

类似引用出现在索福克勒斯的《俄狄浦斯王》(*King Oedipus*, 1.680)和欧里庇得斯的《伊莱克特拉》(*Electra*, l.

626）和《瑞索斯》（*Rhesos*）中。① 在文学作品中，这些女神比阿耳忒弥斯更关心婴儿和儿童。

与其把阿耳忒弥斯看作"婴儿的保护者"，不如理解为照顾处于婴儿阶段的凡人，尤其是女人，而且她尤其是帮助青少年过渡到成年的神祇。卡莱姆（Claude Calame）曾说，阿耳忒弥斯的角色是作为 κουροτρόφος，"这个词经常被用来专门指她对幼儿期的影响；然而，κουροτρόφος 并不只是对婴儿哺乳的照料，而是对孩子整体教育的神圣监督，直到他或她步入成年"②。从公元前5世纪开始，她作为与分娩最密切相关的女神（甚至与生育女神埃勒提雅完全融合；见第五章），阿耳忒弥斯负责新妈妈和她们的新生儿，因此得到了她们的感激。在童年阶段／时期的尾声，阿耳忒弥斯帮助青少年成长为年轻人，对女孩来说，这包括结婚、怀孕和分娩。这样的循环在《希腊文选》的一篇献词中得到了很好的表达，阿耳忒弥斯被要求保护的不是一个小孩，而是一个即将成为女人的女孩（6.280）：

蒂玛雷塔在结婚前献出她的小手鼓，她
心爱的球，她的束发带，

---

① Larson 2001：42–43.
② Calame 2001：100–101.

> 她把玩偶送给［阿耳忒弥斯］·利姆纳提斯，
>
> 女孩适合把玩偶的衣服送给女孩阿耳忒弥斯。
>
> 勒托的女儿，请把你的手伸向蒂玛雷塔，
>
> 这样做纯粹是为了保持她的纯洁。

阿耳忒弥斯的熊

然而，并不是说阿耳忒弥斯与小孩无关。来自梅塞内的证据表明，她确实在女孩的崇拜中发挥了重要作用。也许没有什么地方比阿提卡的 Arkteia/Ἀρκτεία［阿克忒亚］仪式更能体现这一点。在那里，小女孩们在布劳戎或其他一些地方的阿耳忒弥斯圣所为她"扮熊"。合乎逻辑地来讲，这些女孩被称为"熊"（arktoi/ἄρκτοι）。

现代学者对这种仪式的普遍理解是，年龄在 5 到 10 岁，或者可能 13 岁到 15 岁的女孩，穿着藏红花色的长袍（krokota/κροκότα）跳舞和比赛，她们可能会在某一时刻脱下这种长袍，然后进行裸体表演。这是一种入会仪式，来帮助小女孩过渡为未来的母亲，而最原始的文本表明，在为阿耳忒弥斯"扮熊"之前，女孩不能结婚。

这个分析的主要难题，以及整个阿克忒亚仪式的主要难题

是，我们对此仪式实际由什么组成，或者扮熊意味着什么所知甚少。各种文本来源证据都是在这个仪式停止举行的几个世纪之后写成，而肖像学来源可能比最初看起来更为模糊。关于阿克忒亚的最新研究表明，事实上至少有两种不同的阿克忒亚仪式——其中一种针对小女孩，另一种针对大一点的青少年。这两种仪式都不是启蒙仪式，而是对愤怒女神的安抚仪式。

我们所知的最早的"扮熊"戏份来自于公元前5世纪后期的喜剧《吕塞斯特拉忒》(*Lysistrata*)中阿里斯托芬的一句台词，当时希腊的妇女为了让她们的丈夫结束一场战争而进行了一场性罢工。在第645—646行，雅典的妇女声称：

> 我七岁时扛着神圣的器具，
> 我十岁时捣碎了大麦，
> 在这之后不久，我穿上了黄色长袍，
> 我是布劳戎尼亚·阿耳忒弥斯的小熊；
> 当时我戴着无花果项链,长得又高又漂亮,我是一个提篮手……

因此，我们有公元前5世纪的证据表明，女孩们确实在布劳戎为阿耳忒弥斯"扮熊"，尽管除了藏红花色长袍，没有其他细节。真正的起源故事要晚得多——有些甚至可以追溯到公元 10 世纪——仔细阅读就会发现，这其中有两种不同的传统。我在这里给出一个代表性案例。①

  苏达："我在布劳戎尼亚是一头熊。"

  S1：她们过去常常"扮熊"，穿着藏红花色长袍庆祝阿耳忒弥斯的节日，年龄不超过 10 岁，也不小于 5 岁，她们为安抚女神而庆祝。

  S2：有一次，一只野熊在斐莱代（Philaidai）的德摩（deme）附近游荡，造成了严重破坏。据说，熊一旦被驯服，就会成为人类的伙伴，有个 parthenos/παρθένος［处女］和这头熊玩耍，当那个孩子对它粗暴时，熊被激怒就抓伤了这个处女。正因为如此，她的兄弟们把熊射死了。

  S3：因此，雅典人遭受了一场瘟疫。当他们向神谕请愿时，神谕说,如果他们强迫自己的处女"扮熊"，作为对被杀熊的补偿，他们就能从这些不幸当中解脱出来。雅典人投票决定，处女不能和她的丈夫住在一起，除非她为女神扮熊。

---

① 所有的资料来源和优秀的分析，见 Faraone 2003：51—61。另见 Sale 1975：*passim* 和 Osborne 1985：161—164。所有翻译摘录自 Faraone。

《吕塞斯特拉忒》笺注：

L1：当女性进行秘密仪式时，她们模仿一只熊。为女神扮熊的人通常穿着藏红花色长袍，一起为布劳戎和穆尼基亚的阿耳忒弥斯献祭，她们被挑选出来，年龄不超过10岁，也不小于5岁。女孩们还做了安抚女神的献祭，因为雅典人曾因杀死一头已驯服的熊而遭受饥荒，惹得女神不悦。

贝克尔（Bekker）《希腊轶闻集：阿克特苏艾》（*Anedota Graeca: arkteusai*）：

吕西亚斯（Lysias）提到，"扮熊"这个词指的是少女们在婚礼前应当如何供奉阿耳忒弥斯。正如欧里庇得斯和阿里斯托芬所说，扮熊的 παρθένοι［处女］被称为"熊"。除此之外，据说"扮熊"意味着"为自己赎罪"和"献祭给"阿耳忒弥斯。这是因为有一次熊出现在比雷埃夫斯，伤害了很多人，后来被一些青少年杀死，瘟疫随之而来，［阿波罗］神在神谕中命令他们要尊敬阿耳忒弥斯，要让他们为熊献祭一个女孩。然后，当雅典人正为如何遵从神谕而绞尽脑汁之时，有个人说他将亲自执行神谕。他抓了一只山羊，把它当作自己的女儿，秘密将它献祭。疾病消止了。当公民们对他充满信任时，他告诉他们进一步询问神谕。当神说，无论谁声称自己作出了牺牲，将来也应该这样做时，那人才向人们暗中透露了事情的经过。从此以后，婚前少女都会毫不犹豫地扮熊，好像在为自己杀死动物而赎罪。

尤斯塔修斯（Eustathius）《致伊利亚特》（*ad Iliad*）2.772：

一个叫伊巴洛斯（Embaros）的人在请愿时耍了个小把戏。因为，他是穆尼基亚的阿耳忒弥斯圣所的建造者。一天，有一头熊出现在圣所里，却被雅典人杀死了，于是就爆发了瘟疫。从那以后，神宣布，如果有人把自己的女儿献给阿耳忒弥斯，就可以摆脱厄运。伊巴洛斯承诺他会这样做，前提是他的家人必须终身担任祭司。他把女儿从里到外打扮好，将其藏在神庙的隐蔽处，他又给山羊穿上衣服，然后依次献祭，就好像是在献自己的女儿一样。

所以，我们有两个不同的传统。在其中一个故事里，一只被驯服的熊伤害了一个年轻女孩，她的兄弟（们）杀死了熊，导致了一场瘟疫。德尔斐的阿波罗神谕告诉人们，他们必须让自己 5 到 10 岁之间的女儿为阿耳忒弥斯"扮熊"。任何女孩不得与丈夫同居，除非她"扮熊"才行。在第二个故事中，一头野生熊出现在雅典的主要港口，因杀死/袭击了一些人而被雅典人杀死。瘟疫再度爆发，于是他们又派人去德尔斐，那里的神谕让他们献祭一个女孩来安抚阿耳忒弥斯。有个人愿意这样做，但他只是把女儿藏在穆尼基亚的阿耳忒弥斯神庙里，然后献祭了一只山羊。显然，阿耳忒弥斯对此很满意，于是这个传统得以延续。

这两个不同的起源故事与两种不同的仪式有关。第一，在第一个故事里，5 岁到 10 岁的小女孩一定会想办法为阿耳忒弥斯扮熊，至少在布劳戎，但可能在其他地方也一样：从任何资料来看，这个仪式都并非布劳戎所特有，只是在《吕塞斯特拉忒》中是由那里的妇女表演的。阿提卡的所有女孩都必须在某个时候举行这种仪式，因为在没有"扮熊"的情况下，她们不被允许结婚。在源自第二个起源神话的第二种仪式中，大龄女孩在结婚前必须在穆尼基亚的阿耳忒弥斯神庙待上一段时间，在布劳戎也是如此，而且还要向女神献祭一只山羊。

肖像学证据并没有揭示出关于这些仪式的太多信息。大部分证据来自一套被称为 krateriskoi/κρατηρίσκοι 的小搅拌碗，它们在布劳戎、穆尼基亚、雅典集市甚至雅典卫城中都出现过。这些碗上面描绘了不同年龄段的女性，包括裸体的小女孩，参加诸如赛跑和跳舞的活动。因此，人们认为，这些 κρατηρίσκοι［**小搅拌碗**］一定是阿克忒亚仪式的图景，展示的正是小女孩"扮熊"。

难题是，关于 κρατηρίσκοι [**小搅拌碗**] 上的细节描述既宽泛又笼统。引用理汉密尔顿（Richard Hamilton）提供的细节描述：

> 参与者从非常年幼的女孩到成年人均有；她们穿的衣服，大多是到脚踝、膝盖、大腿中间或臀部附近；这些衣服可以是素色的，也可以装饰有白色条纹或白色镶边，有袖或无袖，束带或不束带。这些人物的头发或是长发、齐肩发、短发，或是挽成一个发髻。大多数女性通常是在赛跑，但也可以描绘成是在跳舞、列队或站立，他们手拿火把、花环、篮子、手杖或月桂枝。①

然而，从另一个角度讲，这里描绘的通常是女性仪式，其中描绘了很多年龄阶段和很多活动。这并不能明确归属于阿克忒亚仪式，或任何其他特定仪式。

所以，我们了解到阿提卡有两种女孩们为阿耳忒弥斯"扮熊"的仪式。一个名叫"熊"的小女孩，年龄在 5 岁到 10 岁之间，以某种方式，穿着藏红花色的长袍"扮熊"，甚至可能四处走动假装自己是熊。在另一幅图中，即将结婚的女孩也穿着藏红

---
① Hamilton 1989：453.

花色长袍,在阿耳忒弥斯的神庙里给她献祭,并且可能会在圣所里侍奉一段时间。她们也被称为熊。

这两种仪式都没有必要像现代学术中常见的那样被当作是一种入会仪式。参加第一种仪式的女孩年龄在 5 岁到 10 岁之间,因此对于入会仪式来说,她们既太大,也太小——对任何仪式而言,她们都显得太大,如雅典的 Khoes[科厄斯]是 3 岁男孩第一次喝酒的地方;同时她们又太小,还不到经期或婚姻阶段。第二种仪式在大女孩的结婚前夕举行。然而,与其将她们的阿克忒亚仪式视为一种启蒙,人们可能会争辩,通过"扮熊"和在阿耳忒弥斯的神庙里侍奉,她们会缓解女神潜在的愤怒,因为她们很快就要离开她的合唱队,失去贞操,这些行为会引起女神的暴力回应(见下文)。在忒奥克里托斯(Theokritos)的一个笺注(2.66)中大量指出,arktoi/ἄρκτοι 即"为了她们的童贞而安抚女神,这样她们就不会成为她复仇的对象"。更通俗地说,在《苏达词典》(Suda)中,据称 arktoi/ἄρκτοι 意味着"安抚(apomeilisomenai/ἀπομειλίσομεναι)女神"。[1]

---

[1] Cole 2004:210–211.

以及人形动物

阿提卡并不是女孩们为取悦阿耳忒弥斯而装扮成动物的唯一地方，熊也不是唯一被装扮的动物。在北部的帖萨利，公元前 3 至前 2 世纪的铭文证据表明，那里的女孩曾为阿耳忒弥斯扮幼鹿。就像布劳戎的例子，这种仪式似乎也有某个神话先例：在欧里庇得斯的戏剧《海伦》(*Helen*)中，同名女主人公海伦在第 380 行提到了梅洛普斯（Merops）的无名女儿，因为她过分的美丽，阿耳忒弥斯就把她变成了一只鹿。因此，和布劳戎一样，年轻女孩通过"扮演"动物纠正了对阿耳忒弥斯的这种冒犯。

大部分铭文都刻在大理石碑或小型神庙雕塑上，来自阿特拉克斯（Atrax）、拉里萨（Larisa）和法伊托斯（Phayttos）这三座近在咫尺的城市，但至少有一个是来自更远的德米特里亚（Demetrias）地区，这表明该传统的传播范围更广。[1] 古希腊语中"幼鹿"的意思是 nebros/νεβρός，铭文中说这些女孩曾为阿耳忒弥斯 nebeusasa/νεβευσασα（"扮演过幼鹿"）。因此我们有：[2]

---

[1] Graninger 2007: 155.
[2] 同上：155, n. 27。

……达摩迦勒（Damokhares）的女儿，为了阿耳忒弥斯，扮演了幼鹿。

（Atrax，c. 300—200 bce，SEG 46.636）

尤达米德斯（Eudamides）的女儿托玛勒塔（Thaumareta）为了阿耳忒弥斯，曾扮演过幼鹿。

（Atrax，c. 300—200 bce，SEG 49.602）

阿斯托克拉斯（Astokrates）的女儿阿基斯（Agis）为了阿耳忒弥斯，曾扮演过幼鹿。

（Phayttos，300—200 bce，SEG 51.732）

尼刻哥拉斯（Nikagoras）的女儿尼刻（Nikê），扮演过幼鹿。

（from Atrax，c. 200 bce，SEG 34.489）

毕达哥拉斯（Pythagoras）的女儿艾克洛克斯（Aikhelokhis）为了阿耳忒弥斯，曾扮演过幼鹿。

（Atrax，c. 200 bce，SEG 34.493）

克吕根尼斯（Kleugenes）的女儿安提帕特拉（Antipatra）

为了阿耳忒弥斯,曾扮演过幼鹿。

(Atrax, 200—150 bce, SEG 42.240)

菲洛尼科斯(Philonikos)的女儿洛可丽塔(Laukrita),曾扮演过幼鹿。

(Atrax, c. 200—100 bce, SEG 46.633)

梅兰托斯(Melanthios)的女儿丢那提斯(Dynatis)为了阿耳忒弥斯·帕伽斯提斯(Pagasitis),曾扮演过幼鹿。

(Demetrias, c. 100 bce, SEG 44: 456)

以及最后:

为了阿耳忒弥斯·忒洛西亚(Throsia),希波洛霍斯(Hippolokhos)之子希波洛霍斯,代表扮演过幼鹿的亚历克西波斯(Alexippos)之女欧比忒亚(Eubioteia),作为补偿。

(Larisa)①

不幸的是,铭文并未提供任何证据表明扮演幼鹿的女性的

---

① Graninger 2007: 157。

年龄或婚姻状况,实际上这些"幼鹿"完全有可能是年纪大的已婚妇女。正如我们将在第五章看到,在居勒尼(Cyrenê),阿耳忒弥斯的成年女祭司就被叫作 arkos/ἄρκος,"熊",因此在帖萨利也有类似说法。然而,使用"幼鹿"一词,而非成年 elaphos/ἔλαφος"鹿",可能意味着一种更年轻的角色。此外,所有"幼鹿"都作为女儿而非妻子,这就意味着扮演者的年龄更小,而且属于未婚状态。就像阿提卡的熊一样,我们并不知道它们的实际功能,也不知道"扮幼鹿"到底意味着什么。

阿耳忒弥斯和合唱队

如果说阿耳忒弥斯与儿童的关系比一般人认为的更模糊,那么她在青少年生活中的角色则更为稳固。特别是合唱队的舞场,在那里,阿耳忒弥斯享受着歌声和舞蹈,人类也用自己轻盈的舞步款待女神。

吟唱她的《荷马颂诗》的歌者(27)最强调的是阿耳忒弥斯在舞蹈中的角色。经过了一天的狩猎(ll. 11—20):

每当射箭手找够了猎物时,
她就会放下那张做工精良的弓,心满意足地

> 来到她亲爱的哥哥福波斯·阿波罗的家，
>
> 那里位于富饶的德尔斐，
>
> 缪斯女神和美惠女神为她安排了美妙的合唱。
>
> 她在那儿挂好了弓箭后，
>
> 在优雅的舞蹈前列引领着，
>
> 她的容貌端庄，女神们发出天籁之声。

《荷马颂诗：致阿芙洛狄忒》的作者指出，森林女神喜欢竖琴与合唱，就像喜欢山脉和狩猎一样，所有这些都排除了与阿芙洛狄忒有关的任何事物（I.19）。在《致阿耳忒弥斯颂诗》中，无论是在埃及、希腊，还是在斯库提亚，结束一天的成功狩猎后，女神就与仙女们翩翩起舞。（II.170 ff）。在《谚语九》（*Proverb 9*）中，古希腊寓言作家伊索甚至问："阿耳忒弥斯在哪里没有跳舞呢？"指的就是女神对合唱队的偏爱。

就像阿耳忒弥斯喜欢跳舞一样，年轻的少女和青年也在崇拜她的节日里跳舞。在欧里庇得斯的《伊菲革涅亚在奥利斯》（*Iphigeneia at Aulis*，1480—1481）中，年轻的女主角要求年轻少女合唱队（*neanides*）"为阿耳忒弥斯，这位受崇拜的女王阿耳忒弥斯，在她的神龛和祭坛周围跳圆舞"，而在欧里庇得斯的《特洛亚妇女们》（*Trojan Women*）中，合唱队的少女们讲述了当阿开亚人（Akhaians）入侵特洛亚时，她们如何围着房子唱歌跳舞，以此表达对"宙斯的孩子，山丘少女"的敬意（ll. 553—555）。鲍萨尼阿斯在晚年时期记载了在拉科尼亚（3.10.7）的情况："卡里埃是一个对阿耳忒弥斯和仙女们来说神圣的地区，在这里露天矗立着阿耳忒弥斯·卡拉提斯（Karyatis/Καρυάτις）女像。每年，拉栖戴蒙的少女们都会在这里举行合唱舞蹈，她们还有一种传统的本土舞蹈。"

以弗所是一个以歌颂阿耳忒弥斯而闻名的地方。据希腊诗人卡利马霍斯说，阿玛宗人创立了这一习俗，她们围着一个木制女神像跳舞，并由此确立了这个崇拜。在《致阿耳忒弥斯颂诗》的第237—247行写道：

阿玛宗人也好战

她们曾在以弗所海岸边的橡树树干下

献上一尊木制雕像；希波为你举行了仪式。

欧佩斯女王，她们首先穿上盔甲和盾牌

围着雕像跳起了战舞；然后再

围成一圈，与大型合唱队共舞。

在优美的管乐伴奏下

他们开始彪舞了。

后来，这种仪式被以弗所的女孩所采用，正如雅典喜剧诗人奥拓卡特斯（Autokrates）在他的戏剧《鼓手》（*Tympanistai*）中所描述的那样，他引用罗马学者艾利安（Aelian）的《论自然动物》（*De Natura Animalium*，12.9）：

> 多么可爱的
> 吕底亚女孩们啊，
> 她们舞姿灵动，
> 用手拨开她们的长发，
> 相较之下，
> 以弗所的阿耳忒弥斯最出色，
> 她们的臀部一沉一跳，
> 就像一只跳跃的鹡鸰鸟。

如果这种舞蹈在阿里斯托芬的喜剧《云》（*Clouds*）中有所暗指，当戏剧家召唤（ll.599—600）"拥有以弗所金殿的有福女神啊，去那里的吕底亚姑娘都非常尊敬你"，那么我们有证据表明，这种献祭活动至少可以追溯到公元前 5 世纪。

阿耳忒弥斯并非唯一一个以参加合唱或舞蹈而受人崇拜的神。正如少女（和少男：见下文）为阿耳忒弥斯跳舞一样，早在荷马史诗创作之初,青年就为阿波罗跳舞;赫拉、阿芙洛狄忒、雅典娜和德墨忒耳都有合唱表演;雅典戏剧中所有的合唱舞蹈实际上都是献给狄奥尼索斯的。在奥林波斯山的东道主中,阿波罗是一位杰出的 *choregos*("合唱队队长"),他通常为取悦奥林波斯的众缪斯(Muses/Μοῦσα)而演奏。

尽管如此,在古希腊的想象中,阿耳忒弥斯与她的宁芙仙女跳舞,或为阿耳忒弥斯跳舞的青少年,都是突出的形象。其中很大一部分是因为在古希腊,合唱不仅是一种宗教活动,也是一种教育手段,因此可看作是儿童转变为成人过程的一部分。公元前 5 世纪的雅典哲学家柏拉图在他的《法律篇》(*Laws*,664b—665a)中明确描述了这一点:

如果我们还记得的话,在讨论刚开始的时候,我们说过,所有青少年的天性都是热情奔放,不是那种在身体或声音上保持沉默的人,但他们总是胡言乱语,蹦蹦跳跳;对这两者[身体和声音]顺序的感知并不适用于其他生物,而只适用于人类。的确,乐章的顺序由"节奏"赋予,而声音的节奏——当尖锐与低沉混合时——则被赋予了"和谐"。这两者合在一起叫作"合唱"。

阿耳忒弥斯特别适合希腊艺术文化的这一方面,因为正是她主导了这一发展。作为年轻女神,阿耳忒弥斯用合唱来教育她的孩子们,并把他们培养成受过良好教育的成年人。

而阿耳忒弥斯黑暗的一面,如第三章所述,经常表现在的合唱队中,无论是神话故事还是现实故事,年轻的女孩常常被诱奸或强奸,从而被迫从少女转变为成年女子。作为过渡女神,阿耳忒弥斯自然掌管着古希腊生活的这一方面。人们常常期望我们同情这些强奸受害者,但我们即将看到,阿耳忒弥斯本人并不总是如此善解人意。

性和惩罚

在对阿耳忒弥斯的研究中,经常出现的一个主题是,对女性来说,从处女到不再是处女的过渡时刻不仅危险,而且经常很暴力。正如第三章所指,尽管阿耳忒弥斯永远是个处女,但在合唱队中与她一起跳舞的女孩、仙女甚至女神却经常遭到强奸,如佩耳塞福涅和卡里埃的拉科尼亚女孩们;或被诱惑,如波吕墨拉(Polymelê)。虽然前一个主题更受欢迎——暴力绑架——但诱惑的问题也极其危险,因为少女们一旦无法控制自己,就会受到阿耳忒弥斯的惩罚。

卡利斯托

阿耳忒弥斯对她的不贞同伴感到愤怒的最出名案例是卡利斯托（Kallisto）的故事。虽然关于她的大多数引用较晚（如阿波罗多洛斯，鲍萨尼阿斯[8.3.6—7]和奥维德[《变形记》2.405—531]，都是罗马时代的作品），阿波罗多洛斯声称，赫西俄德讨论过她，而公元前5世纪的戏剧家埃斯库罗斯有一部失传的戏剧叫《卡利斯托》（*Kallisto*），因此，我们的确有证据表明，她的故事可以追溯到更早以前的希腊神话。根据阿波罗多洛斯《书库》（3.8.2）中的描述，卡利斯托要么是一个仙女，要么是一个凡人女孩，她加入了阿耳忒弥斯的狩猎队伍，穿着女神的衣服，并发誓保持处女身份。然而，宙斯引诱了这个女孩，或者根据大多数资料来看，是宙斯强奸了她——他假扮成阿耳忒弥斯或她的弟弟阿波罗接近她。然后，为了隐瞒自己的行为，他把怀孕的卡利斯托变成了一头熊，以躲避他的妻子。在其他版本的故事中，阿耳忒弥斯把女孩变成了野兽。最终，阿耳忒弥斯射杀了这个变成熊的女孩，可能是为了取悦赫拉，也可能是为了惩罚这个失去童贞的女孩。宙斯带着些许怜悯，把卡利斯托安置在天上，她成为 Ursa Major（大熊星座）。他还救了她腹中的儿子——Arktos［阿耳科托斯］，即"熊"，他后来成为阿卡迪亚人的祖先。

这个故事让现代读者感到痛苦和厌恶,因为它惩罚了一个被强奸的受害者。尽管如此,它的确清晰地表达了女孩与异性融合的转变中所涉及的危险。常见的主题是恐怖和暴力,女孩的意志无关紧要,怀孕多半不可避免,但最终还是得接受中奖——通常就是社会上可以接受的婚姻(就像佩耳塞福涅的情况),但在这个案例中,是灾难和永生。还有一个儿子。

帕特莱的阿耳忒弥斯·特里克拉里亚

这样的好处对于阿耳忒弥斯的受害者来说是罕见的。他们往往会死去,要么因羞愧而自杀,要么像科梅托(Komaitho)和梅拉尼波斯(Melanippos)那样,被神批准以献祭的方式处死。根据鲍萨尼阿斯的记载(7.19.1—20.2),很久以前,在阿开亚的帕特莱(Patrai),特里克拉里亚(Triklarian)的阿耳忒弥斯神龛一直由一个处女照管,直到该把她嫁出去的时候。这个处女女祭司是科梅托,她是当时帕特莱最美的女孩。当然,她疯狂爱上了城里最英俊的少年梅拉尼波斯。唉,他们的父母不让他们结婚,于是这对恋人就在阿耳忒弥斯的神龛里放纵了自己的激情。出于报复,阿耳忒弥斯向整个城镇送去一场瘟疫,致使庄稼枯萎,人们患病。最后,公民们被派往德尔斐寻找终止瘟疫的方法,皮提亚指示帕特莱人将科梅托和梅拉尼波斯献祭给阿耳忒弥斯,并此后每年向女神献祭最美的少女和少男。供奉祭品的神龛附近的那条河后来被称为阿梅利希俄斯之河,即"不可饶恕的"。

后来,德尔斐的神谕又传来了一个消息:直到一个陌生的国王把一个陌生的神带到帕特莱时,献祭才会停止。与此同时,奥列诺斯(Olenos)的国王欧律波罗斯(Eurypolos)在战争结束后离开特洛亚时,收到了赫菲斯托斯打造的装在盒子里的狄奥尼索斯雕像。当打开盒子看到那尊像时,他就疯了。在清醒的时候,他去了德尔斐。在那里,神谕告诉他,当他到达希腊的某个地方,那里的人们正在进行一场外来献祭之时,他只要献上盒子里的神,就会被治愈。欧律波罗斯来到了帕特莱,而他们那时正在向阿耳忒弥斯献祭一个显然不是希腊人的活人。于是,他在那里建立了对狄奥尼索斯·艾西姆涅斯托斯(Aisymnestos)[独裁者]的崇拜,献祭也就终止了。据鲍萨尼阿斯(7.20.1—2)所述:

当天晚上,他就得到了这个荣誉勋章——这个地区的大多数孩子,头戴麦穗花冠,沿着梅利希俄斯河走下去。从古时起,那些被领去献祭给阿耳忒弥斯的人,就已经这样打扮了。但在我们这个时代,他们在女神面前把头上戴的麦穗花环放在一边,在河里沐浴,然后立即戴上新的常春藤花环,前往[狄奥尼索斯]艾西姆涅斯托斯圣所。这些都是他们确立让孩子们遵行的事务。

献祭青少年的习俗被取代为幼童在阿耳忒弥斯神龛附近的河里沐浴这种仪式。他们下山时打扮得像从前的受害者,但一走出小溪,他们就戴上了狄奥尼索斯的标记物——常春藤。进行这种仪式的侍从 pais/παῖς 是男是女,或者是否只是男孩,还存在一些争论。① 正如单词 pais/παῖς(单数 paides/παῖδες)在功能上为中性,专指男女皆可能的幼童(与 parthenos/παρθένος 相反,例如,παρθένος 指青春期女性),所以男女两性皆有可能。此外,由于涉及帕特莱的男性和女性仪式,παῖδες 更有可能同时包括了男孩和女孩。

虽然狄奥尼索斯是最广为人知的酒神,我们深爱着他,但更通俗地说,他是一个有阈限的神,会(暂时)跨越边界——例如理智与疯狂(因此醉酒)、男性与女性、人类与动物。按照希腊标准,他的介入是为了挽救一个完全错误的局面。科梅托和梅拉尼波斯在婚姻之外和神龛之内发生性行为,他们通过不当的性行为从儿童过渡到成人,这在希腊语中被称为瘴气或仪式上的不洁。他们的罪恶给全镇带来了灾难,导致每年都要

---

① Redfield 1990: 119–120.

献祭一个女孩和男孩。当狄奥尼索斯到达后，他通过提供另一种穿越边界的方式来纠正这个仪式。而年幼的孩子，在他们的荷尔蒙起作用之前，会去淋个冷水澡，让自己处于酒神狄奥尼索斯的保护下，这个神和阿耳忒弥斯一样，在跨越边界方面起着重要作用。狄奥尼索斯可以帮助他们引导（而不是压制！）自己狂野的冲动，从而避免冒犯处女女神。

当欧律波罗斯从特洛亚战争中归来时，他终结了"野蛮的"（barbaric，即非希腊的）活人献祭仪式，显然，这个故事的起源被深深笼罩在神话时代，而且神话中活人献祭的时期可能从未正真发生过。重要的是，帕特莱的居民相信，他们把孩子带到梅利希俄斯河的做法——是对古代难题的修正，而狄奥尼索斯帮助保护了他们的孩子免遭阿耳忒弥斯的愤怒。

处女的疾病

在神话中，年轻女性不慎失身会遭到阿耳忒弥斯的惩罚，然而，现实生活中的年轻女性并没有因很快失身而遭到自己的身体惩罚，反而是阿耳忒弥斯拯救了她们。在公元前4世纪的医学文献中有很多记载，如希波克拉底(Hippokratic)的《论处女》（"On Virgins"，VIII .466）中记载的那样。这是一份由男性撰写的文件,他们表达了自己对女性身体在青春期后期如何运转(或不运转)的看法。虽然作者采取了科学的观点,但他的确指出,普通民众认识到了阿耳忒弥斯在治愈那些性成熟时变得疯狂的青春期女孩中的作用。

出于幻觉,很多人窒息而死,女人比男人多……而那些没有在适婚年龄找到丈夫的处女会更加频繁地经历这些幻觉,尤其是当她们第一次来月经的时候,尽管她们以前没有做过此类噩梦。因为,初潮之后血液会在子宫内聚集,准备流出;但若出胎的口没有开,因身体的营养和生长,就有更多的血流回子宫,然后,由于血液过剩而无处流出的血就会冲向心脏和肺部;当这些地方都充了血,心脏会变得迟钝,然后因为迟钝,变得麻木,接着,因为麻木,疯狂占据了女人……当这些地方充满血,颤抖并伴随着发烧袭来……当这种情况发生时,女孩因为剧烈的炎症而发疯,因为糜烂而变得凶残,因为黑暗而害怕恐惧。女孩们试图掐死自己,因为她们的心脏受到了压力;他们的意志,由于血液的不良状况而心烦意乱,痛苦不堪,滋生出邪念。在某些情况下,女孩会说一些可怕的话;这些[幻觉]命令她跳起来,跳进井里淹死,好像这对她有好处,有什么用处似的。当一个女孩没有这些幻觉时,一种欲望就会产生,这种欲望迫使她爱上死亡,仿佛死亡是一种善的形式。当这个人恢复正常时,女人们会遵从神谕的吩咐,给阿耳忒弥斯献上各种各样的供品,尤其是女人最贵重的长袍。①

正如我们将在下一章所见,供奉给阿耳忒弥斯的衣物也是由成功分娩的妇女所缝制。因此,在完全过渡为女性的过程中,会有一个常见的仪式来感谢女神。

其他处女的疾病

医学语料库并不是我们发现阿耳忒弥斯治愈能力信息的唯一地方。虽然阿耳忒弥斯通常被称为瘟疫女神(见第六章),但在神话中,阿耳忒弥斯也同样会以治愈神的身份出现,尽管她哥哥帕安·阿波罗(Paian Apollo/Παιάν Απόλλων)的程度。女神这一职能最著名的例子出现在巴库利德斯(Bakkhylides)的《第11首竞技凯歌》(*11th Epinician*)中,他讲述了女神如何通过她在阿卡迪亚领地的洛索伊圣所,治愈了国王普洛托斯(Proitos)的女儿们的精神错乱(*11th Epinician* ll 37—58, 92—119):

---

① 摘自 Lefkowitz 和 Fant 1992:242—243。许多症状与强奸幸存者的症状相似。

87　　　如今阿耳忒弥斯·阿格罗特拉

那位温和的金箭女神

以她弓箭的威力赢得了永久胜利。

阿巴斯（Abas）的儿子曾为她筑起一座祭坛

众多祈祷者前来祭拜，

一道的还有他那装扮华丽的女儿们。

无所不能的赫拉感到了恐惧

就从普洛托斯华丽的高顶厅廊上

给她们的心灵施下

强有力的、约束性的力量，

因为当她们尚处于少女的精神状态下，

就前往了忒墨诺斯

属于那位紫腰带女神的圣地，

声称她们的父亲

在财富上胜过尊贵的

有至高权力的宙斯的光辉配偶。

[赫拉]对她们的话愤怒不已

就把一个念头抛入她们的胸膛，

让她们逃到荒山野岭，

发出可怕的哭喊，

离开梯林斯城邦

以及由神所建之路。

……

整整十三个月,她们在这片密林中饱受煎熬。

然后她们逃到牧羊之地阿卡迪亚,

但是,当她们的父亲真正

来到美丽清澈的洛索斯河(Lousos)时,

他洗净自己的脸后

就向那位戴紫面纱的勒托

的大眼女儿祈求——

他伸出双手照在

战车疾驰的太阳发出的光上——

以此驱除他的孩子们

那悲惨的、胡言乱语的疯狂。

"我要献祭二十头红牛

完完整整的。"

这位卓越之父的猎兽者

听到了祈求者的声音,她说服了赫拉

不要再把头戴花冠的

女孩们逼疯了。

然后她们立即涂染了你的忒墨诺斯，

筑造了祭坛，用羊血来献祭

还组建一支妇女合唱队。

然后你接近了热爱阿瑞斯的那些人，

阿卡迪亚城中养马的男人们，

幸运的是

你住在梅塔蓬顿（Metaponton），

噢，人们的黄金女主人，

为你准备了一片美丽的树林

位于灌溉良好的卡萨斯（Kasas）。

从男孩到男人

在古希腊，阿耳忒弥斯在从少年到成年的过渡过程中的影响并不十分明显。这可能是因为男孩过渡的时间要长得多，而且与女孩相比，更多的是社交而非身体上的过渡。对于女孩来说，从女孩到女人的过程主要是生物学上的变化——女孩是未婚的处女，而女人（gynê/γυνή）是妻子（同样是 γυνή）和母亲（见第五章）。整个过程大约需要一年，而且通常在女孩年满 19 岁之前完成。

对于男孩来说，这个过程相对较长。我们有最充分证据证明，雅典男性在 18 岁时可以继承遗产，可以在法庭上代表自己，孤儿也会公开由国家独立照顾。他们在军事训练中成长为男青年，就像斯巴达男孩在这个年龄加入 krypteia/κρυπτεία［军事训练］一样。然而，20 至 30 岁的男人仍然被视为相当年轻，如雅典的 *neoi*（字面意思是"**新人**"）和斯巴达的 *hebontes*（字面意思是"**年轻人**"）。① 斯巴达男性在这个阶段都结婚了，但他们直到 30 岁才可以和家人住在一起。大多数希腊男性在 30 到 36 岁之间结婚。由于大多数男人在 30 岁左右才开始有孩子，而当他活到了 30 岁，他的父亲可能已经去世了，这意味着在差不多同一时间内，这个人获得了妻子和遗产。因此，从法律和国家的角度来看，这是官方认可的男人。

正如伽兰（Robert Garland）在《希腊人的生活方式》（*The Greek Way of Life*）中指出，男性的成熟过程是一个强烈的社交过程。对他的原型忒勒玛科斯（Telemakhos）来说，成为一个男人意味着把自己的意志强加给母亲，面对那些耗尽他父亲财产的求婚者，他走出去与父亲的盟友建立联系，并独自建立新的 *xenia*-［**显性**］关系。对于不那么神秘的小伙子来说，成人仪式包括上述军事训练。参加诸如 Koureôtis/Κουρεῶτις 这样的社

---

① Garland 1990：200–201.

交仪式，以及参加政府机构。这个变化的范围涉及众多神祇，包括那些保护公民机构、氏族、军队、婚姻制度的神祇。在这样一个漫长和复杂化的男性成熟过程中，阿耳忒弥斯发挥的作用逐渐减弱。

然而，无论男女，合唱队仍由阿耳忒弥斯主持。男孩和女孩都会把自己的头发献给阿耳忒弥斯（见第五章）。

此外，有证据表明，阿耳忒弥斯非常关心男孩的生存，在这方面有两项数据值得注意。色诺芬在他的《拉栖戴蒙人的政制》（2.9）中告诉我们，斯巴达的法律制定者吕库耳戈斯将饥饿的斯巴达男孩从奥忒亚那里偷尽可能多的奶酪作为一件"高尚之事"。① 同样，希罗多德回忆起曾经（3.48）：

> ［科林多的］库普塞洛斯（Kypselos）之子佩里安德鲁斯（Periandros）把科基拉的名门子弟三百人送到了萨狄斯（Sardis）和阿尔亚特斯（Alyattes）去阉割。当科林多人把孩子们带到萨摩斯码头时，萨摩斯人了解了事情的经过——知道他们要把这些孩子带到萨狄斯去。于是，他们先吩咐这些孩子待在阿耳忒弥斯圣所，这样他们便不会允许这些请求保护的孩子给人从圣所中强拖出去了。后来，当科林多人想断绝这些孩子的食物时，

---

① 关于这一实践的完整研究见第六章。

萨摩斯人就创立了一种延至今天还照样举行的节日祭典。因为每到夜里，他们就会举办少女和青年组建的合唱队，并且正式规定合唱队必须带上芝麻蜂蜜蛋糕，这样科基拉男孩就可以作为乞援者抢过来充饥了。这样一直做到科林多的近卫军放弃他们回家的时候。然后，萨摩斯人把孩子们送回了科基拉。

在这两个案例中，我们或是有一个纪念阿耳忒弥斯（萨摩斯）的仪式，或是有一个似乎发生在她的圣所（斯巴达）的事件——饥饿的男孩在她的圣域偷取食物。萨摩斯人的仪式正是为了让这些男孩偷食而创立，但必须注意的是，男孩们严格来说并不是仪式的一部分。从所有已知的与其他神有关的背景来看，从圣所偷任何东西都将被视为 asebês/ἀσεβής——不虔敬。但在这两个案例中，实际上是鼓励这种做法的（即使斯巴达男孩名义上因偷食被鞭打）。这表明希腊人明白，这些乞援者可以以非宗教/非仪式的方式偷取"宗教"食物。这两个案例都与阿耳忒弥斯有关，也都与处于绝境的男孩有关。所以如此看来，阿耳忒弥斯的形象/崇拜的某些方面，特别允许泛希腊地区那些身处绝境的人在她的圣所"猎取"食物。我相信，这比其他任何事情都更能表达女神对男孩们幸福的关心。

此外，有人可能会注意到，通过阻止男孩被阉割，阿耳忒弥斯允许他们从男孩过渡到男人，如果阉割发生了的话，这种过渡在生理上不可能实现。卡莱姆（Claude Calame）在叙述中总结了阿耳忒弥斯的角色，"看来，在古希腊，人们把食物的消费与婚姻的圆满联系在一起，似乎可以把青少年从阉割所代表的象征性死亡中拯救出来"[1]。

小结

虽然在现代，我们倾向于认为，阿耳忒弥斯是保护和引导儿童的女神，但有证据表明，古希腊的情况要复杂得多。她在希腊各地有许多崇拜传说，如在阿提卡和帕特莱，都涉及儿童的献祭，包括小孩和青少年。像扮熊这样的仪式，并不是女神掌管她的幼孩们成长的入会仪式，而是对阿耳忒弥斯没有根据的指控所采取的一种平息其神怒的手段。

阿耳忒弥斯作为养育者照料孩子的古代文献证据很晚才出现，与这位希腊女神性情的其他方面相比，这可能更多地与她成长中的多愁善感有关。肖像学证据显示，对阿耳忒弥斯虔敬的可能不是婴儿，而是那些对成功分娩而心存感激的大龄女性。因此，阿耳忒弥斯圣所中养育者的雕像和浮雕，更能说明女神在母亲生命中的作用要比在婴儿生命中的作用大得多。

---

[1] Calame 2001：98.

四、阿耳忒弥斯和儿童

当我们观察阿耳忒弥斯在即将从童年过渡到成年的青少年生活中的地位时，我们的证据就更充分了。尤其是在合唱队中，阿耳忒弥斯狂欢不已，受到了男孩女孩们的崇拜，教会了他们良好的举止和韵律。但即便如此，女神黑暗的一面仍挥之不去。在阿耳忒弥斯的合唱队中，这些被引诱到成年边缘的女孩们，常常被粗暴地抛过分界线，而女神却对那些落在另一边的人相当冷酷。对于那些没有完成过渡的人来说，医学上的情况也同样糟糕。

与女孩不同的是，阿耳忒弥斯并没有完全掌管把男孩过渡为男人的漫长过程。社会和军事事务更多地属于阿波罗、赫拉克勒斯和雅典娜等神的领域。然而，阿耳忒弥斯怀有一股惊人的怜悯心，她怜悯那些绝望的男孩们，并与他们分享自己的食物。

五、阿耳忒弥斯和妇女

作为过渡女神，阿耳忒弥斯的一个重要角色是把女孩过渡为女人。如第二章和第四章所论，阿耳忒弥斯主持了合唱队，在文学和史学论述中，适婚少女被抢走成为新娘或成为强奸的受害者，从而以这样或那样的方式开始进入性领域。阿耳忒弥斯本人并没有受到这种威胁，然而，正是她与赫拉和阿芙洛狄忒一起帮助女孩们度过了从少女到新娘再到母亲的转变。只有当一个女性在婚后生下她的第一个孩子时，她才被真正认为是一个妇女。

关于术语方面的内容只有几句。"maiden"这个词在希腊语中通常译为"parthenos/παρθένος"。"maiden"这个词比"virgin"更受欢迎，因为在现代的理解中，παρθένος 不一定是生理上的处女。相反，人们可能会把 παρθένος 理解为尚未被社会公认为母亲的女性。因此，在欧里庇得斯笔下的《伊翁》（*Ion*），也就是主人公的母亲克鲁萨（Kreusa）——被阿波罗强奸后，隐瞒了自己的身孕，在孩子出生时才暴露了自己——她仍被合唱

队称作 παρθένος［处女］，因为她还不是社会上公认的她丈夫克苏托斯（Xouthos）的孩子的母亲。

理想情况下，一个 παρθένος［处女］在她的新婚之夜（或者，最坏的情况下，接近那个时候）失去她的贞洁。因此，一个新婚女性被称为 nymphê/νύμφη，译为"新娘"。这是这样一种女性，她可能不再是我们所理解的生理上的处女，但她还未生过孩子。她处于一种阈限状态，而这种状态将一直持续到她第一个孩子出生。

一旦成为社会公认的妻子和母亲，女性就成为 gynê/γύνη，这个词在古希腊语中同时意味着"妻子"和"妇女"。

阿耳忒弥斯在 παρθένοι［处女］和 γυναῖκες［妇女］（γύνη 的复数）的生活中最为重要。她是帮助少女们走向成年边缘的养育者。作为回报，少女们必须平息女神可能因自己即将失去贞洁而产生的愤怒，这样她们就不会像女猎手卡利斯托或女祭司科梅托斯那样遭受痛苦了。比如雅典大龄女孩的阿克忒亚仪式就是如此。对于 γυναῖκες［妇女］来说，阿耳忒弥斯在分娩过程中尤为重要，她作为神圣的助产士，可能会帮助孕妇把新生儿带到这个世界，也有可能在孕妇分娩过程中致使她们死亡。

当然，阿耳忒弥斯很少参与把少女过渡为母亲的身体性行为，这是阿芙洛狄忒的领域。然而，证据表明，即便即将成为新娘的女孩也会参与阿耳忒弥斯的祭仪，这主要是因为，当分娩的时刻临近时,女神更有可能充当助产士而不是猎手了。

从处女到新娘

成为妇女的女孩,向阿耳忒弥斯表达敬意的一种常见方式是献上一绺头发。当然,阿耳忒弥斯并不是唯一接受过这种献供的人:从阿波罗到宙斯的大多数古希腊神祇,以及各种河王和一些男女英雄,也都接受过这种献供。我们对这种做法的最早证据可追溯到荷马的《伊利亚特》和阿喀琉斯(Akhilleus/Ἀχιλλεύς)的誓言,在他(不存在的)返归时,他将自己的一绺头发献给他的家乡河神斯佩耳凯奥斯(Sperkheus/Σπερχειός)(*Il.* 23.141)。虽然用一绺头发来履行誓言在古希腊延续至罗马时代是一种常见的仪式形式①,但也是一种极为常见的过渡仪式(rite-of-passage),特别是对那些通过婚姻从少女阶段进入成年阶段的女孩来说。因此在提洛岛我们读到(希罗多德4.35):

我知道,这些事确实是为那些来自希帕波利亚(Hyperboreans),而又死在提洛岛的少女们做的——提洛岛的男孩女孩都剪下了他们的头发。女孩们在结婚前剪下一绺头发,把它缠在纺锤上,

---
① Leitao 2003: 112–129.

放在墓穴（墓穴在阿耳忒弥西翁区域的左侧，那里有一棵橄榄树笼罩在其上方）；提洛岛上的男孩们则把头发缠绕在一些嫩绿的新梢上，然后将其放在墓穴上。

鲍萨尼阿斯的著作中仍记载着同样的做法。因此，关于"提洛岛的少女"，他写道（1.43.4），"这是为女孩们设立的，在她们结婚前，带着祭品在伊菲诺厄（Iphianoê）的墓穴上献一绺头发，就像提洛岛的女儿们曾经为赫卡格（Hekaergê）和奥庇斯（Opis）剪发一样"。同样在特洛亚的希波吕托斯崇拜（2.32.1）：每个少女在结婚前都会为他剪下一绺头发，并把它带到神庙去献祭。在《希腊文选》中，我们读到达玛格托斯（Damagetos）为阿耳忒弥斯写的希腊文风的献词（*GA* 6.277）：

献给佩戴弯弓与利箭的阿耳忒弥斯，
阿西诺埃（Arsinoê）留下自己的一绺头发给你，
在芳香的神庙旁，托勒密（Ptolemy）的［未婚］少女
剪下了这可爱的一绺头发。

其他代表童年的物品也可以在孩子长大后献给阿耳忒弥斯。在安提帕特（Antipater）的短诗中，我们读到女孩希佩（Hippê）

在结婚前夕把她的玩具骰子献给了女神（*GA* 6.276）：

> 头发浓密的少女希佩挽起了她的长鬈发，
> 把她散发香气的两鬓梳理整齐；
> 因为她已完成婚姻大事，
> 鬓边围着头巾的她，呼唤着少女的发丝。
> 阿耳忒弥斯啊，为了婚姻和子孙后代而献给你，
> 为了莱科梅德斯（Lykomedes）的孩子，她丢弃了她的指关节［骰子］。

这些婚前仪式在希腊语中被称作 protelia/πρόθελια ［普罗特利亚］。另一种阿耳忒弥斯庆仪由即将结婚的少女们举办——至少那些生活在西西里岛部分地区的人是这样的——她们拿着一个 kaneon/κάνεον（装满献祭器具的篮子）献给女神。证据出现在忒奥克里托斯的一个《笺注》（*scholion*）中和一块献给女神的希腊化时代的大理石浮雕供奉品。正如这位学者所解释的西西里仪式（Scholion to Theokritos II 66—67）：

> 因为她们习惯带个（献祭的）篮子送到阿耳忒弥斯那里——那些即将成婚的女性——作为对她们少女阶段 (parthenias/

παρθενίας)的补偿，以免遭到阿耳忒弥斯的憎恨……那些已到嫁人年龄的女子，常常会拿着献祭篮子献给阿耳忒弥斯，为自己的行为向女神道歉，免得她气恼。

显然这些女孩是想避免重蹈卡利斯托的覆辙。公元前3世纪，西西里岛的廷达里斯（Tyndaris）的大理石还愿图上呈现了这种做法的肖像描绘，还愿浮雕现存于哥本哈根的纽卡尔斯堡雕塑艺术博物馆（Ny Carlesberg Glyptotek，图5.1）。

图5.1：来自廷达里斯的阿耳忒弥斯大理石还愿浮雕（Marble votive relief to Artemis from Tyndaris, Sicily, third century BCE. Ny Carlsberg Glyptotek, Copenhagen, 516. Image © Ny Carlsberg Glyptotek, Copenhagen. Photo by Ole Haupt）

碑文上写着：Prôtos［普洛托斯］和 Menippê［墨尼珀］为阿耳忒弥斯·Eupraxia/Ευπραξία［欧帕西亚］（"行善"）献上祭品。然而，在这幅图中，女神面前有三个人：普洛托斯在前面，后面跟着身形与他同样大小的妻子，再后面跟着一名身形较小的女性。自 1849 年首次出版以来，对这幅雕像的解释一直是，身为父母的普洛托斯和墨尼珀为感谢他们无名女儿的圆满婚姻，向阿耳忒弥斯献上了这份祭品。[①] 阿耳忒弥斯左手拿的三瓣状物品显然是她刚刚从新娘女儿那里收到的 kaneon/κάνεον［一篮子芦苇］。

从新娘到母亲

当年轻的新娘开始她们的新妇生涯时，阿耳忒弥斯并没有缺席。虽然这是女孩们被引导进入性仪式的新时期，但似乎又是曾经的处女背弃阿耳忒弥斯的时期。来自北非居勒尼的一份公元前 4 世纪的关于宗教净化规定的铭文表明，这些年轻的新娘仍非常关注她们的青春女神。我们读到（*SEG* IX 72=*LSCG* 115，B，ll. 1—23）：

---

① Deubner 1925：210.

当新娘(nympham/νύμφαμ)来到新房(koitatêrion/κοιτατήριον)时，她必须给阿耳忒弥斯带来一份［赎罪物］，并且她本人不能和她的男人/丈夫待在同一屋檐下，也不能被玷污，直到她去祭拜阿耳忒弥斯之前。那些未做到这些事的人是自愿受玷污的；净化了Artamition（阿耳忒弥斯的神庙）后，她要献祭一只成年动物作为惩罚，然后才能进入新房。若她被迫受玷污，就让她净化圣所。

在阿耳忒弥提亚（Artermitia）节庆期间，无论何时，新娘必须下到nympheion/νύμφειον那里向阿耳忒弥斯行礼，但要越早越好。凡下不去的，就照阿耳忒弥提亚节的规矩向她献祭。还没有下去的，就要净化圣所，并额外献上一只成年动物作为惩罚。

怀孕的新娘（nympha kuoisa/νύμφα κυοίσα = 第一次做母亲）——在分娩之前，要到 νύμφειον 那里向阿耳忒弥斯行礼……她要把脚部、头部和皮肤交给Arkos（"熊"= 阿耳忒弥斯的女祭司）。若女人在生产之前还不下去，就让她带一只成年动物一同下去。已经下去的新娘，在第七天、第八天、第九天要保持纯净。而没有下去的新娘，在这几天也要保持纯净。她若受到了玷污，在净化自己后，还要再次净化圣所，并额外献上一只成年动物作为惩罚。

碑文破碎、残缺的状态使我们极难从中得出太多含义。似乎有两个不同位置涉及第一段的 κοιτατήριον 和第二、第三段中的 νύμφειον。根据文本的措辞，一个人只需走"去"（to）κοιτατήριον（"新房"；想想也许是"性交"？），而一个人要走"下去"（down to）到 νύμφειον。

考虑到上下文，κοιτατήριον 似乎只是新娘的新房，一个女孩将在这里失去她的贞结给她的丈夫，从而成为一个正式的 nymphê/νύμφη［新妇］。根据铭文要求，女孩在失去贞洁前，必须向阿耳忒弥斯提供补偿才能免遭惩罚。"惩罚"虽未知，但可能与我们见过的其他婚前仪式类似，从献一绺头发或一个童年玩具，到在圣所的一些侍奉/献祭，就像在阿提卡古老的"熊"崇拜一样，再到正式提供**"补偿"**（*lytra*），就像在拉里萨的铭文上一样，由希波洛霍斯的儿子希波洛霍斯代表他的新娘（？）欧比忒亚（见第四章）。[①]

如果她在向阿耳忒弥斯提供适当的祭品之前，进入这个房间，并且与她的丈夫"在同一个屋檐下"（即"发生性关系"），

---
① Graninger 2007: 157.

那么作为惩罚,她就必须献上一只(昂贵的)成年动物作为祭品。女孩也被期望保持"不被玷污",但铭文并没有给出任何证据说明这意味着什么。玷污可能是自愿的,也可能是被迫的,因此很难认为性是具体的问题所在,尤其是考虑到女孩的贞洁状态。这里很可能有两个不同的观点:一方面,女孩必须在失去贞洁前向阿耳忒弥斯提供补偿才能免遭惩罚。然而,当她献上祭品时,她也必须处于仪式上的纯洁状态。如果,比如说,这个女孩住的房子最近发生过出生或死亡事件(包括 *miasma*[瘴气]仪式),[①] 那么她可能会被认为是不情愿被玷污的,如果她不能在结婚前及时地在仪式上得到净化,并献上她的祭品,那么她就必须净化圣所。如果她是自愿参加葬礼或其他导致污染的事件,那么她就是自愿被玷污,因此也就必须献上除净化以外的祭品。

一旦她结婚了,*νύμφη* 必须下到第二处所,即 *νύμφειον* 那里。这里既可以视为"新娘之地",也可以视为宁芙仙女真实存在的神龛,尽管前者的可能性更大。在该遗址的早期出版物中,沙穆(François Chamoux)提出,这个 *νύμφειον* 由一系列喷泉和浴室组成,位于阿波罗的圣域(temenos of Apollo)旁边,新

---

① Parker 1983: ch. 2.

娘们可以在阿耳忒弥斯的浴池里尽情沐浴。[1] 然而，没有证据表明，在圣域（temenos）旁边的这个区域曾被用作仪式用途，因此目前的假设是，νύμφειον 可能是位于阿波罗圣地内的阿耳忒弥斯神庙内的一个房间。[2] 由于该圣地位于居勒尼城本身的下方，所以"走下去"的概念，在字面上指的是圣域的实际位置。没有证据表明在阿耳忒弥斯节庆期间，新娘必须在 νύμφειον 中做什么。然而，因为那些晚到的新娘必须献上"阿耳忒弥提亚节庆的传统祭品"，这可能意味着，她晚了一些才献上新娘通常更及时献上的祭品。另外，她必须净化圣所，而且还要献上一只成年动物作为她未能及时献祭的补偿。

最后，即将成为一个新妈妈，从而最终成为一个 gynê/γύνη [妇女] 的新娘，要再次向女神献祭。铭文中暗含了动物献祭，也明确规定了给女祭司阿耳科斯（Arkos）的报酬：头部、脚部、皮肤。在古希腊铭文（详见下文）中，给主持仪式的男祭司或女祭司支付这种特定报酬司空见惯，而且除了女祭司的具体头衔之外，并没有什么值得注意的细节。和以往一样，如果新妈妈没能在分娩前完成献祭，标准的惩罚措施就会到位（而且，让我们面对现实吧，这将很难把握好时间）。在第七天到第九

---

[1] Chamoux 1953: 318–320.
[2] Perlman 1989: 129–130.

天保持纯洁是什么意思还不确定。这些日期可能是指一个月的天数,或指分娩后的天数。如果是后者,那么值得注意的是,根据同一铭文(A 面,ll. 16—20)表明,孕妇在产后三天会玷污家庭。她在第七至九天的纯洁,可能是她自己重新获得仪式纯洁的一部分。

所以,新娘仍把精力集中在阿耳忒弥斯身上。她在失去贞洁前对女神表达敬意;失去贞洁后再度向女神表达敬意。在她第一个孩子出生之前献祭一个动物,可能是祈求阿耳忒弥斯不要杀死新母亲或新生儿,甚至为生产提供帮助。

母性

公元前 5 至前 4 世纪发生了一件十分怪诞的事:阿耳忒弥斯成为分娩女神,甚至成为真正的助产士。这有多怪?首先,阿耳忒弥斯永远是一个处女,她主要的嬉戏伙伴是处女,因此没有怀孕或分娩的个人经验。第二,阿耳忒弥斯是杀死妇女的女神(Il. 21.483),而且女性最接近死亡的时刻莫过于分娩。鲍萨尼阿斯写得很对(4.30.5):

> 就像在《伊利亚特》一样,他[荷马]让雅典娜和厄倪俄

（Enyo/Ἐνυώ）成为战争领袖，让阿耳忒弥斯成为妇女分娩的恐惧者（phoberan/φοβέραν），而让阿芙洛狄忒为婚姻的事担忧。

很可能正是基于第二个方面，至少在某种程度上与此相关，使得处女女神成为处女助产士。作为（在分娩或其他情况下）杀死妇女的女神，她也是人们祈求不要杀死妇女（尤其是在分娩时）的女神。所有神都能表现出他们神力此消彼长的方面。因此，在《伊利亚特》第一章中，治愈神阿波罗（尤以帕安的形象出现）是瘟疫之神。德墨忒耳，作为食物和丰产女神，在关于她的《荷马颂诗》中，却给妇女带来了饥荒。性欲女神阿芙洛狄忒，使勒姆尼亚（Lemnian）的妇女对她们的丈夫感到厌恶，这在埃斯库罗斯的《奠酒人》（*Libation Bearers*, ll. 631—634）中有所提及。因此，对于"狮子般对待妇女"（lion to women）的阿耳忒弥斯来说，也有可能在她们最需要帮助的时候，她克制自己不去伤害她们。

关于阿耳忒弥斯是守护妇女分娩的女神这一说法，最早的证据来自埃斯库罗斯《请愿妇女》（*Suppliants*，创作于公元前465年）。在第675行，请愿的妇女说：

我们一直祈求这片土地的其他守护者能够诞生，

我们祈求阿耳忒弥斯·赫卡忒能够看护妇女的分娩过程。

Tiktesthai d'ephorous gâs allous eukhometh'aei,
Artemin d'Hekatan gynaikôn lokhous ephoreuein.

在这首诗之前,文学、碑文或考古语料库中没有现存的任何证据表明,阿耳忒弥斯在分娩方面不扮演任何角色,她没有像 *Lokhia*［洛赫亚］或 *Lysizonos*［吕西佐诺斯］这样的绰号,没有献祭子宫的供奉,① 也没有为健康儿童而进行的感恩祈祷。一切都要从埃斯库罗斯开始。

当然,这又引出了一个问题,那就是戏剧家自己的想法。在这点上,阿耳忒弥斯不是分娩女神。赫卡忒,虽然从赫西俄德的《神谱》(见第四章)中推断,她肯定是一位养育女神,但她也确实不是一位分娩女神,因此她与阿耳忒弥斯的融合并不能作为解释的依据。然而,埃斯库罗斯呼唤阿耳忒弥斯成为居住和守护这片土地的女神是可能的(见第三章)。也就是说,她在这里扮演的角色更多属于这片土地的新生守护者,而不一

---

① 实际上,斯特拉顿(Van Straten)根本没有列出给阿耳忒弥斯献祭的还愿物。在他列举的三件作品中,有两件献给(科林多和科斯岛)的阿斯克勒庇俄斯,另一件献给提洛岛的埃及诸神的圣所;Van Straten 1981: 99, no. 173。

定属于抚养她们的妇女。这一重点在诗本身当中就已表达/强调,新一代守护者——ephorous/ἐφόρους——由阿耳忒弥斯 – 赫卡忒——ephoreuein/ἐφορεύειν——守护。赫卡忒就变成了一个符合逻辑的比照者,因为当新生儿"亲眼看见厄俄斯的曙光"时,她就会照顾他们。(《神谱》ll. 450—452)。因此,埃斯库罗斯想的很可能不是分娩中的妇女,而是帮助她们生产的年轻守护者。埃斯库罗斯本人是马拉松战役的老兵,坚决支持军事的他自然会把阿耳忒弥斯称为与马拉松战役胜利有关的女神(见第三章)。①

直到公元前 5 世纪后期在欧里庇得斯的作品中,阿耳忒弥斯才真正成为分娩女神,特别是作为阿耳忒弥斯·*(Eu)Lokhia*[**欧洛赫亚**]——(好)分娩的阿耳忒弥斯。这个绰号首次出现在公元前 428 年欧里庇得斯的《希波吕托斯》(ll.161—168)中,当合唱队声称:

"可怕又可怜的无能女人们,
分娩的阵痛和荒唐的蠢事
常常令她们要忍受这之间无法调和的矛盾。

---

① 同时,他的悲剧也揭示了他反女性的一面,因此不倾向于过分关注女性问题,比如生育。参见 Zeitlin 1996: *passim*。

曾在娘胎的我,一想到这些就浑身发颤。
天上的欧洛赫亚,
弓箭女王,我吁求——
阿耳忒弥斯,而她,每次都如我十分期盼的那样——
带着众神的赐福,来看我。"

五年后,阿耳忒弥斯在欧里庇得斯的《请愿妇女》中得到了洛赫亚的绰号(ll. 955—960):

再也不被赐予孩子的祝福,再也不被赐予后代的祝福,
在生育儿子的阿耳戈斯(Argives)妇女之中,
也没有好运与我同在;
阿耳忒弥斯·洛赫(西)亚也不再
呼唤那些没有儿子的母亲了。"

最后,在欧里庇得斯最著名的戏剧《伊菲革涅亚在陶里人中》的415行中,合唱队高吟(ll. 1093—1102):

翡翠鸟啊……
我把你比作哀歌,

> 无翼的鸟,
>
> 我怀念希腊人的集会,
>
> 向往阿耳忒弥斯·洛赫(西)亚,
>
> 她住在昆提昂(Kynthian)山下,
>
> 有棕榈的嫩枝,
>
> 繁茂的月桂,
>
> 和银橄榄圣枝——
>
> 勒托分娩的最爱之地。

在欧里庇得斯的作品中出现一个旧神的新面貌,也许并不奇怪。正如在现代学术中愈加显明的那样,大量的古希腊宗教和神话似乎是由这位天赋异禀的戏剧家创作。正如格里菲思(Emma Griffiths)和其他学者指出,只有欧里庇得斯一人发明了美狄亚(Medea)谋杀她的孩子这一传统——这是古典语料库中独一无二的指控。① 同样,正如第六章的论述,正是欧里庇得斯一手提出了这样一种观念,即伊菲革涅亚在布劳戎受到崇拜,并且布劳戎人的阿耳忒弥斯崇拜雕像来自克里米亚半岛(Crimea)。所有这些观念对后世艺术产生了深远影响,同时也模糊了他们的实际起源。因此,仍存在这样一种可能,欧里

---

① Griffiths 2006: ch. 6.

庇得斯在提及阿耳忒弥斯·洛赫亚时创作了一些新东西。

下一个现存文献是关于阿耳忒弥斯作为分娩女神——甚至她自己就是个助产士——出现在柏拉图公元前369年创作的戏剧《泰阿泰德篇》（*Theaitetos*）中。在§149b—c我们读到：

苏格拉底：那么考虑与助产（*maias*）有关的所有事情，你就会很容易地明白我的意思。因为你知道，没有人在她自己怀孕时和生育的时候为他人助产，只有那些已经不能生育的人才会助产。

泰阿泰德：当然。

苏格拉底：据说这是阿耳忒弥斯造成的，因为未婚，她已经接受了分娩作为她的命运。（*Artemin hoti alokhos ousa tên lokheian eilêkhe.*）

在这里，苏格拉底当然不太关心分娩的问题，他更关心的是一个正统哲学家的观念——在此例中：苏格拉底——能从学生身上汲取哲学，而不是靠自己生产。[①] 然而，如果阿耳忒弥斯不是公认的处女助产士，他的类比就不可能奏效。因此，我们可以说，至少到公元前4世纪中期的雅典，阿耳忒弥斯作为分

---

① King 1998：177.

娩女神以及可能作为助产士的角色已经变得司空见惯。

同时代的碑文也支持了文学和哲学证据。阿提卡的象征是来自法勒隆的埃克利德（Ekhelides）圣所的一段铭文，可以追溯到公元前 4 世纪初。*IG* II² 4547 写道：

Ἑστίαι, Κηφισ-	致赫斯提亚，克菲 –
ῶι, Ἀπόλλωνι	索斯，阿波罗·
Πυθίωι, Λητοῖ,	皮提亚，勒托，
Ἀρτέμιδι Λοχ-	阿耳忒弥斯·洛赫
ίαι, Ἰλεθύαι, Ἀχ-	亚，伊勒缇雅，阿刻 –
ελώωι, Καλλ-	洛俄斯，卡利 –
ιρόηι, Γεραισ-	芬，格莱斯 –
ταῖς Νύμφαι-	特斯，宁芙
ζ γενεθλί-	格涅蒂安，
αις, Ῥαψοῖ.	哈普索伊。

我们在这里再次看到阿耳忒弥斯的绰号洛赫亚，表明这个名字已经从纯文学领域进入了大众崇拜。特别有趣的是，分娩女神阿耳忒弥斯紧随在伊勒缇雅（Ileithya/Ἰλείθυα）之前，这是希腊历史（和史前）中最杰出的分娩女神——Eileithia/Εἰλείθια

[埃勒提雅]——的替代拼写。

早在克里特岛的青铜时代晚期，就有 Eileithyia/Ειλείθυια 的记载，她在阿姆尼索斯（Amnisos）洞穴的崇拜于石碑 KN Gg 705 第 1 行中被提及：

a-mi-ni-so e-re-u-ti-ja ME+RI *209^{VAS} 1

Amnisos Eileithyia HONEY *209 1 VASE

在这里，女神收到了献供的蜂蜜。另一个来自克诺索斯（KN Od. 714—716）的石碑，记载了献给女神的羊毛。当然，此类文本没有提供任何关于女神的形象或其崇拜的实质证据（除了她似乎喜欢蜂蜜和羊毛之外）。然而，在她位于阿姆尼索斯的洞穴中，距离入口大约 10 英尺的地方，有一个光滑的圆形石头形成的"肚脐"凹痕。再往里是一个类似女性身体的石笋。这样一个女性化形象，尤其是"怀孕的肚子"，可能已经暗示了这是一位分娩女神。

在荷马时代，不管是单数 Ειλείθυια，还是复数 Ειλείθυιαι，都明确指分娩女神。因此，我们在《伊利亚特》11.269—271 中读到：

犹如锋利的箭刺向了分娩中的妇女,

那是帮助妇女分娩的埃勒提雅,

赫拉的女儿们,她们司掌剧烈的痛感……(cf *Il*. 19.119)。

同样,在《伊利亚特》19.101—105 中,宙斯宣布了赫拉克勒斯的降生:

"众神啊,请听我说,

好让我说出我胸中的心灵想要说的话。

今天,帮助妇女分娩的埃勒提雅要让一个男人出世

他将统治他的所有邻邦,

他是与我血脉相连的人类种族。"

很久以后,在忒奥克里托斯的第 17 首田园诗(*Idyll*, ll. 60—61)中:

因为当时安提戈诺斯(Antigonos)的女儿被分娩的阵痛压垮了

所以哀求埃勒提雅·吕西佐诺斯(Eileithyia Lysizonos,"宽腰者")。

而在《希腊文选》中我们有来自卡利马霍斯的献词（6.146）：

当吕凯尼斯（Lykainis）呼唤的时候，埃勒提雅女神，请再次降临，
欧洛赫斯（Eulokhos）掌握着产痛技艺。
现在代表一个女孩，女王，请接受这份祭品；
将来代表一个儿子，愿您香气四溢的神庙享有其他供奉。①

根据平贾托格鲁（Semeli Pingiatoğlou）的《埃勒提雅》（*Eileithyia*，1981）中积累的数据来看，埃勒提雅的崇拜证据从克里特岛到阿提卡都出现过。然而，她并没有以独立女神的身份出现在阿提卡北部。相反，来自波奥提亚和帖萨利的数据，表明埃勒提雅仅仅只是作为阿耳忒弥斯的一重面相——阿耳忒弥斯-埃勒提雅——存在过。②此外，崇拜阿耳忒弥斯-埃勒提雅的证据只能追溯到公元前4世纪。这样看来，波奥提亚等人很可能是从他们的南方邻居（即阿提卡）那里接收了他们的分娩生育女神，一旦阿耳忒弥斯获得了作为女神的面相，她就不仅变成了洛赫亚，也与北方的埃勒提雅融合在了一起。

---

① 关于 Eileithyia 的所有资料，请参见 Pingiatoğlou 1981：*passim*。
② Parker 2005：223；关于波奥尼亚的阿耳忒弥斯，参见 Schachter 1981：94—106。

来自波奥提亚的几个城邦都有关于阿耳忒弥斯·埃勒提雅的献祭铭文（两者的拼写都有变化）。因此，我们有四篇公元前4世纪忒拜（Thespiai）的献词：

忒拜 博物馆 300：
迪奥克利亚·奥尔瑟拉亚（Dioklia Orselaia）曾是女祭司，将皮西斯（Pisis）的儿子瓦斯提亚（Wastias）献给阿耳忒弥斯·埃勒提雅。

忒拜 博物馆 301：
来自弗里吉亚的萨普芬（Saphpho）为阿耳忒弥斯·埃勒提雅献祭。

忒拜 博物馆 304：
女祭司阿克罗伊斯（Akhelois），涅翁（Neon）的［妻子或女儿］，为阿耳忒弥斯·埃勒提雅献祭。

忒拜 博物馆 1560：
色诺克拉忒娅（Xenokrateia）为阿耳忒弥斯·埃勒提雅献祭。[1]

---

[1] Pingiatoğlou 1981：166–167.

从公元前3世纪的忒拜城,我们看到:

忒拜 博物馆 302:

波吕克拉提达(Poloukratida)的阿梅诺克拉泰亚(Ameinokrateia)曾是一名女祭司,她已为阿耳忒弥斯·埃勒提雅献祭。

忒拜 博物馆 302bis:

女祭司克塞涅斯(Xeneas)的女儿姆纳西斯(Mnasis),已为阿耳忒弥斯·埃勒提雅献祭。①

来自公元前3世纪的安忒顿(Anthedon)(*IG* 7.4174):

助产士狄奥尼修斯(Diônysios)·
艾拉伊达(Eiraida)为阿耳忒弥斯·
埃勒提雅献祭。

IG 7.4175:

洛西马霍斯(Lousimakhos)的女儿卡莱达(Karaida)和

---

① Pingiatoğlou 1981: 167。

梅兰提达（Melanthida）为阿耳忒弥斯·埃勒提雅献祭。

公元前3世纪早期来自奥克霍美诺斯的献词——*IG* 7.3214——写道：

安提克拉泰斯(Antikrateis)来自阿尔凯伊斯的米塔(Arkheiês Mita)

为阿耳忒弥斯·埃勒提雅献祭。

公元前3世纪下半叶来自帖萨利的贡诺伊（Gonnoi）的最重要的献词（Gonnoi II 175bis）：

致梅内波利斯（Menepolis）的阿耳忒弥斯·伊勒缇雅

埃庇诺斯（Epinos）的［妻子］在完成分娩（pausotokeia）后献上祭品。

其他献给阿耳忒弥斯·埃勒提雅未注明日期的献词，来自波奥提亚的切若尼亚（Khaironeia）和塔纳格拉（Tanagra）（*IG* 7.3410，*IG* 7.3411，*IG* 7.555）。除了这些基本的献词之外，还有许多来自波奥提亚的解放法令，其中就提到了女奴在阿耳忒弥斯·埃勒提雅的保护下获得了自由。这些可以在第七章中找到。

阿耳忒弥斯·埃勒提雅有时与我们在阿提卡遇到的阿耳忒弥斯·洛赫亚有关。尤其能说明问题的是忒拜的一段未注明日期的献词，其中写道（*BCH* 26，292—292，#2）：

波吕克拉提德斯（Poloukratides）的［妻子或女儿］阿梅诺克拉泰亚（［Am］einokrateia），

曾是阿耳忒弥斯的女祭司，献给阿耳忒弥斯·

埃勒提雅和洛赫亚一个祈祷者。

这是来自哈尔米罗斯（Halmyros）2世纪的大理石铭文（*IG* 9，2，142），其中写道：]EMIDI /]KHEIAI——这当然是阿耳忒弥斯·洛赫西亚。公元前4世纪中期（*BCH* 80，550，#2），德尔斐为一个孩子的出生刻下一段铭文，上面写着儿童养育者、洛赫亚、完美命运和福波斯。同样来自德尔斐的 SEG 3.400.9，可以追溯到公元前3世纪，也提到了阿耳忒弥斯·洛赫亚。

然后，从公元前5世纪晚期开始，最确切地说是从公元前4世纪开始，阿耳忒弥斯就被认为是分娩女神——根据她的绰号洛赫亚和埃勒提雅，以及我们从欧里庇得斯（其次）从柏拉图那里得到的描述。来自希腊中部的证据也表明，阿耳忒弥斯最晚在4世纪早期就与青铜时代的分娩女神融合在一起了。

阿耳忒弥斯扮演新角色的其他证据来自于还愿物的发现。正如在第四章曾提及，描绘家庭（带着婴儿）的大理石浮雕开始出现在公元前5世纪晚期的阿耳忒弥斯圣所中，比如在埃克希诺斯讨论过的例子中，还有在布劳戎供奉的众多家庭浮雕。[1] 还有8个来自布劳戎的古希腊陶俑（其中几个来自同一个模具），都可以追溯到公元前5世纪。没有任何肖像能表明女性的神圣身份，她们似乎都是带着孩子的凡人母亲。[2] 阿耳忒弥斯·洛赫亚的圣所位于提洛岛上的基恩托斯山，可追溯到公元前5至前3世纪，其中公开了一些家庭献供的浮雕——那些有小孩的家庭带着还愿的动物祭品来到阿耳忒弥斯圣所。[3] 在同一圣所（尽管当时归于阿耳忒弥斯－埃勒提雅），德曼格尔（Robert Demangel）出版于1922年的著作中，确定了两个浅浮雕供奉物（均已破碎）的形象意义，他认为图中描绘的是孕妇给阿耳忒弥斯还愿。那个女人穿着宽松长袍，没有腰带，腰部确实看起来有点粗壮。[4] 在伯罗奔半岛位于阿耳戈斯和内米亚之间的卡马

---

[1] Kondis 1967: 188 sqq.
[2] Mitsopoulos Leon 2009: 181–185.
[3] Hadzistellou-Price 1978: 151–152.
[4] Demangel 1922: 78–79, figs. 11 & 12.

里（Kamari）遗址，人们发现了一座公元前 6 至前 3 世纪的阿耳忒弥斯圣所，碑文上刻着阿耳忒弥斯·Oraia/Ωραία［奥拉亚］（"成熟""开花"或"结出果实"）。发掘者米佐斯（Markellos Mitsos）写道："有趣的是，在这些出土陶俑中，有一个代表孕妇的女人，能进一步证实女神的身份。"[①] 因此，提洛岛和伯罗奔半岛，不仅公开了儿童养育者的肖像，还公开了孕妇的还愿物。再往东，在以弗所的阿耳忒弥斯圣所，出土了至少 10 个陶土小雕像，描绘的是戴着面纱、坐着怀抱婴儿的妇女，可追溯到公元前 4 世纪上半叶。[②] 在北部的萨索斯的阿耳忒弥西翁挖掘了一组保佑儿童的还愿雕像，显然这都是希腊化时代的作品。[③] 重申一下，这些雕像并不是阿耳忒弥斯的形象，而是新生母亲为表达谢意而献上的供品。

阿耳忒弥斯作为分娩女神和助产士的身份一直是她崇拜的一个极其重要的方面，直到罗马时代，尤其是对女性来说（这并不奇怪）。《希腊文选》记载了大量关于祈祷者和感谢这位处女猎手在分娩时提供帮助的献词。归于诺西斯（Nossis）或安忒（Anytê）的献词上 *GA* 6.273 写道：

---

① Mitsos 1949：75.
② Hadzistellou-Price 1978：157.
③ 同上：164。

拥有提洛岛和美丽的奥提伽岛的阿耳忒弥斯,

将圣弓放在美惠三女神的怀中,

在伊诺波斯(Inopos)河中清洗你那圣洁的肌肤,降临到洛克里斯,

解救阿勒克提斯(Alektis)免于剧烈的阵痛。

而6.59处写道:

献给帕福斯花环,献给雅典娜一绺头发,

阿耳忒弥斯一条腰带,卡利罗伊(Kallirhoê)献上这些;

因为她找到了她想要的求婚者,

一个有节制的青年,而且生下了男宝宝。

阿波罗

在现代,关于阿耳忒弥斯助产技艺的记载,也许没有比她帮助自己(孪生)弟弟阿波罗出生的记载更出名的了。而且,令人相当惊讶的是,只有一个这样的记载,而且出现在罗马文献中。在古风时代《致阿波罗颂诗》中,阿耳忒弥斯没有在她弟弟出生时出现。虽然在卡利马霍斯《致阿耳忒弥斯颂诗》中,她确实是分娩女神,但没有提到她为自己的母亲扮演过这个角

色,只是说她本人的出生很容易(ll. 20—25):

"我将住在山上。我也会关心人类的城邦
只有在妇女遭受剧烈的分娩阵痛时
才会唤我帮助。当我刚出生的时候,
命运之神就按阄安排我去帮助她们,
因为我的母亲没有忍受生我的痛苦,
而是毫不费力地把我从她高贵的四肢中放下来。"

直到公元 2 世纪,在阿波罗多洛斯的《书库》中,阿耳忒弥斯才作为阿波罗出生的助产士而出现,在第 1.42—43 处:

勒托和宙斯在一起后,被赫拉驱赶到了世界各地,直到来到提洛岛,她首先生下阿耳忒弥斯,然后又由阿耳忒弥斯助产生下了阿波罗。阿耳忒弥斯当时很喜欢打猎,一直保持着处女身份。

虽然其他文本认为这对双胞胎一同出生,但只有阿波罗多洛斯声称,阿耳忒弥斯是勒托和阿波罗的助产士。这一小小的提及,却招来了大批的追随者。

104 **穿孕妇装（？）**

绝大多数的 pausotokeia 献词都提到了为感谢阿耳忒弥斯使之分娩成功而献供的衣物。这要归功于塔伦图姆的列奥尼达（Leonidas of Tarentum，*GA* 6.202）：

一条精致的流苏腰带，配上这件小连衣裙
阿提斯（Atthis）把它放在童贞女神的大门上方，
哦，勒托的孩子，当她的子宫在分娩中被压垮时，
是你从她的阵痛中取出了一个活生生的孩子。

而 *GA* 6.272 则是：

勒托的孩子，这条腰带和华丽的小连衣裙，
以及紧紧裹在乳房上的束带
由蒂梅萨（Timaessa）献上，在十月怀胎
分娩的阵痛中，她放下了肚中的重担。

甚至男人也可以向阿耳忒弥斯献供，感谢她允许自己的妻子平安生下了一个健康孩子（*GA* 6.271）：

阿耳忒弥斯，基西亚斯（Kikhsias）之子献给你这双拖鞋

和忒米丝托蒂克（Themistodikê）的一些长外衫，

因为你轻轻来到她的床前

没带弓，用双手护着她的身体。

圣女阿耳忒弥斯更愿意看到

莱昂·格伦（Leon Grown）的婴儿四肢健全。

成功分娩和为分娩女神献上衣物之间的密切关系，也表现在对埃勒提雅的类似献词中——除波奥提亚以外，她并没有完全与阿耳忒弥斯融合。从《希腊文选》中我们可以看到：

6.200：埃勒提雅，逃离了艰难的分娩之痛

安布罗希亚（Ambrosiê）在你显赫的脚下为你献上

她的头巾和长裙，当第十个月的时候

她从肚子隆起的腰带中生出了一对双胞胎。

6.270：安帕雷塔（Amphareta）把围着的头巾和潮湿的面纱

都罩在了埃勒提雅——你的头上；

她曾向你起誓，求你帮助她摆脱

分娩阵痛时的痛苦死亡。

> 6.274：拯救孩子的女主人啊，接受这枚新娘胸针
> 和她秀发上的皇冠吧！
> 神圣的埃勒提雅收到了来自蒂西斯（Tisis）的献供
> 她深深记得，你在她分娩时保护了她。

值得注意的是，这种献供并非（生育）女神独有，尽管有证据表明，即使在另一种情况下，献供衣物也表明了生活状态的改变。因此，在 *GA* 6.282 中，我们向边界之神赫耳墨斯献上了衣物和玩具，以感谢曾度过美好的青春岁月：

> 献给你，赫耳墨斯，一顶精心梳理过的羊绒毡帽
> 由卡利特勒斯（Kalliteles）织得，
> 还有一枚双面徽章，一个刮身板，还有
> 一张松弦的弓，一件有油渍的破旧斗篷，
> 还有一些箭矢和一个抛来抛去的球。
> 然而，作为男孩们的朋友，你收到了
> 他们青春期井然有序的礼物。

同样值得注意的是，献给阿耳忒弥斯衣物与她作为分娩女

神的角色之间没有直接联系。正如我们在第四章所见，从"处女疾病"中康复的少女奉命将她们最好的衣服献给阿耳忒弥斯。我们还看到，在 GA 6.280 中，蒂梅萨在婚前如何将她的束带和玩偶的连衣裙献给阿耳忒弥斯的（也许有点像这里的卡利特勒斯）。因此，经常用来证明阿耳忒弥斯作为分娩女神的资料来源[①]并不像乍看上去那样可靠——阿提卡的阿耳忒弥斯·布劳戎尼亚（Brauronia/Βραυρώνια）圣所献供的衣物。

布劳戎的这些献供碑文可追溯到公元前 4 世纪中期。然而，有理由认为，这些献供本身更早（尽管很难确定早多少）。这种做法至少在公元前 5 世纪末期就已经存在，这可以从欧里庇得斯的《伊菲革涅亚在奥利斯》中推测出来。在戏剧的结尾（ll.1446—1466），雅典娜通知伊菲革涅亚，让她前往布劳戎的阿耳忒弥斯圣所，成为一名女祭司，并接受死于分娩的妇女的衣物。虽然已经证明，在布劳戎不存在这样的伊菲革涅亚崇拜——这纯粹是欧里庇得斯的发明（见第六章）——但这一关于供奉衣物的早期文献可能表明，在世的妇女把衣服献给阿耳忒弥斯（在分娩的背景下？）的做法已经确立。

在公元前 4 世纪中期之前，文献的缺乏可能归因于这样一个事实：在伯罗奔半岛战争之前，圣所里的供奉都不需要记录

---

① E.g. Pingiatoğlu 1981：98； Van Straten 1981：99.

下来，当时人们主要关心的是记录从布劳戎运到雅典卫城的精美珍宝。金和银记录了下来；裙子和腰带则没有。然而，在追溯至公元前398/397年的 *IG* II² 1388 中，我们就可以看到，布劳戎的阿耳忒弥西翁记录了一些更精致的服饰，特别是索克勒斯（Sokles）的妻子阿克希奥忒亚（Axiothea）献供的一枚金戒（ll. 70—71）。

到公元前4世纪中期，有关献供的大量记录既保存在布劳戎，又保存在雅典当地的阿耳忒弥斯神庙。这里记录了献给阿耳忒弥斯神庙的大量衣物。因此最古老的记录之一——*IG* II² 1514，可追溯到公元前349—前343年（ll. 7—28）：

在卡里马霍斯执政期间，一件小巧、扇形、彩色长袍（khiton）——卡利佩（Kallippê）；里面织着字母。哈里佩（Kharippê），欧科利纳（Eukolinê），波点款［衣服］。菲洛梅奈（Philomenê），一件亚麻布裙。在忒奥菲洛斯（Theophilos）执政期间，皮西亚斯（pythias）的一件有波点，条纹装饰的连衣裙。在忒米斯托克勒斯（Themistokles）执政期间，一件小巧、杂色、紫色款长袍——由泰娜（Thyainê）和梅萨克（Malthakê）奉上。一个小巧、杂色、紫色款长袍……由欧科利内（Eukolinê）献上。斐勒（Philê）献上腰带。菲丢拉（Pheidylla）献上一件女款白色斗篷。米纳索（Mneso）献上一件蛙绿色［衣服］。瑙西斯（Nausis）献上一件带有宽紫边波浪图案的女式斗篷。科雷欧（Kleo）献上一条漂亮的披肩。斐勒（Philê）献上一个镶边的［东西］。泰斯克拉特亚（Teisikrateia）献上一件彩色的波斯风格的衬衫。梅莉塔（Melitta）献上一件白色斗篷和一件小的旧长袍。格吕克拉（Glykera）——克桑西波斯（Xanthippos）的妻子——献上一件褪色的镶紫边的小长袍，以及两件旧［衣服］。在椅子附近，尼科克莱（Nikoklea）献上一件亚麻长袍。墙上有一面象牙柄的镜子——由阿里斯托达梅（Aristodamea）献上。在帕尼亚（Paiania）的墨内斯特拉托斯（Mnesistratos）［执政］期间，他的女儿阿克西斯·阿克斯特拉忒（Arkhias Arkhestratê），献上一件塔楼图案的长袍。色诺菲洛斯（Xenophilos）的墨内斯特拉忒（Mnesistratê）的［妻子/女儿？］，献上一件镶紫边的白色斗篷，盖在一尊坐着的神像上。

没有任何理由解释为什么要做这样的献供。一些妇女自称为妻子，但事实上，我们至少有一位特殊的未婚女性存在——墨内斯特拉托斯的女儿阿克斯特拉忒——这表明，并非所有被命名的女性都是妻子和母亲。因此，我们不能自然而然地认为，所有在布劳戎和雅典的阿耳忒弥斯神庙的献祭，都是由充满感激之情的母亲献供,尽管文学证据确实强调了这种相关性。其中,有的可能是康复的"少女"献供的衣服,有的则是即将出嫁的女孩的献供。

考虑到这些铭文日期,有趣的是,我们竟然能找到所有这些女性的名字。从公元前 5 世纪末开始,直到公元前 4 世纪,雅典的公共文化愈发明显趋向于避免提及任何在世女性的名字。[①] 受人尊敬的夫人不会在公开场合点名,只有死者和娼妓才会如此。然而,在献祭的铭文中,我们看到许多女性的名字,而且通常没有提及其父亲或丈夫。阿耳忒弥斯的崇拜,主要集中在女性身上,让女性有机会表达自己并获得公众对其行为的认可。

为什么是现在?

问题仍然是,为什么阿耳忒弥斯在公元前 5 世纪成为分娩女神:为什么在古典时代,女神放下她的弓去帮助妇女而不是打猎?虽然根据目前的证据无法提供明确的答案,但可以提供四个有助于解释这种演变的资料。一个重要的贡献无疑是阿耳忒弥斯与埃勒提雅在公元前 5 至公元前 4 世纪的融合。尽管自青铜时代以来,埃勒提雅在克里特岛和希腊南部就有一个长期崇拜,但在古典时代之前,几乎没有证据表明她在地峡北部

---

① Schaps 1977: *passim.*

有崇拜。上文提到的公元前4世纪的雅典铭文是雅典对她崇拜的最早证据之一,而在德尔斐的雅典娜·普罗纳亚(Athena Pronaia/Αθήνα Πρόναια)圣域中,有两处公元前5世纪的铭文提到了埃勒提雅,从而为她在更远的北方崇拜提供了较早的证据。① 当她的崇拜到达阿提卡时,很可能这位女神与阿耳忒弥斯部分融合了,就像她在公元前4世纪完全被波奥提亚的阿耳忒弥斯同化了一样。

第二个资料是欧里庇得斯的作品。欧里庇得斯有可能开创了把阿耳忒弥斯看作是分娩女神的潮流,就像他开创了把美狄亚视为弑童者的潮流,把伊菲革涅亚视为从死于分娩的妇女那里获得衣物的潮流一样。然而,这两种传统都未让古希腊人接受:鲍萨尼阿斯(2.3)仍然保留着美狄亚的孩子被科林多人用石头砸死的标准传统,而且在布劳戎没有考古证据证明伊菲革涅亚曾在那里得到过崇拜。因此,尽管欧里庇得斯对后世(包括我们在内)如何理解早期希腊宗教有着非凡影响,但他对宗教崇拜的影响并不大。他可能帮助宣传了这种新认识,但我怀疑这一认识是他创造的。

---

① Pingiatoğlou 1981:160.

男性医疗机构

阿耳忒弥斯的新面貌还得益于当时两种新的医学专业知识来源的兴起：对阿斯克勒庇俄斯的崇拜和最早的希波克拉底文库（Hippokratic Corpus）的起源。阿斯克勒庇俄斯——医学和治愈之神——其崇拜在公元前5世纪获得了整个希腊的认可——从崇拜的中心埃皮道鲁斯开始传播，并于公元前420年在雅典建立了自己的组织，到公元前4世纪后期在全希腊拥有大约200个圣所。[①] 从这一点来看，还愿和碑文证据表明，他比阿耳忒弥斯更像解决受孕、怀孕和分娩难题的神。他位于雅典、埃皮道鲁斯和科斯岛（Kos）的圣所，是妇女把乳房、外阴和子宫献供给神的地方。正是在他位于埃皮道鲁斯的神庙里，我们读到了治愈不孕不育和"尴尬"怀孕的神奇故事：

> 克莱奥怀孕五年。怀了五年身孕的她，以祈求者的身份来到神面前，睡在祭坛里。她一离开祭坛，就在圣所外面生下一个男孩，男孩出生后就在喷泉里洗澡，还和他的母亲一起走来走去。经历这些事后，她写下了这样的还愿词："*pinax*[**牌匾**]的大小并不那么令人惊讶，但其神性令人惊叹。克莱奥已有身

---
① King 1998：100.

孕五年,直到她睡着,她才恢复了健康。"

弥赛亚人尼卡斯布拉(Nikasibula)熟睡时看到了一个关于孩子的梦:神似乎带着一条蛇来见她。她和蛇发生了交配。当年,她就生了两个男孩。①

从更世俗的角度看,在公元前5世纪,特别是公元前4世纪,女性身体越来越多地由男医生掌控。②正是在这个时候,希波克拉底文库中不同的发言者开始练习他们的 tekhnê/τέχνη [技艺],其中包括照顾女孩和妇女,以及照顾她们的生殖系统。确切说,现存的文献表明,这些纯男性的从业者与阿耳忒弥斯所行之事完全相同:

> 希波克拉底妇科医学的一个主要关注点,是将不成熟的女孩转变为有生育能力的妇女:用希腊术语讲,一个处女,是综合了"无子女、未婚、还没到适婚年龄"特征的女孩……转变成了一个 gynê/γύνη [妇女]。③

---

① Entries #1 and #42, Edelstein and Edelstein 1998.
② King 1998: 76 and 101; Demand 1994: ch. 8; Hanson 1990: 311.
③ King 1998: 23.

尽管"妇女难题"在他们的工作中普遍存在,但有证据表明,这些专业的男医生很少或根本没有从真正的女性身上获取数据。基于类比和概念来理解女性解剖学,通常是被动的、自发的、空洞的理解,更别说理解第一个女人——潘多拉了。妇女大多被视为知识(knowledge)的来源,因为正如《妇女疾病》(*Diseases of Women*)1.62 中叙述,由于年轻、缺乏经验和身体上的尴尬,女性不知道自己出了什么问题——或者如果她们知道的话,也不能向医生谈论这些事。[①] 基本上,女性对自己身体的理解被忽视,甚至经常被蔑视,这在希波克拉底的《论孩子的天性》(*Nature of the Child*)中尤为明显,我们读到:

> 但是那些以为自己怀孕已经超过十个月的妇女——我不止一次听她们这么说过——就大错特错了。这就是她们产生错误的原因:子宫可能因为胃胀气而膨胀,妇女当然会认为她怀孕了。除此之外,如果她的月经不流动,而是在子宫内聚集……那么她就很可能会想象自己怀孕了……然后有时会出现月经来袭的情况……如果她们和自己的丈夫发生了性关系,她们会认为在当天或几天后怀孕。对这些事实及原因缺乏经验的妇女来说,

---

① King 1998: 47; Hanson 1990: 310.

她们会将月经不流动和子宫膨胀的时间计算在怀孕时间之内。①

或者,换句话说,"你这个愚蠢的女人,你没有怀孕;你只是胀气而已!"

希波克拉底文集中的发言者很少提及从"知识渊博的"妇女(通常理解为是妓女或助产士)那里学到了什么;汉森(Ann Hanson)只列出了两个相关文献——*Nat. Puer* 13.1 和 55.8 15——对应希腊时代。②然而,即使是这些,也可能值得怀疑。正如金指出,这种"妇女的智慧"(women's wisdom)说法实际上可能是男性的发明,出于真实性的考虑,他们将 gynaikeia/γυναικεία[妇科病]的某些特征归咎于妇女。③"因此,古代的医学作家接受了妇女的知识,但我们应该加上一个重要的附加条件,即这可能是他们为女性建构的一种知识,她们保留自己的权利来判断她们将接受谁的知识。"④

简而言之,在公元前 5 世纪晚期至公元前 4 世纪早期,女性的身体前所未有地受到男性的控制,其方式不仅体现在法律或社会上,也体现在医学和"科学"上。希波克拉底和阿斯克

---

① Demand 1994:94.
② Hanson 1990:309, #6.
③ King 1998:136.
④ 同上:138。原文斜体。

勒庇俄斯的医学都只掌控在男医生手中。正如德蒙德（Nancy Demand）和金所指，这些医生是由女病人的男亲属付钱，因此他们倾向于站在她们的男亲属一边。[1]

那么，阿耳忒弥斯作为分娩女神在公元前5世纪的兴起，部分原因可能是男性的凡人与男性的神占用女性生殖过程的一种反应。女孩和妇女可以在心理上与阿耳忒弥斯建立更亲密的关系，她们可以期待这位处女女神支持少女和母亲，而不是父亲和丈夫。与医生不同的是，女孩和妇女可以（用衣服）补偿阿耳忒弥斯，而且可以签上自己的名字。在埃皮道鲁斯的治疗记录（33名男性对13名女性）和希波克拉底流行病的记录（2比1）中，妇女人数在统计上显著减少，可能是因为妇女倾向于寻求阿耳忒弥斯而非男医生的帮助。[2] 在这种情况下，值得注意的是，阿斯克勒庇俄斯在埃皮道鲁斯的主圣地有一座阿耳忒弥斯神庙，可追溯到公元前5世纪后期。在该遗址的铭文中列出的绰号有 Lysaia［吕赛亚］（*IG* IV^2, 1: 162 and 275，都可以追溯到公元前4世纪），即"释放者"，可能与她作为分娩女神的职能有关。[3] 女神也出现在阿斯克勒佩亚（Asklepeia），特

---

[1] King 1998: 156; Demand 1994: ch. 8.
[2] 参见 King 1998: 109 用于统计和相关假设。
[3] Morizot 1994: 211 和注33有大量引用；Fossey 1987: 75—76。

别是在佩加蒙（Pergamon）和雅典的比雷埃夫斯。①

最后，很难下定论，为什么处女狩猎女神阿耳忒弥斯成为分娩女神。至少部分答案来自她作为过渡女神的角色，因为她帮助妇女从孕妇过渡到母亲，帮助婴儿从胎中过渡到出生。阿耳忒弥斯作为杀死女性的女神，自然也会被要求不要杀死分娩时脆弱的女性。特别是在希腊中部，阿耳忒弥斯融合了非凡的分娩女神——埃勒提雅——这也促成了她的新形象。在阿提卡、科林西亚以及更遥远之地，阿耳忒弥斯为男性医疗机构提供了另一种选择——一种富有同情心的女性化的选择。阿耳忒弥斯真是一位非常具有女性气质的女神。

女祭司（和一些男祭司）

正如我们在前一章所见，阿耳忒弥斯经常让女孩担任她的崇拜祭司，强调了她作为年轻女神的角色。然而，也有年长的女祭司侍奉她。在第一章介绍了阿里斯塔赫的故事，她从以弗所来到马萨利亚，在她自己创建并帮助设计的女神圣所里担任女祭司（Strabo 4.1.4）。在以上关于居勒尼法律的章节提到了阿耳科斯（Arkos=Arktos，熊），她在那里担任阿耳忒弥斯的

---
① Morizot 1994：211.

女祭司（Hesykhios，*arkos= hiereia tês Artemidos*），而且她的头衔保存在城邦的其他铭文中（*SEG* IX 13 和 17）。在阿提卡，掌管"小熊"的是阿耳忒弥斯布劳戎尼亚的女祭司，她对自己圣所（*IG* II^2 1524 和 1526）的权威，无疑暗指一个更为年长和成熟的年龄段。

阿耳忒弥斯的女祭司之职，就像所有的希腊神一样，开始的年龄各不相同，持续的时间也不尽相同。在第四章看到的儿童和大一点的女孩通常只活动很短的一段时间，也许只有一天或一个仪式，有时却要到结婚为止。这可能是女祭司的情况，关于这类献词在《希腊诗选》（6.269）中有记载：

> 孩子们，尽管无法出声，我也说得清楚明了，如果有人问，
> 我都会不厌其烦地对匍匐在我脚下的人说：
> "致埃托菲亚（Aithopia），勒托的女儿，
> 桑奈乌斯（Saunaius）的儿子赫莫克勒斯（Hermokles），
> 将他的女儿阿里斯塔（Arista），也就是我，
> 献给妇女的女主人，做你的仆人。
> 请你享有这一切，愿你荣耀我们的人民。"

女祭司使用父名而非夫名表明她在婚前侍奉女神。

然而，阿耳忒弥斯的一些女祭司可能会在婚后继续担任祭司，甚至可能终身留在那里。例如，在安纳托利亚（希罗多德的家乡）西南海岸的海力卡纳索斯（Halikarnassos）的一个希腊铭文中就说明了这一点，其中描述了阿耳忒弥斯·佩尔盖娅（Pergaia）的祭司职位被出售的过程，以及女祭司在任职期间的特权（*Halikarnassos* 3，ll. 4—30）：

阿耳忒弥斯·佩尔盖娅女神的女祭司之职将出售给一位女性公民，她的家庭父母双方都是三代公民。购买者将终生担任女祭司，并将献上公共和私人祭品。她将从每个公民的祭品中得到一根大腿骨和与之相配的东西，以及内脏和皮的四分之一。她将从私人祭品中得到一块敷了香料的大腿骨和四分之一的内脏。

在祭祀阿耳忒弥斯前，财务官要拨出三百德拉克马的款项给主席团（prytanes）。主席团成员的妻子们收到城邦主席团拨出的款项后，在赫拉克莱翁月（Herakleion），就开始准备祭品。献祭在该月 12 号举行。愿女祭司与主席团成员的妻子们分得同样多的民众祭品。每个新月，女祭司将代表这座城市祈祷保佑，为此她会从该城中领取一德拉克马作为报酬。在这个月里，当以公费祭祀时，女祭司要在献祭前的三天内进行募款——尽管她不可到别人家去;但这些募款归女祭司所有。女祭司可以按照自己的意愿布置圣所,也要打理女神的金库。

如上所述,女祭司将终身侍奉。这就意味着该女性最有可能是在任职期间结的婚(或已结婚)并生了孩子。这强调了一个事实,即阿耳忒弥斯的女祭司在她们的职业生涯中并不需要完全保持宗教上的纯洁,在"职业"之外,她们过着正常的生活。

还需注意的是,这个女祭司会定期在节庆/献祭前三天出去"募捐"。这似乎是一种可能被称作乞讨仪式的形式,这一做法在古希腊的女神崇拜中有充足证据。除了在海力卡纳索斯为阿耳忒弥斯·佩尔盖娅 agermos/αγερμός("募捐")的女祭司,在科斯岛的阿耳忒弥斯·佩尔盖娅也有类似做法。[①] 在提洛岛,正如希罗多德叙述的提洛岛的少女(4.35,3—4):

对于为她们而集合的妇女们,按照吕西亚人(Lycia)奥伦(Olen)为她们所作的颂诗中的名字呼唤她们;岛上的居民和伊奥尼亚人从中学会了赞颂奥庇斯和阿耳格(Argê),呼唤她们的名字,为她们募捐……此外,当祭坛上焚烧大腿骨时,她们会把骨灰扔在奥庇斯和阿耳格的墓地上。她们的墓地位于阿

---
① Dillon 1999:76.

耳忒弥西翁之后。

在科斯岛上还有一个纪念德墨忒耳的 agermos/αγερμός，是向即将结婚或刚结婚的妇女募捐。这本身就让人想起了最著名的募捐——当雅典娜·波利亚斯（Polias/Πολιάς）的女祭司在雅典四处走动时，她手持神盾，在神龛和新婚女子那里乞讨。[①] 所有这些仪式的共同之处是关注妇女或女神（或两者）的生育和分娩（就连希罗多德也讲述了提洛岛的少女们是如何来到提洛岛，感谢埃勒提雅让她们成功生育）。因此，这种乞讨仪式的一个方面可能是为寻求成功分娩的妇女提供好运。

在某些情况下，会特别要求让老年妇女侍奉阿耳忒弥斯。阿卡迪亚的阿耳忒弥斯·海姆尼亚（Hymnia/Ὑμνία）的一个崇拜就是这种情况。根据鲍萨尼阿斯（8.5.11—12）记述：

> 阿耳忒弥斯有一个叫作海姆尼亚的圣所。此地在奥克霍美诺斯（Orkhomenos）的边界，朝向曼提尼亚（Mantineia）。从最远古的时代起，所有阿卡迪亚人都尊崇阿耳忒弥斯·海姆尼亚。那时有一个少女担任女神的祭司。但是，这个少女一直抗拒阿里斯托克拉忒（Aristokrates）要"与她在一起"的企图，最终，

---
① Dillon 2002：95—96（关于德墨忒耳和雅典娜）。

在她逃出圣所的时候,他在阿耳忒弥斯的雕像旁玷污了她。这件事就是以这样的方式解释给大家的。阿卡迪亚人用石头砸死了他,从那时起,这个习俗就改变了;他们献给阿耳忒弥斯的女祭司由少女代替为一个受够了和男人"在一起"的妇女。

这个起源故事似乎反映了希腊文库中关于崇拜祭司的另外两个原因。一方面,我们听到洛克里人阿贾克斯和卡桑德拉(Kassandra)的故事——在特洛亚沦陷期间,前者强暴了后者,当时她紧抓着女神神庙里的雅典娜神像。[1]另一方面,这个故事完整交代了德尔斐的阿波罗是如何由一位年长的女祭司皮提亚侍奉的。狄奥多鲁斯·希库鲁斯在他的《文库》(*Library*, 16.26.6)里有这样的叙述:

据说在过去,歌唱预言的是少女,因为她们纯洁的天性与阿耳忒弥斯相似。因为据说,这些少女有足够的能力遵守神谕的密语。直到最近才听说,帖萨利人厄喀克拉忒(Ekhekrates)来到发布神谕的神殿,然后,看见神谕——由一个少女说出——他因为她的美貌而爱上了她,并强行侵犯了她。由于她的这一

---

[1] 参见 Redfield 2003:85—98 关于这个神话和随后的仪式。

经历,德尔斐的居民从此规定,不再由少女发布神谕,而是由超过五十岁的妇女发布。她要穿着少女的衣服,作为过去预言者的提醒。

关于皮提亚古老时代的证据至少可以追溯到公元前 5 世纪(Aesch. *Eum*. 38),因此,这显然是一个古老的传统。这些原因论似乎解释了年老的祭司如何侍奉年轻的神(阿波罗、阿耳忒弥斯),而且很可能这是一个故事影响了另一个故事。

只有在极少数情况下,阿耳忒弥斯的随从才被要求终身保持仪式上的纯洁——这在婚姻和生育不可避免地成为常态的古希腊来说,是很奇怪的。我们能找到的关于这种生活方式的为数不多的文献之一同样来自鲍萨尼阿斯,而且又关涉到阿卡迪亚的阿耳忒弥斯·海姆尼亚的颂诗。正如近卫军所描述的那样(8.13.1):

在奥克霍美诺斯境内,从阿基西翁(Agkhision)出发的道路左侧,山坡上有一座阿耳忒弥斯·海姆尼亚圣所——曼提尼亚人也声称那是他们的……那里有一个女祭司和一个男祭司。对他们来说,他们不仅在性方面,连在日常生活中也都是贞洁的;他们的生活和大众的不一样。他们不得进入私人住宅。我还知道在以弗所的阿耳忒弥斯神庙任职的官员也有过类似的行为，尽管不超过一年。公民们称他们为艾塞尼派（Essenes）信徒。他们每年都为阿耳忒弥斯·海姆尼亚举行庆典。

112 　　以弗所的阿耳忒弥斯圣所也由仪式上贞洁的人任职，尤其是她的首席祭司，叫作麦加卜佐斯（Megabyzos）。根据斯特拉博的记载，这个男人是一个阉人（14.1.23）：

　　他们有被称麦加卜佐斯阉人祭司，他们经常派人到各地去找那些配得上这个职位的人，并以极大的荣誉邀请这些人前来。这些男人还必须与处女一同侍奉。

　　就像男祭司们字面上是无性的一样，她们的女助手也是无性的，尽管没有证据表明她们是否终身侍奉，但她们在曼提尼亚和她们的侍奉伙伴一样"贞洁"。

　　那些不终身侍奉的女祭司要经常向女神献供，以此纪念她们的侍奉。此类侍奉如在第四章所见，那些女孩曾为阿耳忒弥斯扮演幼鹿。许多类似献供在波奥提亚的忒拜中公开。因此，我们读到：

克桑提斯(Xanthis)

米纳萨勒托(Mnasaretos)的(女儿?妻子?)

曾是女祭司(hiareiaxasa)

给阿耳忒弥斯·埃勒提雅(Eileithiê)

献上火盆。①

同时:

克塞涅斯(Xeneas)的米纳西斯(Mnasis)(女儿?妻子?)曾是女祭司(hiareiaxasa)

献给阿耳忒弥斯·埃勒提雅。②

因为有时仅仅一次并不够,我们读到:

忒奥多纳(Theodota)

安菲克拉特(Amphikrates)的(女儿?妻子?)

曾做过两次女祭司(hiareiaxasa dis)

献给阿耳忒弥斯·哈戈默尼(Hagemonê)。③

---

① Plassart 1926:413,#25.
② 同上:#26。
③ 同上:409,#24。

小结

也许阿耳忒弥斯比其他任何女神在保护妇女方面都更为称职。当她们准备告别童年，成为新娘和妇女的时候，她接受了她们送给她的玩具、头发和篮子。孕妇为了希望有一个（相对）顺利、无难产的分娩，向她献供。各个年龄段的女性都将织布成品献给这位女神，以此展示她们自己的精湛技艺，同时与她分享自己最私人的生活元素。女仆、母亲和老妪都是她的女祭司，偶尔也会有一名被禁止有性行为的男祭司陪同。

然而，阿耳忒弥斯与女性的融洽关系也有其阴暗的一面。在玩具和篮子的背后隐藏着赎金的概念，令人恐惧的是，女神会报复那些抛弃她的处女。向助产士阿耳忒弥斯祈祷的人们，似乎源于对"狮子般对待妇女"的阿耳忒弥斯会杀死正在分娩的年轻母亲的恐惧。喜欢年轻人的阿耳忒弥斯也会杀死他们和那些生育他们的人，即便在她最仁慈的时刻，她的人格的这重面相也从未完全消失。

六、阿耳忒弥斯作为瘟疫和残忍女神

阿耳忒弥斯可能很邪恶。如同所有的希腊神一样,她有一种凡人所无法理解的愤怒,这种愤怒在希腊语中叫作 mênis/μήνις。像所有神一样,她要求凡人给予她荣誉,要求端正的行为举止,当她的人类臣民辜负她的期望时,她会迅速惩罚他们。

瘟疫的故事(和救赎)

像她的兄弟阿波罗一样,阿耳忒弥斯是瘟疫女神。这些灾难通常表现为对生育过程的攻击:作物不生长,妇女流产。然而,关于阿耳忒弥斯带来瘟疫的最早记载出现在《伊利亚特》中。在《伊利亚特》中,愤怒的女神以一头大野猪的形象带来了毁灭和绝望(9.533—546):

金座的阿耳忒弥斯给他们送来这祸害,

源于俄纽斯(Oineus)国王没有将果园的初成

供奉给她;其他神明享受着百牲祭(hekatombs),

他却没有为伟大的宙斯的女儿供奉任何祭品,

也许是忘记或没有意识到;但她的心受到了极大伤害。

怀揣着对神族的愤怒,弓箭女神

唤醒了一头长着白牙的野猪

它不断地在俄纽斯的果园里制造祸患,

它把高大的树木连根推倒在地上!

它对树根和开出花的果实也同样有害。

但是俄纽斯国王的儿子墨勒阿革洛斯(Meleager)

从许多城邦中把猎人召集在一起,

猎狗也一路随行;因为少数凡人还不能制服得了这头野猪,

即便如此,许多人还是被送往了令人绝望的火葬堆。

在这个例子中,阿耳忒弥斯利用她作为动物女主人的角色来惩罚人类,像更常规的瘟疫一样,用猪来制造一种"瘟疫",从而杀死庄稼和人类。

正如韦斯特(M.L.West)在他的《赫利孔山的东方面孔》(*East Face of Helicon*)中指出,这一事件极有可能源自近东的原型。① 具体来说,她与《吉尔伽美什史诗》(*Epic of Gilgameš*)中的伊诗塔企图摧毁乌鲁克城及其国王的故事有诸多相似之处。根据这里6号石碑的记载,吉尔伽美什和恩奇杜(Enkidu)杀死了雪松林的守护者胡姆巴巴(Humbaba)之后,伊诗塔在吉尔伽美什沐浴时走近他并向他求婚。他拒绝了她(没有礼貌),愤怒之下,女神飞向天,向众神之王阿努(Anu)索要他的公牛,以便可以用它来踩躏乌鲁克城。阿努建议伊诗塔在公牛开始掠夺之前,确保民众有足够的食物,伊诗塔向他保证城邦储备充足。然后她放了公牛(碑6,§4):

> 伊诗塔[抓住]并指挥它[公牛]。
> 当它到达乌鲁克的土地
> ……
> 它走到河边,七[ ]
> 天牛一喷鼻,一道峡谷就裂开了,一百个乌鲁克的青少年掉入其中,
> 二百个青少年,三百个青少年接连掉进去。
> 在天牛第二次喷鼻之时,另一个裂缝裂开了,
> 又有一百个乌鲁克的青少年跌入其中

---
① West 1997: 373.

二百个青少年，三百个青少年又跌入其中。

在天牛第三次喷鼻之时，第三个裂缝裂开了，

恩奇杜也落入其中。①

最后吉尔伽美什和恩奇杜一起杀死了这头公牛，这再次侮辱了伊诗塔，从而引发了一系列导致恩奇杜死亡的事件。在《伊利亚特》中，对野猪的屠杀引发了库雷特人（Kouretes）和埃托利亚人（Aitolians）之间的战争，并且导致墨勒阿革洛斯的城邦遭到烧毁。

原因论崇拜

阿耳忒弥斯的愤怒还有一种更常见的表现形式，那就是用瘟疫来惩罚一个行为恶劣的社群。在本研究中，我们已经看到了好几种这样的叙述。在第二章，讲述了阿卡迪亚地区康迪利亚的儿童的故事，他们曾称阿耳忒弥斯为"被绞死者"（Pausanias 8.23.6—7）。在他们被处决后，整个城邦陷入了瘟疫之中，直到在阿耳忒弥斯和皮提亚的命令下，为儿童建立了一个英雄崇拜点才得以好转。第二章和第四章讲述了帕特莱的科梅托（Pausanias 7.19.2）的故事，由于她在阿耳忒弥斯神庙内性交

---

① 译自 Dalley 1989：81。

而将瘟疫带给了她的人民,并因此被献祭。直到狄奥尼索斯崇拜被引入城邦时,才结束人祭。第四章是雅典人 arkteia [阿克忒亚]的故事,讲述了阿提卡的熊被人杀死后,阿耳忒弥斯如何给他们带来了一场瘟疫。直到献祭了一只山羊(取代了最初要求的小女孩),瘟疫才结束,而小女孩们学会了为阿耳忒弥斯扮熊。根据《大词源学》(*Etymologicum Magnum*)记载,一群年轻的以弗所人在克里梅纳(Klymena)的带领下,曾把阿耳忒弥斯的雕像带到海边,在那里他们为她献供了野芹菜和盐的野餐,并为她献上了一场舞蹈表演。显然,这位女神非常享受自己的生活,当不再提供这种献祭时,她就给以弗所送去瘟疫。从那时起,以弗所的青少年就会举办"Daitis"("盛宴")节庆,他们会给女神带来盐、野芹菜、布料和装饰品。①

这种叙述符合布雷利希(A. Brelich)在20世纪60年代指出的标准模式。这种模式包括:罪过、神带来灾难、神谕咨询和创立一种仪式。② 因此,在康迪利亚的儿童案例中,人们用石头砸他们的孩子(罪过);阿耳忒弥斯派来一场瘟疫(灾难);他们被派到德尔斐(神谕);神谕告诉他们设立儿童英雄崇拜(仪式)。然而,值得注意的是,在许多情况下,这些关于阿耳忒

---

① Lesser 2005–2006:49.
② Brelich 1969:371–374.

弥斯崇拜的叙述中，还需要两个补充要素。正如在帕特莱和阿提卡所见，最初的补救仪式过于苛刻——要求献祭一个小孩（阿提卡），或最初献祭两个年轻人（科梅托和梅拉尼波斯），然后每年献祭一对青春期的女孩和男孩（帕特莱）。这样就为第二种仪式打下了基础，因此人祭被替换为另一种仪式，如阿提卡的山羊祭和"扮熊"仪式，或是帕特莱的夜间沐浴仪式。因此，阿耳忒弥斯在神话中的残忍迹象，可以从她的宗教修正（cultic corrections）也需要更正这一事实中注意到。

尽管如此，所有这些故事都与整个希腊世界为纪念阿耳忒弥斯而举行的各种仪式的起源有关。诸多故事，如科梅托的故事，都设定在神话中的过去，这在希腊术语中是指特洛亚战争之前。因此，任何"起源"细节都不太可能真实——比如一个名叫科梅托的女孩被献祭，一头熊被屠杀，或者一群人因为他们自己的孩子挂着阿耳忒弥斯的画像就用石头砸死他们，等等。然而，这些叙述突出了阿耳忒弥斯的形象，同时解释了她的一些崇拜起源。因此，如第二章所述，康迪利亚孩子们的故事在解释其英雄崇拜的同时，也强调了阿耳忒弥斯的童贞。以弗所的克里梅纳的故事不仅解释了节日盛宴的起源，也投射出阿耳忒弥斯对阈限空间的喜爱——在海滩上为她准备野餐。

不仅是阿耳忒弥斯，就连女神的崇拜神像也会引起瘟疫和疯狂。在斯巴达的阿耳忒弥斯·奥忒亚的木雕神像被鲍萨尼阿斯明确证明是外来的（3.16.9）：

这就是我的证据，可以证明拉栖戴蒙人的奥提亚是来自野蛮之地的木雕神像：阿斯特拉巴科斯（Astrabakos）和阿洛佩科斯（Alopekos），是埃尔博斯（Irbos）之子，其祖辈及以上是安菲斯特涅斯（Amphisthenes）、安菲克勒斯（Amphikles）、阿吉斯（Agis），当他们发现这尊雕像后，就突然发疯了。此外，斯巴达的利姆奈翁人（Limnatians）和库诺索斯人（Kynosoures）以及那些来自美索亚（Mesoa）和皮塔纳（Pitanê）的人，当他们向阿耳忒弥斯献祭时，发生了一场争执，他们变得非常愤怒，许多人在祭坛上被杀，一场瘟疫摧毁了其余人。

再往北，在佩伦纳（Pellenê），普鲁塔克在他的《阿拉图斯传》（*Aratus*）中写道（32.2.2）：

佩伦尼亚人（Pellenians）自己也这么说，女神的木像（bretas/βρέτας）一般存放在禁区，唯有女祭司可以挪动或取出女神木像，而且每次拿出来的时候，没人看木像，所有人都会转过头去。因为，木像不仅会给人类带来可怕又残忍的灾难，就连树木也会枯干，果实也会掉落，无论木像被带到何处都是如此。

狮子般对待妇女

与阿耳忒弥斯作为瘟疫女神相关的——带来意外死亡的女神——是她作为妇女杀手的职能。意外死亡的妇女据说是被阿耳忒弥斯的箭射死的，因此在《伊利亚特》（21.490）中，赫拉把她称为"杀妇女的母狮"（lioness who kills women）。在《奥德修纪》中，奥德修斯在哈德斯问他的母亲（ll.170—172）："请告诉我实话，您是怎么死的？是久病，还是阿耳忒弥斯突然用温柔的箭射死了您？"

阿耳忒弥斯"温柔"之箭最著名的女性受害者，当属尼俄柏（Niobids），尼俄柏（Niobids/Νιόβης）的女儿们吹嘘自己的后代比勒托的后代更耀眼。于是勒托的女儿阿耳忒弥斯就杀死了所有这些女孩，就像她的哥哥阿波罗杀死了尼俄柏的所有儿子一样。具有讽刺意味的是，公元前6世纪的诗人萨福曾说过："在成为母亲之前，勒托和尼俄柏是最好的朋友。"

残忍的传说和仪式

除了瘟疫，阿耳忒弥斯在神话和崇拜中也因对个别人的残忍而臭名昭著。一个著名的例子是年轻的忒拜猎人阿克泰翁（Aktaion），阿耳忒弥斯借助他圈养的狗杀死了他。就像所有希腊神话一样，关于她为什么这样做也有不同的解释。最早的版本在斯忒希科洛斯（Stesikhoros）和伪赫西俄德的《列女传》（*catalogue of Women*）中有记载，阿耳忒弥斯杀死了阿克泰翁，因为阿克泰翁向狄奥尼索斯的母亲塞墨勒（Semelê）求爱。到了公元前5世纪，正如欧里庇得斯《酒神的伴侣》（*Bakkhai*）中所描述的那样，这个青少年愚蠢地吹嘘自己是比阿耳忒弥斯更好的猎手。她证明了他的错误。到了希腊和罗马时代，这个故事出现在一个更著名的版本中，根据奥维德记载，是女神杀死了他，因为他看到了她在沐浴时的裸体（《变形记》3.165—252）。[①] 最后一个版本不可避免地被认为最不合理，因为偷窥癖完全是偶然，但是，正如我们下面要分析的那样，阿耳忒弥斯在罗马时代变得愈发邪恶了。

这在帕特莱的阿耳忒弥斯崇拜中显而易见。根据鲍萨尼阿斯（7.18.8—13）记述：

> 帕特莱卫城上有一座阿耳忒弥斯·拉弗里亚（Laphria/Λαφρία）圣所。这位女神的头衔是外来的，是和雕像一同从别

---

① 完整的引用 Lloyd-Jones 1983：99。

处带来。因为，当卡吕冬和埃托利亚（Aitolia）的其余地区遭到奥古斯都王（Augustus）的彻底毁灭，以致埃托利亚和位于阿克提翁（Aktion）上方的尼克波利斯（Nikopolis）合并时，帕特莱人缘于此而得到了拉弗里亚雕像。因为，就像许多来自埃托利亚和阿卡纳尼亚（Akarnania）周边地区的雕像被带到尼克波利斯一样，奥古斯都把拉弗里亚的雕像和其他从卡吕冬得来的战利品也都送给了帕特莱人，直到今天，它还被供奉在帕特莱卫城以示纪念。据说，女神的绰号拉弗里亚来自一个弗基斯人，因为卡斯塔利奥斯（Kastalios）的孙子，德尔福斯（Delphos）的儿子——拉弗里翁（Laphrion）在卡吕冬供奉了阿耳忒弥斯的古老雕像，对他来说，这是阿耳忒弥斯发怒的征兆。随着时间的推移，据说，这种针对俄纽斯的愤怒（见上文：卡吕冬人狩猎野猪）得到了缓解（elaphroteron），他们更喜欢以这个故事作为此绰号的来源。这尊雕像的外观是一个狩猎者的形象；由象牙和黄金制成。制作者是瑙帕克提昂人（Naupaktians）梅奈赫莫斯（Menaikhmos）和索伊达斯（Soidas）；人们估计这些制作者所处的年代并不比锡基昂的卡纳霍斯（Kanakhos）和埃基那（Aigina）的卡隆（Kallon）晚多少。帕特莱人每年为阿耳忒弥斯举行拉弗里亚节，他们按当地的方式献祭。祭坛的周围堆着青木，每根长16肘。在祭坛里面放着最干燥的圆木。在节

六、阿耳忒弥斯作为瘟疫和残忍女神

庆期间,他们在祭坛的台阶上铺上泥土,设法使通往祭坛的道路更平坦。首先,他们为阿耳忒弥斯举行了盛大的游行,在游行队伍的最后面,女祭司乘着一辆由鹿拉着的战车。然后节庆第二天,按照习俗,他们要这样献祭,无论是城市公众人物还是公民个人都高度重视这个节日。因为,他们把活禽、可食的牲畜和骷骨还愿物一同供奉在祭坛上,还供上野猪、鹿、羚羊,狼和熊的幼崽,以及一些成年野兽。他们还把树木上的熟果供在祭坛上。然后他们把火点着,让木头燃烧起来。我看到那里有一头熊或其他一些动物在第一次大火的猛烈袭击下被踩踏,它们试图逃脱,有些牲畜甚至用尽全力逃跑。但把它们扔进去的人又把它们扔回了火中。据他们回忆,没有人受到过这些动物的伤害。①

这种献祭被称为大屠杀,字面意思是"全烧",它是完全不合规矩的希腊献祭。常言道,在希腊宗教中,动物献祭的最终结果是为仪式后的宴会提供肉食,如果你愿意的话,可以称之为"骷骨烤肉"。让动物/肉完全被火焰吞噬,使得仪式的这一方面无法实现,伴随而来的社区成员之间以及与神祇之间的联结仪式也就不可能实现。在没有动物默许的情况下献祭动物,

---
① 这岂不是很好:把活小狗扔到篝火的人一个都没有受伤。

也是帕特莱大屠杀不合规矩的一个方面。在希腊宗教仪式中，为了让受害者看起来心甘情愿，人们采取了一些措施，包括举行仪式，把水浇在动物头上，从而让它在祭坛前点头。对动物来说，拒绝献祭则被视为不吉利。① 最后，在希腊宗教中献祭野生动物是罕见的。献祭家养动物则是常态：牛、绵羊、山羊、禽类，偶尔还有猪和马。②

相比之下，帕特莱献祭的所有意义似乎是通过活活烧死野生动物，来最大限度地折磨它们。显然，包括鲍萨尼阿斯在内的所有人都目睹了这个大场面。

与其说这是希腊阿耳忒弥斯崇拜的一个方面，不如说这是罗马人的创造。正如鲍萨尼阿斯在文章开头所指，在奥古斯都夷平了卡吕冬岛上的城邦后，就将阿耳忒弥斯·拉弗利里的崇拜转移到了帕特莱。在公元1世纪，当罗马在希腊土地和希腊文化中稳固建立起来的时候，他们也重新建立了这一崇拜。在公元前1世纪，折磨野生动物以供公众娱乐也是罗马文化根深蒂固的一方面。正如谢尔顿（Jo-Ann Shelton）在她的《古代地中海世界的野兽大场面》（"Beastly Spectacles in the Ancient

---

① 在希腊宗教中，动物献祭，参见 Burkert 1985：2.1。
② 尽管原始崇拜在卡吕冬，也就是著名的猎野猪之地，确实发现了野猪、鹿和马的遗骸，这暗示了向阿尔忒弥斯·拉弗里亚献祭野生动物的传统。参见 Larson 2007：102。

Mediterranean World"）中的讨论：

在公元前55年，庞培（Pompey）制造了一些大场面，他展示了约400只豹、600只狮子（远远超过苏拉之前创下的100只的纪录）、20头大象，还有一头首次出现在罗马的犀牛。在公元前46年，尤利乌斯·恺撒（Julius Caesar）赞助了一场表演，其中有400只狮子，还有第一次在罗马亮相的长颈鹿……公元80年……为了庆祝罗马的弗拉维安（Flavian）圆形剧场（后来被称为斗兽场）的落成仪式，在100天内杀死了9000只动物。①

相比之下，帕特莱的大屠杀就相形见绌了。但重点是，帕特莱的仪式，虽然与希腊的宗教实践不一致，但很符合罗马景象，尤其是在奥古斯都把对阿耳忒弥斯·拉弗里亚崇拜从卡吕冬转移到帕特莱的时候。因此，帕特莱大屠杀不是希腊的阿耳忒弥斯崇拜的一个方面，也不是女神残忍的一种表现，而是对罗马人残暴的高度突出和发生在罗马时代的希腊的变化。正如我们将在下文分析的那样，这并不是罗马人对希腊的阿耳忒弥斯的非典型影响。我们也将看到，罗马人自身更倾向于责怪斯库提亚人。

---

① Shelton 2007：116 and n. 74；118 and nos. 80—82，引用。

伊菲革涅亚（和赫卡忒）

阿耳忒弥斯最著名的受害者之一是伊菲革涅亚。根据她最原始的神话版本，可以追溯到公元前 7 世纪，故事中阿耳忒弥斯拒绝让希腊军队从奥利斯起航前往特洛亚，直到阿伽门农把自己的女儿伊菲革涅亚献祭给她。尽管在最后一刻，阿耳忒弥斯用一只动物——一只有特色的鹿——代替了这个女孩，并迅速将她带到克里米亚，在那里她要么变成了女神，要么变成了阿耳忒弥斯的女祭司。在后一个版本中，伊菲革涅亚的兄弟奥瑞斯忒斯多年后找到了她，并将她带回希腊，还带来了在陶里克-斯库提亚（Tauric-Skythian）①的阿耳忒弥斯崇拜雕像。

这个故事的最早记载出现在普罗克洛斯（Proklos）对斯塔西诺斯（Stasinos）《库普利亚》（*Kypria*）的总结中（史诗合集中的一篇史诗残篇）。这里写道：

阿伽门农外出打猎，射死了一头鹿，还说自己甚至比阿耳

---

① 希罗多德仔细区分了克里米亚的陶里克人和北部的斯库提亚人（4.102—103）。后世作家很少作出这样的区分，因此在文学中有一种倾向，就是把陶里克人和斯库提亚人混为一谈。参见 Hall 2013: 66。

忒弥斯还强。女神被激怒了，就派出风暴阻止他们航行。卡尔卡斯（Kalkhas）宣布了女神的愤怒，并要求将伊菲革涅亚献祭给阿耳忒弥斯。他们以伊菲革涅亚嫁给阿喀琉斯为借口，将她召来，企图献祭。但是阿耳忒弥斯把她抢走，带她到陶里人那里，使她永生。然后，她把一只鹿放在祭坛前，代替了这个少女。①

大致类似的版本保存在伪赫西俄德的《列女传》中，那个名为伊菲革涅亚的女孩，被一个神像（eidolon/εἴδωλον）所取代，而阿耳忒弥斯使之永生，成为阿耳忒弥斯的另一个形象，名叫阿耳忒弥斯·埃诺迪亚（Einodia/Εἰνοδία，"阿耳忒弥斯在路上"）从而与女神赫卡忒融合。

装备精良的阿开亚人在金碧辉煌的阿耳忒弥斯祭坛上献祭了伊菲革涅亚，那天，他们乘船驶向伊利昂（Ilion），为美踝的阿耳戈斯人——也就是她的神像——复仇。她本就是倾箭如雨的猎鹿手，她轻松救下她，在她的头上放上美丽的仙果，这样她的皮肤就可以年久不衰了。她让她永垂不朽、青春永驻。

---

① 译自 Dowden 1989：10。关于陶里人这方面的叙述可能源自欧里庇得斯《伊菲革涅亚在陶里人中》，后来被普罗克洛斯拾起并加入到了斯塔西诺斯（Stasinos）的叙述中，参见 Hall 2013：xxii。

现在大地上的人类部落称她为阿耳忒弥斯·埃诺迪亚,她是光荣的射箭手的随从。①

最早的资料围绕着伊菲革涅亚的神化,同时解释了这位女英雄-女神如何与阿耳忒弥斯的崇拜联系在一起——可能就是作为赫卡忒联系在了一起。

在后世版本中,伊菲革涅亚仍然是凡人,对于女神要求她献祭的原因有各种各样的解释(若非真正死亡)。雅典戏剧家索福克勒斯在他的戏剧《厄勒克特拉》(*Elektra*)中追踪斯塔西诺斯,并声称(11.556—576)阿伽门农在女神的树林(同样被认为神圣)狩猎时射杀了一只牡鹿后吹嘘自己的成就,于是激怒了阿耳忒弥斯。相比之下,欧里庇得斯在他的《伊菲革涅亚在陶里人中》中提到先知卡尔卡斯的诉说(ll. 18—23):

"哦,希腊军队的统帅,阿伽门农啊,
在你献祭出你的女儿伊菲革涅亚之前
你无法开船离开这片陆地
阿耳忒弥斯想要得到她。
为了今年生出的最美之物,

---

① 译自 Hollinshead 1985:421。

你曾许诺要将之献给光明女神。

所以你的妻子克吕泰涅斯特拉（Klytaimnestra/κλυταιμνήςτρα）在家里生下这个孩子——

'最美之物带给我'——

所以你必须献祭她。"

罗马时代的编纂者阿波罗多洛斯在他的《摘录》（*Epitome*，3.21）中遵循了这两个主题。除了责备阿伽门农的夸口导致了阿耳忒弥斯的愤怒之外，他还注意到，国王的父亲阿特柔斯（Atreus/Ἀτρεύς）曾发誓，要献祭当年他的羊群中出生的最漂亮的羊（显然他很明智地对这个誓言作了限制）。结果证明那是一只长着金羊毛的羊，他宰了它，但留给了自己。无论怎样，伊菲革涅亚的生命注定要被她父亲的愚蠢和/或祖父的贪婪所吞噬。

然而，阿耳忒弥斯并不十分残忍，大多数关于伊菲革涅亚传说的版本中，作为祭品的女孩都被动物代替了。起初是一只鹿，正如在《库普利亚》和欧里庇得斯《伊菲革涅亚在奥利斯》中呈现的那样，人们在祭坛上发现了流血的尸体。[①] 在希腊化时代及以后，除了鹿以外，其他动物也都被用作伊菲革涅亚的替代品。

---

① 然而，霍尔表明这些文字可能是后来添加到文本中的，以使叙述更符合后来的《伊菲革涅亚在陶里人中》。Hall 2013：xxvi。

尼康德（Nikander）（fr.58）声称是公牛（*tauros*）被献祭，因此伊菲革涅亚，陶里人与阿耳忒弥斯·陶洛波罗斯（Tauropolos）（"公牛牧者"或"驯牛者"）之间形成了词源上的联系。相比之下，阿提卡的历史学家法诺德莫斯（Phanodemos）则称，一只熊被替换了，从而在阿提卡的布劳戎地区阿耳忒弥斯的崇拜和雅典的 Arkteia［阿克忒亚］仪式之间建立了某种联系（见第四章）。① 然而，在公元前 5 世纪的雅典戏剧中，也有完全没有被替代的例子：在埃斯库罗斯的《奥瑞斯忒斯》（*Oresteia*）三部曲中，诗人甚至没有暗示伊菲革涅亚在磨难中幸存了下来。索福克勒斯笔下的厄勒克特拉也知道，她的妹妹除了死亡，没有别的命运。

到公元前 5 世纪末，依菲革涅亚传说的标准版本是，这个女孩被救了出来，运到北方，并成为克里米亚的阿耳忒弥斯的女祭司。伊菲革涅亚经历了差点被自己的父亲刺死的磨难，现在她又要面对新的创伤，因为陶里克的阿耳忒弥斯的祭品中包括人祭，尤其是被冲上岸的外邦人。正如少女在欧里庇得斯的《伊菲革涅亚在陶里人中》的开头说的那样（ll. 26—41）：

来到了奥利斯，我被高高举起

---

① Dowden 1989：17.

在火葬台上受苦,被刀刺伤血流不止。
但阿耳忒弥斯将我偷走了,给了阿开亚人一只鹿
作为我的交换;穿过澄澈的高空
她把我带到这里,让我在陶里人的土地上安身,
蛮王托阿斯统治的那些土地上
都是蛮夷,他的捷足如鸟翼一般快——
他以这种迅捷的步伐得名。
她让我成为神庙的女祭司,
让女神阿耳忒弥斯好好享有这里的祭拜,
这节日只是名义上好——
其他事我只能保持沉默,因为我害怕女神。
从希腊来到这片土地的人,
我都拿他来献祭——这是定例——城邦早已有之,
我负责仪式开场,而屠杀是别人的事,
可怕的事情发生在女神的神庙内。

希罗多德在他对斯库提亚人的叙述中,对这些"可怕的事情"作了更详细的描述(《历史》4.103):

陶里人的习俗如下:他们用以下方式向帕特诺斯(Parthenos/

Παρθένος)献祭这些水手和他们在海上俘获的希腊人。仪式开始时,他们用棍棒击打献祭者的头部。有些人说,他们把献祭者的头插到竿子上,并把他的尸体扔下悬崖(因为圣所就在悬崖上)。另一些人对砸头的说法表示同意,但他们并没有说,他们把献祭者的尸体从悬崖上扔了下去,而是把尸体埋在了地下。陶里人也这么说,他们献祭的神就是伊菲革涅亚,阿伽门农的女儿。

因此,有三种伊菲革涅亚命运的版本:她死于父亲之手;阿耳忒弥斯把她变成了女神,典型的例子是变成赫卡忒;她成为克里米亚的阿耳忒弥斯的女祭司。鲍萨尼阿斯简单作出总结(1.43.1):

据说,这是伊菲革涅亚的神庙,因为她在麦加拉死了。现在我听到了阿卡迪亚人讲述的关于伊菲革涅亚的另一个故事,我知道赫西俄德在他的《列女传》中记述,伊菲革涅亚并没有死,而是在阿耳忒弥斯的意志下变成了赫卡忒。希罗多德也同意这一点,他写道,住在斯库提亚附近的陶里人把遇难的水手献给了帕特诺斯(Παρθένος),他们也说这位处女神是阿伽门农的女儿。

所有这些证据表明，伊菲革涅亚叙述的核心是一个（半）神圣的女性——伊菲革涅亚或与伊菲革涅亚相关的名号——与阿耳忒弥斯崇拜有关的过程，① 无论是作为随从女神赫卡忒，还是后来作为阿耳忒弥斯的英雄女祭司。我们实际上可能看到的是希腊本土女神伊菲革涅亚和卡里亚的赫卡忒之间的融合，赫卡忒在文学作品中扮演着阿耳忒弥斯的**随从**（*propolos*），在《致德墨忒耳颂诗》ll. 438—440 中，则扮演着冥后佩耳塞福涅的随从。

线形文字 B 的证据表明，伊菲革涅亚，或者至少是伊菲梅德（Iphimedê/'Ιφιμεδή），是希腊早期的一位女神，这表明一位名叫 *ι-πε-με-(δε)-ξα*——伊菲梅德——的女神在皮洛斯（PY Tn 316, v6）接受了供奉。因此，一位被称为伊菲梅德（"强大的劝告"）、伊菲革涅亚（"强大的出生"），甚至 Iphianassa/'Ιφιάνασσα［伊菲纳萨］（"强大的女王"，《伊利亚特》9.145）的女神可能在被阿耳忒弥斯和/或赫卡忒纳入之前就拥有一个独立崇拜。② 伊菲革涅亚的崇拜似乎主要局限于希腊中部。文学传统把她的献祭，放在了波奥提亚东海岸的奥利斯。在伯罗奔半岛北部的赫耳弥奥涅（Hermionê），阿耳忒弥斯被尊称为伊菲革涅亚（Pausanias 2.35.2），这表明了两者之间的融合。鲍萨尼阿斯指出，

---

① 特别是在奥利斯，请参阅 Schachter 1981：96。
② 假设这些名字之间的联系不仅仅是巧合。参见 Hollinshead 1985：421。

她的神庙位于麦加拉，当地人声称她死在那里（而不是在奥利斯）。更重要的是，鲍萨尼阿斯对阿卡迪亚的阿耳忒弥斯崇拜的观察（7.26.5）：

> 阿耳忒弥斯的神庙和雕像是我们这个时代的手工艺品；少女当女祭司，直到她结婚成熟为止。在那里还有一座古老的雕像——是阿伽门农的女儿。如果他们说的没错，很明显，这座神庙最初为伊菲革涅亚建造。

就她自己而言，赫卡忒起源于安纳托利亚；她的崇拜来自小亚细亚西南部的卡里亚。最早的考古证据表明，她在那里的崇拜来自公元前6世纪的米勒托斯（Miletos），在那里阿波罗·德尔斐尼奥斯（Delphinios）圣所的祭坛上刻着她的名字。[①] 关于赫卡忒在希腊崇拜的最早证据出现在赫西俄德创作于公元前7世纪的《神谱》里，文章中，诗人将他的诗的很长一段献给了这位女神（ll. 411—452）。赫西俄德的父亲来自安纳托利亚西部的库迈（Kymê），这一事实可能导致了赫西俄德对这位女神的特殊喜爱。赫西俄德本人是波奥提亚的阿斯科拉（Askra）居民，人们可以很容易地联想到，他对好运女神赫卡忒的崇拜，

---

① Johnston 1999：204，附参考文献。

这一说法在希腊传说中伊菲革涅亚献祭的地方也很盛行。赫卡忒在古希腊历史上作为独立的女神继续存在,并与阿耳忒弥斯合而为一。公元前 5 世纪雅典(*IG* I³ 383,l. 125—126)和萨索斯(*SEG* 42 785)的铭文都提到了"阿耳忒弥斯·赫卡忒",①以及埃斯库罗斯的《请愿妇女》中也提及了阿耳忒弥斯·赫卡忒(见第五章)。在波奥提亚的科罗奈亚(Koroneia),阿耳忒弥斯有一个崇拜绰号 Monogeneia/Μονογένεια("独生女"),而它在其他地方则属于独生女赫卡忒。②

克里米亚崇拜

因此,阿耳忒弥斯、伊菲革涅亚和赫卡忒的崇拜融合很合理。令人相当困惑的是希罗多德的说法,他说克里米亚的陶里人说,他们向阿伽门农的女儿伊菲革涅亚献祭,而不是像欧里庇得斯的《伊菲革涅亚》中所说的向阿耳忒弥斯献祭。在考虑这个难题时,必须牢记以下四点。第一,希罗多德亲自去过克里米亚,因此他是陶里人崇拜在这方面的第一手观察者;第二,历史学家明确指出,是陶里人自己提出了这个主张,而不是希腊人把这个身份归于一个外来神;第三,很明显,"帕特诺斯"(Parthenos/

---

① Parker 2005:223.
② Schachter 1981:100.

Παρθένος）这个词和伊菲革涅亚这个名字都是希腊文,这意味着最晚在公元前 5 世纪,当地的陶里人明显受到他们希腊邻国的影响,以至于采用一种外来的身份标识来代表他们自己的女神;第四,我们实际上几乎没有关于陶里人宗教的本土证据,因此我们无法看到隐藏在希腊神话背后的本土神性。

然而,现存的证据表明,克里米亚的主神是一个酷似阿耳忒弥斯的女神,她在公元前 5 世纪被称为帕特诺斯。除了希罗多德的证据外,斯特拉博也提到了相关的引用(7.4.2):

> 在［切索尼斯］(Chersonesos)城邦有一座帕特诺斯(Parthenos)圣所,它以某位神的名字命名,它的名字也以位于这座城之前约 100 斯塔德的高地而得名,即帕特尼翁(Parthenion);这个圣所有一座神庙,里面供奉着这位神的木像。

最近,引用比尔德(Pia Guldager Bilde)的话:

> 众所周知,切索尼斯女神有许多不同的来源,包括当地以及外来的庞蒂克地区。切索尼斯的大量铭文来源,称她为 Parthenos/Παρθένος［帕特诺斯］、Thea pathenos/Θεα παθένος［女子帕特诺斯］和 Basilissa/Βασίλισσα［"女王"］帕特诺斯,

当地的肖像来源，如硬币图像和浮雕显示，她穿着阿耳忒弥西昂的服装（宽大的长袍或短袍配斗篷，偶尔有弓箭袋和/或长矛），但肖像内容显示，她既不像地中海的阿耳忒弥斯也不像安纳托利亚的阿耳忒弥斯，因为她摆出了雅典娜·普罗马科斯（Promachos/Πρόμαχος）和杀鹿者的姿势，我们还发现她在和一架 biga/βίγα［双轮战车］赛跑。肖像图普遍显示，她可能与阿耳忒弥斯有关，但具体的肖像指向不同的神祇。很明显，我们可以把她视为与陶里克女神同名的女神，这片土地最初的保护者，后来这里被第一批希腊殖民者占领。①

希腊人从他们最早突袭黑海的时候就盯上了这个神。庞蒂克地区在公元前 7 世纪后半叶被希腊人殖民，因此希腊的物质文化（如陶器）早在公元前 8 世纪就出现在那里了。② 直到大约公元 560 年，米利都成为该地区主要的——如果不是唯一的——殖民者。米利都人集中努力在北海岸殖民，也就是克里米亚（Crimea）地区。③ 克里米亚本身就显示了希腊人从公元前 6 世纪起与之接触的证据，他们带来了来自伊奥尼亚（米利都？）、

---

① Bilde 2009：304—305，附参考文献。
② Graham 1982：123。同参 Graham 1958：*passim*。
③ Graham 1982：124.

雅典、科林多、萨索斯岛、莱斯博斯岛和科西俄斯岛（Khios）的陶器。① 因此，早在公元前 8 世纪，确切说是公元前 6 世纪早期，希腊人就与该地区有了联系，并且后世的希腊人会在此发现陶里人崇拜的少女。

在公元前 6 世纪，希腊的其他地区开始向庞蒂克地区扩张，其中最著名的殖民地之一是黑海南海岸的赫拉克利亚·庞蒂卡（Heraclea Pontica）。这座城邦由公元前 560 年的麦加拉人和波奥提亚人共同建立，② 赫拉克利亚·庞蒂卡后来在克里米亚殖民了陶里克的切索尼斯人。因此，来自伊菲革涅亚崇拜盛行地区的人们，在陶里克本土人崇拜这位少女的精确区域建立了牢固的基础。因此，年代学表明了希腊人的身份是如何在公元前 5 世纪转移到克里米亚女神的身上。

希罗多德能够记录当地人崇拜伊菲革涅亚的这一事实，也源于希腊人对希罗多德时代盛行的外来融合的理解（见介绍）。在荷马和赫西俄德的作品中，几乎没有证据表明，这些诗人或全体希腊人，认识不同的万神殿。特洛亚人和阿卡迪亚人用同样的仪式以同样的名字崇拜同样的神祇。当时只有一种宗教。到了公元前 5 世纪，希腊人仍然坚持一个大神家族的概念，但

---

① Hall 2013：64–65.
② Graham 1982：123.

他们也确实认识到，不同的民族会用不同的名字称呼他们，并在其各自崇拜中使用不同的仪式。因此，例如我们在希罗多德的书 1.133 中读到，亚述人（Assyrians）称，阿芙洛狄忒为米利塔（Mylitta）；阿拉伯人称她为阿利拉特（Alilat）；波斯人称她为米提兰（Mitran）。在书 2.42 中，我们看到埃及人在当地把宙斯称作阿蒙（Amun），并将其描绘成具有一只公羊的头；而奥西里斯（Osiris）只是狄奥尼索斯的本土名字。对于公元前 5 世纪的希罗多德的作品来说，陶里人崇拜希腊神的观念不足为奇；每个人都会崇拜不同的神。①

真正令人惊讶的是，与当地少女融合在一起的是伊菲革涅亚，而不是阿耳忒弥斯（或赫卡忒，或任何其他的奥林波斯女神）。这可能源于古风和古典时代希腊宗教情感的另一特征。具体来说，对希腊人而言，这些神被定义为不朽的——永远活着的神。能死的神不是 theos/θεος（神），而是男/女英雄，或 daimon/δαίμων——守护神。例如，古代近东"死而复生的"诸神被纳入了希腊宗教的世界观。塔穆兹（Tammuz）和巴尔（Baal）分别被译为阿多尼斯和迈尔夸特（Melqart），后者既成为伊斯特米亚竞技会（Isthmian Games）的婴儿英雄墨利刻耳忒斯（Melikertes），又成为泛希腊英雄赫拉克勒斯。所有这些人都

---

① Rudhardt 1992：224–227.

被认为是希腊剧目中的英雄而受到崇拜,甚至可能在死后获得永生,就赫拉克勒斯而言亦如此。但他们不是神。[1]

如果(就目前证据不可能知道)陶里克的少女被视为某种程度上的凡人,[2] 那么将她认定为女神就违背了希腊人的宗教情感认同,因此阿耳忒弥斯和赫卡忒都不是女神。在斯特拉博的叙述中似乎暗示了很多,这个帕特诺斯具有"daimonos tinos/δαίμωνος τινος"[某种神性],但其本质不是女神。由于她的角色和形象与女猎手非常相似,因此才与阿耳忒弥斯关系最密切的凡人女英雄伊菲革涅亚得以融合。只有定居在克里米亚的希腊人的宗教倾向才能加强这种身份认同,因为他们本身就来自伊菲革涅亚崇拜的盛行地区。霍林斯黑德(Mary B. Hollinshead)给出这种建议:

> 我认为,Euxine[黑海]的希腊水手和商人更有可能把陶

---

[1] Mettinger 2001: 114.
[2] 正如霍尔所指,有人猜测她是12世纪俄罗斯史诗《伊戈尔的军备》(*Armament of Igor*)中名叫奥比达(Obida)的鸟女神,在鞑靼的民间传说中,她被称为克里米亚的"天鹅少女"。"这两个故事反过来又与古代传统有关,涉及西部陶里克的切索尼斯半岛的处女,正如希罗多德首先提到(4.103):少女的神庙,'某种 *daimon*[守护神]',以她的名字命名城外的峭壁——帕特尼翁——女神的神庙和她的雕像就在那里发现。"(Hall 2013: 65)

里人的帕特诺斯与伊菲革涅亚联系在一起,伊菲革涅亚是英雄传说中的处女形象,她自己被献祭了,或者在献祭的那一刻消失了,成为永生者。陶里克的切索尼斯是赫拉克利亚·庞蒂卡的一个殖民地,它本身就是麦加拉和波奥提亚的联合殖民地,其中包括奥利斯的近邻塔纳格拉……来自赫拉克利岛的波奥提亚人或其他在黑海探险的希腊人,一听到陶里人的帕特诺斯,可能就会想起在奥利斯被处死的女孩。在这种情况下,伊菲革涅亚从受害者到凶手的角色转变,比起同时出现的三个因素:处女—航海—人祭,就显得不那么重要了。①

关于克里米亚的伊菲革涅亚——而非阿耳忒弥斯——崇拜,需要记住的最后一个观点是,北方地区对阿耳忒弥斯崇拜的证据普遍匮乏,尤其是在希腊化时代之前。希罗多德,作为我们历史证据的主要来源,只知道克里米亚的帕特诺斯,而不知道斯库提亚的阿耳忒弥斯。正如他在 4.59 中所指:

他们[斯库提亚人]只崇拜这些神——最重要的神是赫斯提亚,其次是宙斯和大地,他们相信大地是宙斯的妻子。之后是阿波罗、阿芙洛狄忒、乌拉尼亚、赫拉克勒斯和阿瑞斯。

---
① Hollinshead 1985:423.

所有斯库提亚人都认识这些神,但那些斯库提亚王室贵胄也向波塞冬献祭。他们称斯库提亚人为赫斯提亚·塔比提(Hestia Tabiti),而宙斯——在我看来非常正确——被称作帕帕伊奥斯(Papaios),以及称大地为阿比(Api)。阿波罗是戈伊托西罗斯(Goitosyros),阿芙洛狄忒是乌拉尼亚·阿耳金帕萨(Ourania Argimpasa),波塞冬是塔吉玛斯达斯(Thagimasdas)。除阿瑞斯之外,他们不使用雕像、祭坛或神庙。

同样,正如比尔德所指,在公元前4世纪以前的黑海地区,很少有关于阿耳忒弥斯崇拜的考古证据。直到这个世纪,才得以追溯到最早可能在帕纳戈雷亚(Phanagoreia)存在的阿耳忒弥斯·阿格罗特拉神龛——这可能是通过波西斯(Posis)之子塞诺克勒斯(Xenokles)献祭的铭文识别的。[①] 同样是在公元前4世纪,最早的铭文记录了赫莫纳萨(Hermonassa)的阿耳忒弥斯女祭司,这位女祭司的名字没有被保存下来,但铭文确实提到了一个献给女神的 agalma/ἄγαλμα(崇拜雕像)。[②] 只有少数献给阿耳忒弥斯的祭品来自公元前4世纪以前的庞蒂克领土,也许值得注意的是,在罗马时代之前,没有一件来自克里米亚

---

① Bilde 2009:310.
② 同上:311。

的祭品。[1] 简而言之，发现陶里人崇拜阿耳忒弥斯，就如同发现他们崇拜伊菲革涅亚一样令人惊讶。

布劳戎事件

值得注意的是，伊菲革涅亚的故事并不是她在布劳戎受到崇拜的根本原因，布劳戎是现代文学中最常与伊菲革涅亚的故事联系在一起的地方。人们把伊菲革涅亚视为女英雄，与阿提卡东郊的布劳戎圣所的阿耳忒弥斯并列崇拜，这种倾向源于欧里庇得斯戏剧《伊菲革涅亚在陶里人中》的结尾。在这里，猫头鹰眼女神发出命令（ll. 1446—1466）：

> 奥瑞斯忒斯，听我的命令——
> 因为你听得到女神的声音，尽管她并不在场。
> 捧着神像和你姐姐一道离开。
> 当你来到神造的雅典，
> 在阿提卡的山脉边界上有一块土地，
> 毗邻卡吕斯托斯（Karystian）山脊，
> 它是神圣的，我的人民称之为哈莱（Halai）。
> 在那里，你建造一座神庙，供奉神的木像（bretas/βρέτας）

---
[1] Bilde 2009: 312。

> 以陶里人的土地命名……
>
> ……其余的有死者
>
> 将为阿耳忒弥斯·陶洛波罗斯女神唱颂诗。
>
> 并确立这条法令：每当人们庆祝时，
>
> 为了替代献祭的杀戮，让祭司手持一把剑
>
> 抵在一个男人的喉咙上划出一点血，
>
> 以显圣洁，女神才能获得她的荣耀。
>
> 在布劳戎的神圣阶梯上，
>
> 伊菲革涅亚，你一定是保管女神的锁钥者[①]。
>
> 你死后会被葬在那里，还有一尊雕像
>
> 他们会向你献上编织的衣物，
>
> 它们是那些在难产中死去的妇人
>
> 留在家中的衣物。

这一描述对 20 世纪中期挖掘布劳戎的希腊考古队产生了相当大的影响，鼓励他们采用与戏剧家叙述相一致的方式进行解释。因此，阿耳忒弥斯神庙东南方的洞穴区被认为是伊菲革涅亚的墓

[①] 女祭司的职责之一是携带神庙钥匙，这是她们在艺术描绘中最常见的特征。

地，正如所谓的"小庙"被认为是女英雄的英雄祠一样。① 据推测，北部的柱廊是用来展示已故妇女衣物的供奉之地。②

然而，正如埃克罗斯（Gunnel Ekroth）详释的那样，在欧里庇得斯之前并没有证据表明在布劳戎有任何关于伊菲革涅亚的崇拜，在欧里庇得斯之后也很少有。正如埃克罗斯所指，在圣所已公开发表的语料库中，没有发现任何刻有献祭品、还愿物或命名的铭文，也没有提及伊菲革涅亚的铭文。③ 同样，现场也没有对这位女英雄的描述物。④ 这个洞穴的遗骸（据推测是伊菲革涅亚的墓地）与圣所其他部分的还愿遗骸完全吻合。此外，在那里还发现了适于仪式宴会的陶器。因此，这个洞穴可以简单理解为一种 thesauros/θησαυρός [宝库] 与骶餐遗址。⑤ 陈列在大理石底座的木板上的衣服，就像北部柱廊所暗示的那样，与其他遗址的衣服献供仪式的做法不同——包括那些在布劳戎为阿耳忒弥斯缝制的衣服——要么放在女神的祭拜雕像上，要么放在圣所内的盒子里。此外，正如科勒（Susan G. Cole）所说，"伊菲革涅亚的使命是接受那些已故者的礼物，这个任务并没

---

① Ekroth 2003：67 and 75.
② 同上：67 and 87—89。
③ 同上：70。同参 Hollinshead 1985：425。
④ 同上：72。
⑤ 同上：79 and 84—87。

有任何仪式模式。分娩时的死亡将构成一种仪式上的失败,这将成为在圣所中进行礼物献供的不祥之兆"①。总而言之,这种做法,以及它在布劳戎的运作方式,与希腊的先例相比,意义不大。

简而言之,来自布劳戎的伊菲革涅亚在考古学意义上是缺席的。在欧里庇得斯之前,她在文学上也是缺席的,相反她属于迈锡尼、奥利斯和克里米亚。在欧里庇得斯之后,关于女英雄出现在阿耳忒弥斯的阿提卡圣所的唯一经典文献,来自公元前3世纪的欧佛里翁(Euphorion),它被保存在阿里斯托芬《吕西斯忒拉忒》的一个笺注中,在那里,评注者写道:

> 有人说伊菲革涅亚的故事发生在布劳戎,而非奥利斯。欧佛里翁:"布劳戎海边,有伊菲革涅亚纪念碑。"阿伽门农似乎是在布劳戎而不是在奥利斯献祭了她,而且取而代之的是一头熊而不是一只鹿。因此他们为她举行了一个秘密仪式。②

提到熊显然是学者试图调和伊菲革涅亚的故事和神庙里举行的 arkteia[阿克忒亚]仪式(见第四章)。但是,除了都与

---

① Cole 2004: 199.
② Faraone 2003: 52.

阿耳忒弥斯有联系这一共同因素之外，我们没有理由认为，伊菲革涅亚的故事与阿克忒亚有任何关系。甚至恐怕与布劳戎的共同特性也变得不堪一击。

所有的证据都表明，伊菲革涅亚作为布劳戎的阿耳忒弥斯的女祭司的故事，完全是欧里庇得斯的虚构。① 戏剧《伊菲革涅亚在陶里人中》创作于公元前 413/412 年，当时雅典正处在伯罗奔半岛战争最艰难时期，在西西里舰队被击溃后，斯巴达人在德克莱亚（Dekeleia）建立了永久定居点，并从那里不断袭击阿提卡乡村。在欧里庇得斯创作戏剧的时候，雅典人失去了通往布劳戎圣所的通道，取而代之的是卫城里的阿耳忒弥斯布劳戎尼亚圣所。（可以说）为了报仇，这位雅典戏剧家从敌人手中偷走了伊菲革涅亚。她是迈锡尼国王阿伽门农的女儿，伯罗奔半岛的女英雄，在文学上被确立为阿提卡乡村的本土女英雄。她带来了陶里人的阿耳忒弥斯崇拜雕像——那是暴力与力量的源泉，用来对付企图残忍屠杀她的拉科尼亚族人。

最后，伊菲革涅亚的故事揭示的阿耳忒弥斯的残忍并没有

---

① 这也不是这位戏剧家第一次"篡改"神话了。在他的《美狄亚》之前，所有提及的与之同名的恶女人都清楚表明，不是赫拉就是科林多人杀死了她的孩子，而不是他们的母亲杀死了自己的孩子。自欧里庇得斯以来，人们普遍认为，这是对她的叙述中不可或缺的一部分。就这个（反抗）女主人公，参见 Griffiths 2006: *passim*。

人们想象中的那么严重。尽管所有版本的故事都有女神要求少女献祭的说法，但大多数版本也显示，是女神拯救了女英雄的生命，并使她成为女神（赫卡忒）或女祭司。她作为阿耳忒弥斯布劳戎尼亚圣所的女祭司和女英雄的命运是欧里庇得斯的发明。相反，伊菲革涅亚的故事似乎与希腊中部的三位女神——阿耳忒弥斯、赫卡忒和伊菲革涅亚／伊菲梅德之间的融合有关。赫卡忒和伊菲革涅亚都保留了狩猎女神的阴暗面，即与死亡和冥界有关的黑暗一面。

哈莱的阿拉菲尼德斯

不管怎样，事实上，如欧里庇得斯所言，阿提卡哈莱的阿拉菲尼德斯（Halai Araphenides）有一处阿耳忒弥斯·陶洛波罗斯崇拜。然而，在欧里庇得斯的说法之外，也没有证据证明那里有所谓的血祭崇拜。根据戏剧家的说法，在这位女神的仪式上，有人用剑从一个男人的脖子上取血，从而用放一点血的方式取代了与陶里克的阿耳忒弥斯有关的人祭。考虑到这种仪式的显著性质，值得我们注意的是，没有任何其他来源提到过这种仪式，即使是那些显然从欧里庇得斯那里获得的资料来源也没有提到过。因此，斯特拉博（9.1.22）仅告知我们，在哈莱有一个阿耳忒弥斯·陶洛波罗斯神庙。阿波罗多洛斯在他的《书库》（6.27—

28）中讲述了欧里庇得斯所呈现的整个叙事，他声称木雕神像被运送到了雅典，"现在被称作陶洛波罗斯"。他还提出了另一个版本，当奥瑞斯忒斯等人在他们的返航途中被吹离航线时，木雕神像实际上已被带到罗德岛，但没有出现血。

相反，我们有一个公元前4世纪中期的铭文（*SEG* XXXIV 103），其中说到，哈莱人民对菲拉斯克勒斯（Phrasikles）的儿子菲罗克塞诺斯（Philoxenos）给予了应有的荣誉，因为他出色地、体面地完成了他的 leitourgoi/λειτουργοί［表演］，特别是作为 choregos/χορηγός［合唱队长］表演的出征舞（Pyrrhic）。他的荣誉将由陶洛波利亚赛会（Tauropolian Games）的传令官宣布，颁布的法令将在阿耳忒弥斯的圣所立起。出征舞是一种由（青少年）表演的战争舞蹈，表演者会伴着音乐模仿战争。因此，哈莱的阿耳忒弥斯·陶洛波罗斯崇拜举办了针对年轻人的军事训练演习和戏剧性的暴力活动。但是，她的崇拜中更邪恶的一面再次被证明是文学性多于现实性的。

阿耳忒弥斯的替罪羊

在古代世界，与阿耳忒弥斯有关的最出名，实际上也是最臭名昭著的崇拜活动之一，就是古代斯巴达所谓的"耐力赛"

（endurance contest），在那里，从男孩到年轻男人都要在阿耳忒弥斯·奥忒亚的祭坛前被鞭打数小时，据访问者的报告，有些人甚至死于鞭打。这个场景非常极端，如果不是当时的目击者用希腊语和拉丁语提供的大量证据和评论，它很可能会被当作一种神话虚构而遭到忽视了。

关于鞭打仪式（Flagellation）的最早证据来自公元前4世纪早期的历史哲学家色诺芬，一个热爱拉栖戴蒙人的雅典人。在他的《拉栖戴蒙人的政制》（*Lak.Pol.*）中，讨论半神话般的斯巴达立法者吕库耳戈斯如何训练男孩成为战士时，他声称（2.9）：

[吕库耳戈斯]认为从奥忒亚那里偷奶酪是一件很高尚的事情，[1] 同时他安排其他人去鞭打他们，想通过这种方式表明，忍受短暂的痛苦可以获得长久的幸福。

到公元前2世纪，[2]《拉栖戴蒙人的政制》书写完成，并于后来被编入公元1世纪普鲁塔克的同名著作中（*Inst.Lak*）[3]，

---

[1] 她的祭坛通常是假定的，在大多数翻译中都有出现，但在希腊语中未出现过。
[2] 关于这部著作的年代确定难题，参见 Hodkinson 2000：48—50。
[3] Kennell 1995：111；136.

这位传记家兼伦理学家讲述了如何做到这一点（40.239c—d）：

> 然后，在阿耳忒弥斯·奥提亚圣坛上，这些男孩会被鞭打一整天，他们经常被打到死；他们——兴高采烈地、欢欣雀跃地——忍受着，彼此为胜利而奋斗，他们中谁挨得最狠，谁就最凶（worst）。凡在这些事上得胜，就尊他为大。这个比赛被称为鞭打仪式，每年举行一次。

普鲁塔克在《吕库耳戈斯传》（18.1）中提到，他目睹了这种仪式和一些男孩死于鞭打之下的场景。甚至在此之前，公元前1世纪的罗马哲学家西塞罗在他的《图斯库鲁姆辩论集》（*Tusculanae Disputationes*，2.34）中也提到了这种做法：

> 事实上，在斯巴达，男孩们在圣坛前会被鞭打，"他们的身体会流很多血"。不仅如此，当我在那里的时候，我常常听到：至死方休。但在所有这些人中，不仅没有一个人哭出来，甚至没有一个人呻吟。

这种行为的最新证据来自公元4世纪一些早期基督教作家的著作，直到后来宗教的变化才废除了这一传统。普遍的观点是，西塞罗和普鲁塔克等人①提到的"鞭打"仪式是从色诺芬提到的偷奶酪仪式演变而来的,②所有这一切都是纪念阿耳忒弥斯·奥忒亚仪式的一部分,她(和斯巴达的法律制定者)通过流血的方式把男孩过渡为男人。

实际情况比这要复杂得多。③首先,对这些行为的描述和时间顺序都表明,色诺芬描述的偷奶酪行为和普鲁塔克描述的鞭打之间没有连续性。正如证据所示,偷奶酪是一种非宗教行为,只是古代斯巴达偷窃食物的几个方向之一,与阿耳忒弥斯或她的崇拜没有特定关系。相比之下,鞭打仪式是附着在对阿耳忒弥斯崇拜之上的希腊式创造,只不过在表面上是奥忒亚的崇拜。后世学者无法始终如一地解释这种仪式的起源,从而暴露了"nomos/νόμος"的人为性,同时也充分说明了斯巴达在希腊化晚期和罗马时代的政治关切。

通过对这两种行为以及它们之间丝缕联系的研究,我们可以清楚看到,对古代斯巴达人来说,被鞭打是一种根深蒂固的自我观念,至少对于男性公民来说是这样。因此,这两种鞭打方式——古典时代的偷奶酪方式和希腊–罗马式的鞭打方式——

---

① 关于鞭打仪式的全部资料,参见 Kennell 1995: Appendix I。
② Cartledge and Spawforth 2002: 192.
③ 通常如此。

与其说是宗教的延续，不如说是斯巴达人在心态这一"关键方面"的延续：忍受某种身体折磨的能力。

从奥忒亚那里偷奶酪

无论是从文本资料还是从阿耳忒弥斯·奥忒亚圣所的开掘来看，都没有证据表明偷奶酪的行为在本质上与宗教有关。而且对比后来的鞭打仪式，它也没有提到崇拜的祭司。原始文献中没有提及女神的祭坛，只谈到奶酪是"从奥忒亚圣所偷来的"（para Ortheias/παρα Ορθείας），而女神绰号的属格形式可能只是源自 para/παρα（"从"）。除了猜测每隔多久会留下奶酪供奉给女神之外，我们没有关于这个习俗发生频率的资料。① 这可以是一年一次的特殊仪式，或者是一个季度一次的初果祭，或者只是日常地献给阿耳忒弥斯不流血的祭品。因为男孩们被迫频繁地从其他地方偷食，这就更容易证明，奥忒亚圣所只是又一个适合掠夺的场所，而不是一个被选作仪式的场所。这与普鲁塔克在他的《吕库耳戈斯传》中关于男孩成长的描述非常吻合。在第 17.3—4 节中，他叙述道：

他安排那些男人搬木头，小男孩们去偷草药。他们一些人在

① Contra Kennell 1995：123.

花园中四处游荡，一些人蹑手蹑脚、小心翼翼地溜进男人们的食堂。如果某人被抓住，就会被抽很多条鞭（plegas），这样的人会被视为偷窃懈怠之人，而且在偷窃上毫无技巧。他们偷任何能偷的食物，学会聪明地应付那些熟睡的人或失去警惕的人。对被抓的人的惩罚是鞭打和挨饿。由于他们的食物稀少，这样做的目的是让他们防止自己免于饥饿，迫于运用胆量和创造力。

简而言之，男孩们从阿耳忒弥斯·奥忒亚那里以及其他地方偷食物吃。我们在第四章已经目睹了饥饿的男孩被允许从阿耳忒弥斯圣所偷食物的另一个案例——在希罗多德讲述的逸闻中（3.48），科基拉男孩在萨摩斯的阿耳忒弥斯神庙寻求庇护从而免遭阉割。这表明，在斯巴达提到阿耳忒弥斯的时候，人们可以接受饥饿的孩子从这位年轻的女神身边偷食，而不牵涉仪式上的不敬。尽管如此，年龄大点的男孩会被安置到忒墨诺斯（？）用鞭子护卫圣域，而被抓到的年轻人，无论在这里还是在其他地方都会遭到各种殴打。这不是宗教仪式，而是男孩教育的一个方面。

人们关注的焦点是体验鞭打，从而感受痛苦，而不是对女神的崇拜，这一点在其他同时代资料中也有所体现。关于色诺芬所描述的做法，我们所拥有的最接近古典时代的证明是柏拉图《法律篇》中的一段话。这里（633b）斯巴达人麦吉罗斯（Megillos）在他的讨论中提到，勇气和美德（简而言之——*aretê*）如何在斯巴达培养，"无论是在肉搏战中，还是在偷东西受多次**鞭打**（*plêgôn*）时，我们都能很好地忍受痛苦"。书中既没有提到奶酪，也没有提到阿耳忒弥斯，只是说偷东西的男孩，如果被抓住，就会遭到殴打。

鞭打

西塞罗、普鲁塔克、鲍萨尼阿斯和其他罗马时代的人所描述的鞭打仪式完全是另一种形式。它每年例行举办一次。它专门在阿耳忒弥斯·奥忒亚的祭坛上举行，女神的女祭司和人们崇拜的女神神像也会在现场（Pausanias 3.16.10）：

> 捧着木雕神像的女祭司站在他们旁边；由于木雕神像的尺寸小，所以很轻，但如果鞭打者毫不留情地鞭打一个英俊的或是高贵的青年，那么对女祭司来说，木雕神像就会变得沉重，不再轻巧。女祭司认为，鞭打者是元凶，并说她因为他们受到压迫。

书中没有提到奶酪、食物或偷窃，只有男孩们必须表现出的忍耐力。这种在祭坛上被鞭打的坚定,与吕库耳戈斯的目标截然相反——他认为,鞭打可以把男孩训练得灵活敏捷,从而尽可能地避免挨打。

年代学

这两种鞭打行为的细节不仅完全不同(除了被鞭打的事实),斯巴达的历史也排除了古典时代的斯巴达对青少年的训练与罗马时代的习俗之间的延续性。色诺芬所描述的行为必然与古典时代有关,因此我们可以把偷奶酪的行为最晚追溯到公元前5至前4世纪。然而,所谓的agogê/αγωγή[养育]和共餐的做法(亚里士多德讨论过,因此也可以追溯到古典时代)似乎早在公元前4世纪后期就被搁置了。弗劳尔(Michael Flower)认为,这两种习俗可能都已经结束了。因为公元前330年,斯巴达人在麦加拉城邦(Megalopolis)战败后,由于人力的损失——斯巴达式的寡头主义——已经严重到无法维持这两种传统。[①]

人们普遍认为,第一次(重新)创造吕库耳戈斯的"传统"是在公元前3世纪阿吉斯王和克琉墨涅斯王(Kleomenes)在位时期,当时斯巴达人急于恢复他们的斯巴达血统。[②] 经济和土地

---

① Flower 2002:195.
② 同上:196—198;Kennell 1995:111。

所有制方面的改革可以追溯到这位传说中的立法者,当然,正是在克琉墨涅斯的领导下,agogê/αγωγή[养育]有了新阐释。然而,正如弗劳尔所指,在原始传统消亡大约100年后,没有人还记得这些古典时代的习俗。[1]虽然色诺芬的著作和他同时代的人(据记载,他们中没有一个是斯巴达人)的作品以及口述传统的所有变化都可能对"再创造"作出贡献,但年代学强烈表明,所谓的吕库耳戈斯习俗主要是用一种新出现的、前卫的布料包装出来的。这种新布料的编织者就是克琉墨涅斯的导师兼顾问——斯多亚派哲学家斯法罗斯(Sphairos)。因此,人们很容易就会认为,那些被认为是古风时代的革新之物,充斥着大量的斯多亚理想主义。

如果结束了吕库耳戈斯的 *rhetra*[**瑞特拉**]法令的继续实施到与它们(重新)建立之间长达一个世纪的间隔,还不足以对任何延续性的概念产生怀疑的话,那么公元前2世纪还有另一个中断时期。公元前188年,斯巴达又一次与菲洛波伊门(Philopoimen)领导下的阿开亚人联盟对抗,后者获得了罗马对其遏制斯巴达的权力许可。为此,他拆毁了城墙,恢复了流亡者(的自由),最重要的是,废除了斯巴达政制,并代之以阿开亚政制。具体来说,他禁止了agogê/αγωγή[养育]制度——

---

[1] Flower 2002:196.

鞭打的做法在两个政制观念中都得到了格外的重视。[1]斯巴达人又花了40年的时间才重新回到罗马人身边，并在公元前146年重新制定了他们的"传统"政制。与之前的中断时期不同，号称吕库耳戈斯的传统在公元前2世纪下半叶仍然存在于人们的记忆中。即使在恢复"常态的"第二波浪潮中悄然出现了革新，也不会像上一个世纪克琉墨涅斯领导的真正的革命那样迅猛。

那么，至少可以说，鞭打仪式与偷奶酪的习俗在时间上相差不少于一个世纪，而普鲁塔克亲眼所见的制度与色诺芬所见的制度，在斯巴达传统政制中，至少完全间隔了两个世纪。

原因论

当我们考虑到古希腊人和罗马人自己都很难解释鞭打仪式的起源时，偷奶酪的做法和鞭打之间的区别就变得越发明显了。这与我们在上文引用的普鲁塔克《吕库耳戈斯传》（17.3—4）中的叙述形成了鲜明对比，在那里，伦理学家讨论了笨拙窃食导致的殴打，这与早期的做法有明显的联系，但与鞭打仪式截然不同。

关于鞭打仪式最早的起源故事，来自公元前1世纪作家海基努斯神话纲要《寓言》中的叙述。在第261段，他写道，奥

---

[1] Kennell 1995：9.

瑞斯忒斯：

> 由于失去了妹妹，他得到了一个神谕，于是他和同伴皮拉德斯找到了科尔基斯，杀死托阿斯后，带着藏在一捆木头里的神像潜逃……并将它送到了阿里西亚。但是，由于这种残忍的崇拜方式后来激怒了罗马人，即便献祭的是奴隶，狄安娜还是被转移到了斯巴达人手中，在那里，献祭习俗一直延续到鞭打男孩，称为 Bomonicae（"祭坛的胜利者"），因为他们都被放在祭坛上，就比拼看谁挨得最狠。①

这个版本后来由公元 2 至 3 世纪的一位罗马哲学家菲洛斯特拉托斯（Lucius Flavius Philostratos）充实，在他的《阿波罗传》（*Vita Apollonii*，6.20）中有一段独白：

> 然而，实行鞭打的习俗是为了纪念来自斯库提亚的阿耳忒弥斯，据说，这是奉神谕的命令，我认为，违背神的旨意是疯狂的行为……不是鞭打，而是在圣坛上洒人血，就连斯库提亚人也认为这样做值得。斯巴达人修改了仪式的必要因素，并向耐力赛发展，在竞赛中，不会有生命损失，而女神会接受他们

---
① 译自 Kennell 1995：150。

的血供。①

关于斯库提亚这一主题的变体本由鲍萨尼阿斯提供。他在鞭打起源的版本提到(3.16.7,9—11):

这个地区叫作利姆奈翁,那里有个阿耳忒弥斯·奥提亚神庙。他们说那个 xoanon [木雕神像] 就是奥瑞斯忒斯和伊菲革涅亚曾经从陶里人的地盘上偷来的。拉栖戴蒙人说他们把它带到了他们自己的领地,因为奥瑞斯忒斯也是那里的国王……这就是我的证据,可以证明拉栖戴蒙人的奥提亚是来自野蛮之地的木雕神像:阿斯特拉巴科斯和阿洛佩科斯,是埃尔博斯之子,其祖辈及以上是安菲斯特涅斯、安菲克勒斯、阿吉斯,当他们发现这尊雕像后,就突然发疯了。此外,斯巴达的利姆奈翁人和库诺索斯人以及那些来自美索亚和皮塔纳的人,当他们向阿耳忒弥斯献祭时,发生了一场争执,他们变得非常愤怒,许多人在祭坛上被杀,一场瘟疫摧毁了其余人。就在这时,一个女祭司来到了他们面前,要用人血来献祭祭坛。被献祭的人由抽签决定,但吕库耳戈斯把它改成了鞭打青少年,因此祭坛上满是人血 [这里是关于女祭司和木雕神像的部分描述,如上所述]。

---

① Kennell 1995:157,节选。

因此，雕像保留了自陶里克献祭以来对人血的享受。

对鲍萨尼阿斯来说，鞭打事件的发生起因于，在阿耳忒弥斯的圣域内的一场谋杀造成了宗教仪式的 miasma/μίασμα［瘴气］，因此需要更多的血净化她的圣域，这多少有些不合逻辑。最后，不像往常一样献祭人给阿耳忒弥斯，这个仪式变得不那么残忍了，它在这一情景下变成了耐力赛。很明显，到公元 2 世纪，关于鞭打的起源和阿耳忒弥斯在其中扮演的角色有相当大的混淆。鲍萨尼阿斯设法将斯库提亚人和奥忒亚，与吕库耳戈斯和神谕牵涉到这一仪式的起源中，尝试将许多线索笨拙地拼凑在一起，形成一种半符合逻辑的原因论。

与斯库提亚人的阿耳忒弥斯原因论相反，普鲁塔克在公元前 479 年的普拉泰亚（Plataia）战役中发现了这个仪式的起源，并在他的《阿里斯泰德传》(*Life of Aristides*)中讲述了这个故事。根据普鲁塔克（17.8）的记述：

也有人说，帕萨尼亚斯（Pausanias）在战场外献祭祈祷之时，吕底亚人突然扑倒他，抓住并向他投掷献祭器具。帕萨尼亚斯和他的同伴没有武器，就用棍棒和鞭子打跑了他们。正因如此，他们在斯巴达的圣坛重演了这次袭击，在吕底亚队伍完成游行后，他们就在祭坛鞭打一群男孩。

将军要供奉的女神是阿耳忒弥斯·阿格罗特拉，在投入战斗前，斯巴达人会为她献祭一只山羊（见第三章）。因此，这个仪式不是与阿耳忒弥斯·奥忒亚或斯库提亚·陶洛波罗斯有关，而是与阿耳忒弥斯·阿格罗特拉有关，这个仪式也与偷窃或教养无关，而是战争纪念的一部分。

每一种原因的提出都有复杂甚至相互矛盾的因素，这些因素使他们在罗马早期的斯巴达所扮演的宣传角色中更加突出。最早的起源故事是斯库提亚人的故事，其中奥瑞斯忒斯（可能是伊菲革涅亚）带着阿耳忒弥斯·陶洛波罗斯的崇拜雕像潜逃到意大利的阿里西亚，最后带着神像定居在斯巴达。这种公元前1世纪的叙述与欧里庇得斯在他的《伊菲革涅亚在陶里人中》（ll.1446—1463）所创作的5世纪的雅典传统直接矛盾，正如上文伊菲革涅亚一节所述。这是我们掌握的关于希腊的阿耳忒弥斯·斯库提亚神像传统最古老的证据。因此，与奥瑞斯忒斯或吕库耳戈斯相关的任何"斯库提亚人"的叙事自然都不合时宜。在罗马时代，尤其是在斯特拉博和鲍萨尼阿斯的文献中，这尊神像出现在许多城邦，包括赫耳弥奥涅、意大利的阿里西亚、苏萨、卡帕多西亚、西西里岛的廷达里斯，当然还有斯巴达。①考虑到这些证据的年代顺序，有种强烈的指引，暗示斯巴达人象征性地从雅典人那里"偷走了"木雕神像。②

在这种叙述产生的时期，这些原因论为斯巴达人想要找回自己的武士起源提供了大量的宣传目的。首先，奥瑞斯忒斯的故事让斯巴达人重拾他们英勇的过往，特别是特洛亚战争的过往。通过重申他们与阿伽门农之子奥瑞斯忒斯的联系，斯巴达可以从公元前最后几个世纪的无数次军事失败中走出来，进入一段没有任何污点的辉煌时期。提及奥瑞斯忒斯是斯巴达国王（通过他与赫耳弥奥涅的婚姻，她是墨涅拉奥斯[Menelaos]和海伦epikleric[唯一]的女儿），绕过了迈锡尼相当尴尬的局面，从而将这位英雄与荷马时代显赫的两个伟大城邦捆绑在一起。

在海基努斯陶里克神像的版本中，其故事也将意大利城邦阿里西亚引入了战斗之中；事实上，这是关于这个话题迄今为止唯一深入西部的叙述。对于肯内尔（Kennell）来说，这个细节与公元前2至前1世纪关于斯巴达对罗马文化影响的持续争论有关。早在公元前2世纪波利比奥斯（Polybios）的著作出

---

① Cole 2004：199；同参 Hall 2013：150。
② 就像欧里庇得斯从拉科尼亚人那里"偷走"伊菲革涅亚一样。

现之前，古往今来的许多作家都对斯巴达和罗马政府的相似之处产生兴趣——决斗的国王/决斗的执政官，三十人的元老院/三百人的元老院，五个监督官和十个保民官，等等。[1]对于一些希腊的知识分子而言，罗马对斯巴达的依赖不言而喻，就像波西多尼奥斯（Posidonios）声称，罗马人"在各个方面都模仿了斯巴达政制，并且比他们维护得更好"（*FrGrHist* 87 F 59）。海基努斯的《寓言》让罗马人扭转了斯巴达人占主导的局面，他辩称至少有一些影响是由西向东传播的，比如在内米（Nemi）的狄安娜崇拜中，鞭打仪式与阿里西亚人的弑君仪式习俗就背道而驰（见第七章）。

　　鲍萨尼阿斯从不同的角度看待陶里克的起源，他声称，流血仪式并非来自嗜血的斯库提亚人，而是来自希腊宗教崇拜中的 miasma/μίασμα［瘴气］——圣域中的流血事件——在陶里克的雕像面前。这次流血事件发生在斯巴达的四大部落（*phylai*）：利姆奈翁人、库诺索斯人，以及美索亚人民和那些皮塔纳人。这种叙述再次为实际上只能追溯到希腊化时代的古老的"传统"提供了合法性，并将希腊化时代的部落设定为早期斯巴达历史的黑暗时代。[2]这一假设因最近新建的部落——*Neopolitai* 即"新

---

[1] Kennell 1995：81.
[2] 同上：40。

公民"——明显不在这份名单中的事实而得到了强化。第五等级很可能来自克琉墨涅斯的创造,在希腊化之前的时代中尚未证实。[①] 通过把新公民从阿耳忒弥斯圣坛上战斗的出战人数中除去这一做法,鲍萨尼阿斯强调了传统的(伪造)古语。

与之前不同的是,这些原因都或多或少地与受难祭坛上的外来者阿耳忒弥斯有关,而普鲁塔克提出了与鞭打仪式完全不同的起源。在他的《阿里斯泰德传》中,他声称每年都会实施一次鞭打,以纪念在普拉泰亚战役中斯巴达人和吕底亚人的肉搏战。不幸的是,对普鲁塔克来说,他的描述与希罗多德在公元前5世纪对那场冲突的描述截然相反。希罗多德在他的《历史》中报告说,拉栖戴蒙人和他们的忒革亚同盟(9.61.3—9.62.2):

(他们)献祭时并没有得到吉兆,而且就在这时,许多人攻击他们,越来越多的人受了重伤。因为波斯人用藤条围成壁垒,并且射出了大量箭矢,以至于帕萨尼亚斯——面对斯巴达人正被痛打,他一如既往地献祭——将目光投向了普拉泰亚的赫拉神庙,他呼唤女神,祈求她不要让他们的希望落空。当帕萨尼亚斯还在呼唤女神的时候,忒革亚人却一马当先地冲向异邦军,而在帕萨尼亚斯祈祷之后,献祭变得对拉栖戴蒙人有利了。最后,

---
[①] Cartledge 2002:53.

他们也向波斯人发起进攻，对面的波斯人便扔掉他们的弓来迎战了。战斗起初是用藤盾，当这些藤盾冲倒后，激烈的战斗在德墨忒耳神庙周围持续了很长时间，直到战斗成了近身肉搏战。因为异邦军抓起对方的长矛，就把它们折断了。

从希罗多德的叙述中可以清楚看出，波斯人并没有与帕萨尼亚斯军队进行肉搏战，而是远远地在藤盾后面射击。直到他们得到好兆头，把敌人从祭坛上赶走后，两队人才近距离交锋。那么，拉栖戴蒙等人就不可能手持鞭子在祭坛周围与他们搏斗。

因此，普鲁塔克的叙述显得有些尴尬，特别是这位学者在其他古代资料中也接触到希罗多德的著作后更为明显。只有一种可能的说法是，当时有另一种版本在流通，但我们已无法接触到，它不仅解释了不同的战斗风格，也解释了后来斯巴达的吕底亚游行队伍，迄今为止，普鲁塔克的这一段仍是我们唯一的证明。

然而，将普拉泰亚战役纳入鞭打的叙述与公元 1 世纪斯巴达的宣传倾向一致。正如卡特利奇（Paul Cartledge）和斯伯弗斯（Anthony Spawforth）所论，在罗马时代，斯巴达热衷于强调自己在波斯入侵中的作用，特别是罗马正在与那些自称为波斯人的帕提亚人时常交战的那一时期。甚至在此之前，从公元前2世纪后期开始,斯巴达在四年一度的希腊人战胜异邦军的 *Eleutheria*("**自由**")节庆中也扮演了重要角色。在公元纪年早期,斯巴达和雅典曾因争夺这个节日庆典的领导权,展开了举世闻名的修辞辩论(rhetorical dual)。① 奥瑞斯忒斯的陶里克的木雕神像的位置很可能与这些辩论有关,鲍萨尼阿斯(3.16.7)指出,尽管斯巴达人几个世纪以来一直拥有这尊崇拜雕像,但雅典人在欧里庇得斯提供的后续叙述中承认,在薛西斯(Xerxes)领导下的进攻中,这尊神像被波斯人抢走了。

对于罗马时代的作家来说,耐力赛确实与阿耳忒弥斯有关,她通常是一个外来的、野蛮的、嗜血的阿耳忒弥斯角色,但同样也是他们的战争盟友阿格罗特拉。然而,这似乎很少有过度的相关性。这些原因彼此不一致,而且与早期作家的叙述也完全不一致。相反,鞭打仪式提供了一系列的宣传目的,将斯巴达与古老的传统联系在一起,而这些传统在很大程度上都是最近的发明。在他的《阿里斯泰德传》中,普鲁塔克至少唤起了人们对5世纪早期的回忆,即便他的叙述与我们从希罗多德那里了解到的截然相反。但是在普鲁塔克之前和之后的作家都试图仿照古代"习俗",诚然,这些"习俗"相较于罗马时代且算古老,但肯定无法追溯到大约古风时代的吕库耳戈斯。然而,

---

① Cartledge and Spawforth 2002:191.

这些原因不仅可以追溯到古风时代，甚至可以追溯到青铜时代，甚至让人回想起阿伽门农之子奥瑞斯忒斯国王的**辉煌岁月**（*anax andrôn*）。

那些男孩被鞭打了！

与其把偷奶酪的习俗或鞭打仪式视为对阿耳忒弥斯的崇拜（无论其身份或绰号是什么），不如把"鞭打"本身视为一个重要的细节来考虑。也许是将"鞭打"作为他们坚韧、毅力和耐力的重要象征，因此斯巴达人选择把自己想象成被鞭打的样子。正如弗劳尔所表达的那样，鞭打是斯巴达（男性）身份的"关键象征"，[①]是一种自我定义的独特实践，例如崇拜一个被描绘成武装的万神殿（甚至是阿芙洛狄忒！[②]）或者在炎热的夏天跳 Gymnopaideia（这也提供了类似的耐力赛，参见柏拉图《法律篇》633c），或者是纪念死后被神化的两位国王。[③]可能是由于偷奶酪的习俗，或是这种习俗的起源，斯巴达人把对男性的鞭打视为（认证）其斯巴达人身份的一个重要方面。

摒弃阿耳忒弥斯或仪式的隐含意义，转而专注于鞭打概念

---

① Flower 2009: 202.
② Budin 2010: *passim.*
③ Flower 2009: 202–214.

在斯巴达习俗中独创的延续性。这种延续性始于色诺芬和柏拉图的文本，其中一位提到偷奶酪的习俗，另一位提到通常情况下对年轻小偷的殴打。这些资料由色诺芬的《拉栖戴蒙人的政制》（2.2）另作补充，其中再次提及男孩的训练，色诺芬注道：

吕库耳戈斯，反而没有给每个人强加奴隶教练，而是任命一个最高地位的人管理他们，这个人叫作Paidonomos[监督官]。他授权这个人去召集男孩，监督他们，如果有人表现不好，就予以严厉惩罚。他从年轻人手中把鞭子交给了这个人，以便在必要时，他们可以随时协助他。所以，那里的人既谦逊又顺从。

鞭打概念在这种案例中再度出现，此情境下，*mastigophoroi* 和阿耳忒弥斯没有任何关系，而是与受过良好教育的斯巴达人有关。

到公元前4世纪晚期，受鞭打的斯巴达人这一概念看来已广为人知，以至于由公元前4世纪晚期至前3世纪早期的漫步学派哲学家——来自索利的克莱尔霍斯（Klearkhos of Soli）所记载或讽刺过。正如阿特奈奥斯《学问之餐》（*Deipnosophistai*, 13555c—d）所载，在《论箴言》（*On Proverbs*）一书中，克莱尔霍斯声称：

在拉栖戴蒙，女子在一些节日里把未婚男拖到祭坛周围，用藤条鞭打他们，这样她们就可以逃离这种暴行，真正地去爱，并在适当的时候步入婚姻。

众所周知，作为"优生"政策的一部分，吕库耳戈斯强烈建议公民保持单身，更重要的是不要生育（普鲁塔克《吕库耳戈斯传》15.1—2；《吕桑德传》30.5；《道德论丛》227f）。[①] 根据普鲁塔克记述，这种惩罚是一种低级的社会排斥——人们会在公共场合被鄙视，或被禁止参加某些节日。我们无法确定克莱尔霍斯的叙述是否准确，因为我们没有其他同时代的资料，但事实上，无论是古代还是现代学者都认为克莱尔霍斯有点小题大做。此外，试图用普鲁塔克公元前1世纪的著作来验证克莱尔霍斯公元前4世纪或前3世纪的记述，在方法论上是不可靠的。然而，无论克莱尔霍斯的叙述是否"真实"，他的叙述在这里都被认为是斯巴达文化的代表，而他的叙述中所呈现的——对单身的惩罚和围着祭坛鞭打——显然是拉栖戴蒙人的风格。或者换句话说，在公元前3世纪初，在祭坛被鞭打已经被视为斯巴达 *geist*［**精神**］的一部分。克莱尔霍斯没有给出关于祭坛主人身份的暗示，从这一点我们可以推测出，很可能斯

---
① 同参 Cartledge 2002：265。

巴达男性在奥忒亚的祭坛被鞭打这一事实已经众所周知,以至于没有理由再强调一番,或者是这种做法与克莱尔霍斯所知道的任何特定的神都没有关联,重要的其实是鞭打本身。

直到接触了上文提及的西塞罗和海基努斯的拉丁语文本,我们才有了更多关于斯巴达人鞭打习俗的记载。它表明,罗马时代众所周知的耐力赛早已根深蒂固。

阿耳忒弥斯是掌管儿童过渡到成人的女神,因此,她参与了包括在男孩的教育和成熟的过程中殴打他们的各种各样的传统不足为奇。作为野蛮的、需要人血的斯库提亚女神,阿耳忒弥斯也是耐力赛的合适人选。

然而,证据表明,阿耳忒弥斯在这两个传统中所扮演的角色,可能比其他任何角色都更偶然。阿波罗(斯巴达主神和青年神),甚至是雅辛托斯(Hyakinthos)也同样适合成熟的神祇角色。阿耳忒弥斯和她的女祭司主持鞭打仪式主要是因为阿耳忒弥斯——或至少是奥忒亚(见第一章)——与早期的习俗有关。克莱尔霍斯可能指的是阿芙洛狄忒或赫拉祭坛——甚至可能是拉科尼亚的阿芙洛狄忒–赫拉祭坛(Pausanias 3.13.9)——对单身汉的惩罚。

在整个鞭打传统的曲折历史中,始终连续的是鞭打本身。无论有没有祭坛,有没有食物,有没有阿耳忒弥斯,近一千年来,斯巴达人一直向全世界夸耀,他们是能够经受得住鞭打的人。他们是疯子。

斯库提亚人的阿耳忒弥斯

托尔:洛基再不理智,但他也是阿斯加德的人,他是我的兄弟。

娜塔莎·罗曼诺夫:他在两天内杀死了八十个人。

托尔:他是领养的。[①]

对阿耳忒弥斯·陶洛波罗斯和对阿耳忒弥斯·奥忒亚的崇拜在文学中有两个重要的共同点:都被认为嗜血,且都把他们的阿耳忒弥斯与北部的野蛮人,确切地说是陶里人联系在一起。这在希腊宗教中并不少见。出于这样或那样的原因,无数的神让希腊人感到不舒服,而且几乎不可避免的是,希腊人找到了一种方法,声称这些神是外来的,是来自异国他乡的当地神,在那里,这种不体面的品性也是意料之中的。狄奥尼索斯,疯狂的醉酒之神,如果不是来自印度的话,肯定来自安纳托利亚。可恨的阿瑞斯,屠杀和毁灭之神,当然是色雷斯人。阿芙洛狄忒,

---

① 《复仇者联盟》(电影)2012。导演:Joss Whedon, Marvel Studios。

甚至能使宙斯神魂颠倒,更不用说能令人燃起不适当的性欲了,她是塞浦路斯人、叙利亚人或亚述人——无论多么遥远的东方,希腊人都能找到她的同族。

很少在远离希腊的地方塑造出贞洁的阿耳忒弥斯。她的绰号没有透露任何外来名称,比如库普利斯(Kypris)。她不会像阿瑞斯那样飞向异国他乡。作为野生动物女神,也很少描绘她带着奇异的动物,如狄奥尼索斯的斑豹。

然而,当需要人血或人的生命时,她突然就变成了斯库提亚人。这一事实源于古典世界的三种趋势的融合。第一个趋势很简单,就是上文提到的那种把"令人不舒服的"神视为异类的倾向。因此,杀人的阿耳忒弥斯属于陶里人。

第二个趋势是欧里庇得斯的《伊菲革涅亚在陶里人中》的极度流行。正如霍尔的广泛研究,这部戏剧在公元前5世纪晚期被引入后,成为希腊和罗马最受欢迎的戏剧之一。故事中的场景成为希腊花瓶画和罗马壁画,甚至成为公元时代的罗马石棺上的常见母题。① 这个故事是阿里西亚的狄安娜崇拜和意大利中部的 Rex Nemorensis [内米之王] 仪式的基础神话之一(见第七章),其本身对奥古斯都·恺撒(Augustus Caesar)的宣传很重要。随着伊菲革涅亚神话的流行,更多更远的城邦声称

---

① Hall 2013: chs. 4–7.

拥有这个神话的某些特征,或是强调他们自己在故事中扮演的角色,或是声称他们拥有陶里人的agalma/ἄγαλμα[崇拜雕像]。因此霍尔声称:

> 我们可以肯定的是,这些地方与剧中讲述的故事有关……包括哈莱的阿拉菲尼德斯,布劳戎、斯巴达、迈锡尼、特洛阿德(Troad)、叙利亚的劳迪西亚(Laodicea)、蓬托斯(Pontus)的科马纳(Comana)、卡帕多西亚(Cappadocia)的金色科马纳(Golden Comana)和泰安那(Tyana)、西里西亚(Cilicia)的卡斯塔巴拉(Castabala)、吕底亚的斐拉德尔菲亚(Philadelphia),此外还有意大利的阿尔邦(Alban)山上的狄安娜圣所,库迈、雷吉昂(Rhegion)和延达瑞斯(Tyndaris),总共至少有15处。①

第三个趋势是罗马化在整个希腊世界的蔓延,以及随之而来的罗马人对暴力和残忍的偏爱。正如上文关于帕特莱大屠杀和斯巴达鞭打仪式的章节所论,阿耳忒弥斯真正的血腥大多出现在罗马时代,那时候,血腥运动变得更加普遍和流行。所以,对阿耳忒弥斯的崇拜变得更加血腥,并且随着崇拜的演变,人

---
① Hall 2013:150。

们需要将这种野蛮行为投射到一个野蛮的"他者"身上。

所有这些倾向都在斯巴达很明显。正如第一章提到,沃奥萨西亚的崇拜可以追溯到公元前9世纪,女神与阿耳忒弥斯的融合可能发生在公元前6世纪。然而,直到罗马时代,在公元前1世纪海基努斯的著作中,才提到斯库提亚女神(或她的崇拜形象)的起源。这时,《伊菲革涅亚在陶里人中》已经流行开来,而且在罗马的宣传中举足轻重。同样,到了海基努斯时代,最初的偷奶酪的 agogê/αγωγή〔养育〕仪式已经变成了一种耐力赛——鞭打——斯巴达的青年在阿耳忒弥斯的祭坛前被鞭打数小时。阿耳忒弥斯的陶里克起源与她日益野蛮的仪式紧密相连:当斯巴达年轻人需要更多鲜血时,奥忒亚突然从斯库提亚——经由意大利来到了这里!相比之下,梅塞内的阿耳忒弥斯·奥忒亚从来都不是斯库提亚人,她的身边都是年轻女孩。也许有点色雷斯人的味道,但这只是让她更接近她在雅典的姐妹阿耳忒弥斯-本迪斯(Artemis-Bendis),梅塞内敌人的敌人同盟对抗斯巴达。

最后,阿耳忒弥斯在鲍萨尼阿斯那里比在希罗多德那里更有可能是斯库提亚人。在后者看来,伊菲革涅亚是被人献祭的少女。对鲍萨尼阿斯来说,阿耳忒弥斯和/或她的崇拜雕像是属于斯库提亚人的,遍及古希腊及其更远地区,从意大利阿里西亚到苏萨。这种更"野蛮的"倾向与她的崇拜中更野蛮的倾向密切相关,最显著的是在斯巴达和帕特莱。

随着时间的推移,对阿耳忒弥斯的崇拜在许多情况下变得更为残忍。但我们应该注意,这并不是因为阿耳忒弥斯更像斯库提亚人,而是因为她更像罗马人。帕特莱大屠杀在罗马时代被证实,关于在鞭打仪式中死亡的最有力的证据同样也出自罗马时代。从荷马时代以来,神话中的阿耳忒弥斯就一直是"狮子般对待妇女"的形象,但她的野蛮主要是在神话领域中被保留下来。直到罗马人出现,她才在现实生活中变得野蛮——这可能更多是与罗马人有关,而不是与女神有关。

小结

阿耳忒弥斯在现代文学中以温柔与野蛮而闻名。她的野蛮表现在她明显的嗜血欲望——她用各种瘟疫攻击人类,尤其是用她"温柔的"箭攻击女人。她是最有可能要求以人献祭的女神——通常是儿童,有时甚至是其他神也必须安抚她的报复仪式。最糟糕的是,希腊人与她断绝了关系,并把他们女神残暴的一面归咎于陶里克的斯库提亚人。

然而,最终促成阿耳忒弥斯最邪恶仪式的并非陶里人,甚至也不是希腊人,而是罗马人。只有在帝国统治下,成群的动物才会在大屠杀中被烧死,而斯巴达男孩则在血腥的鞭打之下死去。我们将在下一章看到,同样是在罗马人统治下的意大利,仪式化的弑君崇拜被附着在戴安娜的崇拜上。

七、阿耳忒弥斯一些被低估的方面

本书前几章论述的阿耳忒弥斯的许多特征为学术界和大众读者所熟知。一提到阿耳忒弥斯,人们就会想到狩猎女神、儿童的养育者、助产士、弑妇者,可能还会想到月亮,因为人们往往会把阿耳忒弥斯与罗马的狄安娜混淆。

但是这位女神还有一些不太为人所知的方面,事实上可能看起来与她更受欢迎的形象有些矛盾。正如下文所述,在古希腊,除了她的森林特质之外,阿耳忒弥斯还被崇拜为城市女神,并且是一个帮助解放奴隶的女神。

阿耳忒弥斯是城市女神

正如第一章所论,阿耳忒弥斯在爱琴海青铜器时代有很强大的形象先例,如爱琴海的自然女神和波提尼亚·塞隆。然而,早在远古时代的文献和考古学证据表明,女神有一个村庄——

如果其占地面积没覆盖整座城市的话，至少也占有其中一部分。此外，她的许多崇拜纳入了外来女神的形象，如安纳托利亚（以弗所）的伟大女神和波斯的阿娜提斯（Anaïtis）。因此，在阿耳忒弥斯和这些东方女神之间联系仍然牢固的地区，她继承了先辈们的东方崇拜的某些方面，也就不足为奇了。在希腊化时代，随着融合的加强，阿耳忒弥斯也呈现出更多城市女神的形象，尤其是在希腊东部。[①]

关于阿耳忒弥斯作为城市女神的最早文学证据来自《荷马颂诗：致阿芙洛狄忒》，诗人声称，阿耳忒弥斯喜爱的这些事物，如射箭和跳舞，是（l. 20）"正义之士组成的城市"（dikaiôn te ptolis andrôn/δικαίων τε πτολίς ἄνδρων）。公元前6世纪的抒情诗人安纳克瑞翁（Anakreon）在献给迈安德（Maiander）河畔上的马格尼西亚（Magnesia）的阿耳忒弥斯的诗中补充到（fr. 348页）：

我恳求你，埃拉菲波洛斯（"射鹿手"），

秀发亮泽的宙斯之女，

野生动物的女主人，阿耳忒弥斯。

现在这座城市怎么了

雷泰奥斯河卷走了勇敢的男子们

[①] Petrovic 2007：201.

> 你欢喜地注视着
> 因为（你乐于见的）是这些市民
> 而不是野蛮的羊群。

在这里，我们看到荒野女神阿耳忒弥斯与一个新兴城市女神的完美融合。安纳克瑞翁称女神为野生动物的女主人（agriôn despoin...Thêrôn/ἀγρίων δέσποιν...Θήρων），甚至把城邦的公民称为"羊群"。然而，阿耳忒弥斯尤其乐于看到，尽管也成群，但他们不是 anêmerous/ανήμερους［野蛮的］羊群，而想必是"正义之士"。

来自希腊大陆的考古证据也表明，阿耳忒弥斯除了更倾向于边境外，还具有城市的一面。例如，阿耳忒弥斯·Mesopolitis （"中心城市"）有一个位于阿卡迪亚的奥克霍美诺斯城墙内的圣所，其坐落在城市广场（agora）南部的一个露台上。这座神庙的狭长比例表明它建造于古风时代早期，后来，在公元前 3 世纪又修建了一座新祭坛。① 在阿提卡，早在公元前 6 世纪庇西斯忒拉图（Peisistratids）统治时期，布劳戎的阿耳忒弥斯圣所有了一个"搭档"，也就是位于雅典卫城的阿耳忒弥斯·布劳戎尼翁（Brauronion）神庙，这表明它的建立与伯罗奔半岛战争

---
① Brulotte 2002：180.

期间无法接触到原先的神庙没有任何关系。①阿耳忒弥斯·福斯弗洛斯（又名奥忒亚）在梅塞内的两座邻庙（第四章讨论过）都位于城市内部，可以追溯到公元前4世纪，且一直延续到罗马时代。布鲁洛特（Eric Brulotte）对伯罗奔半岛阿耳忒弥斯崇拜的调查显示：

> 事实上，快速浏览一下阿耳忒弥斯圣所的地理位置就会发现……其中供奉阿耳忒弥斯的崇拜地有77个位于城市和乡村或其邻近地区，而在乡村仅达到45个……我们可以合理假设，早期对阿耳忒弥斯的崇拜从乡村传播到了村镇和城市，而且在某一时期，城市和乡村的崇拜人数相等。②

然而，正是在希腊化时代，阿耳忒弥斯作为城市守护者的崇拜才真正在希腊东部扩大。她的形象深受那些城市的本土女神的影响，随着这些城市的地位越来越高，也更加具有经济实力，他们便能够在亚历山大不断扩张的王国中传播自己的城市崇拜。到了公元前3世纪，对城市的阿耳忒弥斯崇拜已经变得十分突出，特别是在安纳托利亚、吕底亚、卡里亚、伊奥尼亚、弗里吉亚、

---

① Hall 2013：xxix-xxx.
② Brulotte 2002：182.

吕基亚（Lykia）、潘菲利亚（Pamphylia）和基利西亚（Cilicia）。①

宣告阿耳忒弥斯作为城市女神这一新角色是在卡利马霍斯《致阿耳忒弥斯颂诗》中。当她向天父宙斯请求她想要的荣誉时，她要求的是我们所通常期望的物品和特权：箭袋、宁芙仙女、山脉等。宙斯同意了，但同时补充道（ll. 31—39）：

"拿去吧，孩子，我很乐意
如你所愿，父神会给你更多。
我要给你三十座有城墙的城市，不只是一座塔楼，
这三十个城墙环绕的城市，不会去崇拜别的神，
而唯独崇拜你，阿耳忒弥斯。
这些城市都要共同尊崇你，
无论是在陆地还是在岛上，每座城
必定有阿耳忒弥斯的祭坛和圣地。你会成为
道路和湿地的守护者。"

卡利马霍斯在这本书中提到了一个城市，毫不奇怪，就是以弗所。在第237和257行，诗人描述了勇士吕达弥斯（Lygdamis）威胁要与一大群辛梅里安人（Kimmerians）袭击

---
① Petrovic 2010：221.

并劫掠这座城市。但阿耳忒弥斯亲自挡住了他,就好像"她的箭永远保卫着以弗所"!

阿耳忒弥斯与波斯-亚美尼亚女神阿娜提斯/阿娜希塔(Anaïtis/Anahita)的融合使她成为城市女神赫派帕(Hypaipa),其离以弗所不远。[1]正如在第三章提到,这位女神通过佐罗亚斯特人的收养和美索不达米亚的战争与爱情女神伊诗塔的改编而出现。她也吸收了一位本土水女神的属性,这位女神后来被称为阿娜希塔,即"无瑕者"。[2]由于她的伊诗塔起源,人们经常把她与阿芙洛狄忒/维纳斯联系在一起,而她最常被比作的希腊神祇是扮演着"纯洁"的生育女神角色的阿耳忒弥斯。[3]这一点在普鲁塔克的《卢库鲁斯传》(*Lucullus*, §24),塔西佗(Tacitus)的《编年史》(*Annals*, 3.63)[4],以及阿耳忒弥斯的安纳托利亚绰号阿耳忒弥斯·阿娜提斯,也可能是阿耳忒弥斯·Persikê/Περσική[佩西克]中得到了证实。[5]像伊诗塔一样,阿娜希塔也有她黩武的一面,有点像欧里庇得斯叙述的克里米亚的阿耳忒弥斯女神,她也在斯塔克斯(Staxr)神庙里收到了在战斗中

---

[1] Petrovic 2010:202。

[2] Boyce 1987:61.

[3] Brosius 2009:140–143.

[4] Garsoian 1989:347.

[5] Brosius 1998:*passim*.

被砍下的敌人的头颅。[①]因此,作为城市和堡垒的守护神和保护者,她是一个理想神祇。

希腊东部其他几个城邦尊崇阿耳忒弥斯为他们的城市守护神。[②]在安纳托利亚,作为阿耳忒弥斯的宠儿,潘菲利亚的佩尔盖(Pergê)的地位仅次于以弗所,它们都有助于在整个希腊东部城邦传播阿耳忒弥斯的城市崇拜。回到安纳克瑞翁提到的迈安德河畔上的马格尼西亚,阿耳忒弥斯·Leukophrynê/Leukophrys("白的闪耀")自公元前3世纪在那里神显以来,一直是这座城市的主神。这位女神被尊为卡里亚的城市女神,名号为 *Astias*("**属于城市的**")和 *Prokathegemon*("**领导者或向导**"),她在以弗所也有这个称呼(*Ephesos*2, #1)。在叙利亚的劳迪科亚(Laodikeia)和米利亚斯(Milyas),在安纳托利亚的吕西亚,她接受了 Kyria("君主")这一绰号,在迈拉(Myra)城也被崇拜为阿耳忒弥斯·Eleuthera/Ἐλευθέρα("自由")。在卡里亚的肯迪耶(Kindyê),她被公认为阿耳忒弥斯·Kindyas/Κινδυάς[金迪亚斯],字面意思是城市女神,就像她在吕底亚的萨狄斯(Sardis)被尊为 *Sardianê*[**萨狄安**]一样。

[①] Chaumont 1965: 172.
[②] 所有有完整引用的参考文献在 Petrovic 2007: 201—202。

阿耳忒弥斯从来都不是像雅典娜或阿波罗那样杰出的城市神。然而，尽管她更倾向于森林，但城市女神的角色对阿耳忒弥斯来说并不完全陌生。作为长期以来的边界女神，她一直是帮助界定城邦领土的重要女神。

阿耳忒弥斯会让你自由的！

阿耳忒弥斯有一个过渡领域比本书中介绍的其他领域更鲜为人知，那就是奴役与自由之间的过渡。像这里呈现的许多过渡一样，这种过渡是单向的：就像阿耳忒弥斯帮助孩子成熟，帮助处女成为母亲一样，阿耳忒弥斯的作用是解放奴隶，而不是征服奴隶。阿耳忒弥斯在奴隶解放中的作用并不只属于她自己，还有其他神在这个过程中发挥了更大的作用。尽管如此，将奴隶，尤其是女奴，从他们的主人手中解放出来是她崇拜的一个重要方面，且这种崇拜一直延续到罗马时代和狄安娜崇拜。

神圣购买与解放祭礼

从公元前4世纪开始，在我们相关的铭文证据首次出现后，有两种方式可以让神在奴隶的解放中发挥作用。一种方式是让神从以前的主人那里购买奴隶。尤其是在德尔斐，从公元前2

世纪到前 1 世纪,已经有超过 1200 起这样的交易记录,这种做法允许奴隶通过把赎身钱交给神来购买他/她自己的自由,然后神从他/她的主人那里买下这个奴隶。尽管经常有 paramonê/παραμονή 条款——即在"虚构的"购买之后,奴隶必须在主人那里待到一定年限——但在 παραμονή 条款的规定下,奴隶正式自由了,除了神以外,没有人有权支配他/她。因此,在公元前 154 至前 153 年的一项解放法令中,我们读到:

> 克拉托(Krato),梅塞忒奥斯(Mesateos)的儿子……他以 3 米纳的银子把一个名叫艾琳(Irenê)的亚美尼亚女奴卖给了皮提亚的(Pythian)阿波罗神;他已经收了全款。担保人:尼卡霍斯(Nikarkhos),埃拉托(Erato)的儿子,根据艾琳已将购买权委托给了神,她的最终目的是使自己能够获得自由,不受任何人的控制,可以做任何她想做的事,想找谁就找谁。证人。[①]

神在奴隶解放过程中发挥作用的第二种方式是通过一种解放祭礼(sacral manumission),使奴隶得以解放,并在神的保护下获得自由。在这种情况下,解放似乎是奴隶主免费赠予的

---
① Westermann 1945:216.

礼物，而不是奴隶（通过神）购买的自由，尽管 παραμονή 条款能够而且确实也经常适用。这些获得自由的奴隶被称作"*hieros/hiera*"（**男性/女性**），他们被视为"神圣的"，他们被释放给了他们所崇拜的神祇。后来，*hierodule*[**圣奴**]一词也变得常见，尤其是在东方地区。① 这种开放始于公元前 4 世纪，一直延续到罗马时代晚期。

我们拥有此类解放法令最多的两位神是希腊-埃及神塞拉庇斯（Serapis）和希腊治愈之神阿斯克勒庇俄斯。② 考虑到 *hierodouleia* 概念——将个人奉献给神，同时得到神的保护和自由保障——起源于埃及，③ 希腊-埃及神在这些献祭仪式中占据如此突出的位置，也就不足为奇了。其他"接受"解放奴隶的神还包括波塞冬、阿波罗、雅典娜、宙斯、赫拉克勒斯、众神之母（the mother of the Gods）以及阿耳忒弥斯。

Hiera têi Artemidi

阿耳忒弥斯在解放祭礼的习俗中扮演的角色十分重要。一方面，她是解放祭礼中最早提到的神祇之一。约公元前 360 年，

---

① Budin 2009：*passim*.
② Darmezin 1999：184.
③ Budin 2009：200.

阿卡迪亚（*IG* V^2, 429）的科提利翁（Kotillion）山上的铭文记载：

> 致神：
>
> 克莱尼斯将科梅托斯、奥姆布里亚和霍罗瑟恩释放为自由之人。如果有人要对他们伸之以援手，无论是维斯提亚斯还是其他人，他们的所有财物皆"神圣的"[献给]阿波罗·巴希塔斯，潘·西诺伊斯，科提利翁的阿耳忒弥斯，以及沃奥萨西亚。①

后来，在公元前 3 世纪初期，在梅塞内颁布了类似的法令，援引女神利姆纳提斯（阿耳忒弥斯的绰号）保护一个叫佩特拉亚（Petraia）的人（*IG* V^1, 1470）的自由。法令提到：

> 释放佩特拉亚并使其自由。如果有人企图重新奴役佩特拉亚，那么他将欠下利姆纳提斯 10 米纳银子的神圣赔偿。②

随着时间的推移，解放奴隶和"接受"神之间的联系变得更加紧密。术语"hiera"和"hierodule"变得更加普遍，还有

---

① Darmezin 1999：22。这里沃奥萨西亚（Worthasia）后来被写成奥忒亚（Ortheia），与女神阿耳忒弥斯合而为一。参见 Carter 1987：375。
② Darmezin 1999：26.

παραμονή 条款也发生了变化——在这些条款中，被解放的奴隶有义务侍奉神祇。因此，公元前 2 世纪来自科斯岛的一个铭文说明了这一点（*SEG* XIV，529）：

> 皮提翁（Python）为忒墨诺斯圣地［和］这座阿耳忒弥斯圣所……以及宙斯·希克西奥斯（Zeus Hikesios）和列位祖先神献祭。普拉克西拉斯（Praxilas）之子皮提翁和女祭司献上……一个名叫马卡里诺斯（Makarinos）的奴隶，让他获得自由［并且］对女神虔敬（hieron tês theou），这样他就可以照管圣所了；所有的献祭者、祭司和仆人，都由马卡里诺斯照管，他也要照管圣所记录的所有其他神圣和世俗事务，以及皮提翁和女祭司所规定的其他事务。

碑文 *SEG* II，396 叙述："埃欧迪科斯（Aurelia Philipparin Eurodikês）释放了一个名叫阿里阿格涅（Ariagnê）的奴隶来侍奉女神阿耳忒弥斯·Gazôria［加佐利亚］。"[①] 而且，正如第一章所述，在公元前 1 世纪传自福基斯的海姆波利斯的（部分）铭文写道：

---

① Papazoglou 1981：177，no. 22.

如果有人占有尤克拉提亚并将她奴役……无论出于何种方式或借口,他都要向阿耳忒弥斯和阿波罗支付30米纳的银子,并且凡是愿意站出来的人,可以(从他的总金额中)夺取其中的一半。愿尤克拉提亚使用阿耳忒弥斯和阿波罗的圣名获得自由,不再以任何方式属于任何人。①

关于阿耳忒弥斯最集中的一组解放法令来自波奥提亚的科海罗涅亚(Khaironea),在那里,许多妇女在阿耳忒弥斯·埃利缇雅(Eilithyia)的保护下获得了自由。②所有这些都可以追溯到公元前3世纪晚期至前2世纪,除了一个例外,其他所有都包含 $\pi\alpha\rho\alpha\mu o\nu\acute{\eta}$ 条款,要求奴隶在一段特定的时间内(通常是奴隶主的一生)跟随主人。因此,在 *IG* VII,3386,我们读到:

神:

在阿里斯托尼克斯(Aristonikos)执政期间,阿里斯托达默斯(Aristodamos)之子尤达莫斯(Eudamos),将他的奴隶索西卡(Sosikha)作为**圣奴**(*hiera*)献给了阿耳忒弥斯·埃利缇雅,条件是在他活着的时候她必须和他在一起。在尼孔(Nikon)和

---

① Darmezin 1999: 117–118.
② 同上: 64—72。同参 Schachter 1981: 98。

阿波罗的同意下，他做出了符合法律的献供。

然而，同时代的铭文提到：

在提奥斯（Thioos）的第三十任阿里斯提翁（Aristion）执政期间，诺涅斯（Noneis）的儿子哈格希亚斯（Hagesias），将他的仆人卡利斯（Kallis）献给了阿耳忒弥斯·埃利缇雅，作为她的圣奴（hiera）。他依法通过议会中间人作出了奉献。[①]

在提斯柏（Thisbe）也发生了类似解放，同样发生在波奥提亚，时间也可追溯到公元前2世纪（*IG* VIII，2228）：

在恩佩顿（Empedon）执政期间，尤安德里亚斯（Euandrias）和帕西克里塔（Pasikrita）［献上］德普拉（Dôpura）给阿耳忒弥斯·埃勒忒雅（Eileitheia）作为她的**圣奴**（hieran），条件是，只要尤安德里亚斯和帕西克里塔还活着，她就要和他们在一起。任何人都不允许虐待她。

通常情况下，由阿耳忒弥斯解放的奴隶都是女性，尽管我

---

① Darmezin 1999：70—71。同参 *IG* VII，3412。

们可能注意到，科斯岛的马卡里诺斯作为男性被献供。然而，马卡里诺斯献身时很可能还是个孩子，因此，人们也许会认为他是受了养育女神（kourotrophic）的保护。类似的场景出现在公元前2世纪中期，在埃托利亚的卡吕冬，阿吉马卡（Agemakha）以3米纳的价格把一个叫菲利诺斯（Philinos）的儿童奴隶（paidarion/Παιδάριον）"卖"给了拉弗里亚的阿耳忒弥斯，为他提供了自由，尽管包括一个 $παραμονή$ 条款，即从菲利诺斯十岁起直至他去世，他每年都要用花环装饰阿吉马卡的儿子的画像，为期15天（*IG* IX I² 1, 137a）。[1]这似乎表明，这个男孩在"出售"时年仅十岁，再次暗示着，尽管他是男性，但他得到阿耳忒弥斯庇护的部分原因在于他还是个孩子。[2]

这并非坚持认为奴隶要被释放给予他们有某种关联的神。他们似乎只被释放给了碰巧在当地崇拜中最显赫的神那里，比如德尔斐的阿波罗和马其顿的众神之母。然而，还必须指出的是，在波奥提亚，尤其是阿耳忒弥斯·埃勒提雅（有不同的拼写方式）收容了被释放的妇女。有一种可能性是，女神的这一特殊特征与女性关系最为密切，特别是她会在妇女分娩困难的时候陪伴

---

[1] Zelnick-Abramovitz 2005: 160–161.
[2] 正如第四章指出，阿耳忒弥斯与儿童的关系在后来的古代，希腊化和罗马时代变得明显，这些法令就是在那个时期产生的。

着她们。因此,当把妇女从奴役性劳动中解放出来时,她便是一个与此契合的女神。另一种可能性是,阿耳忒弥斯·埃勒提雅让获得解放的奴隶获得了新生,从而进入一个新的自由时期,尽管有 *παραμονή* 条款约束。在这一点上,她可能会被比作阿斯克勒庇俄斯,后者"治愈了"奴役制下获取自由的男奴和女奴。

在以弗所的阿耳忒弥斯

阿耳忒弥斯的另一个崇拜,被普遍认为有助于释放(release)以弗所的奴隶,如果不一定是解放的话。毫无疑问,这方面的崇拜与以弗所圣所的长期庇护传统有关,早在公元前 5 世纪(希罗多德 1.26)就有证据表明了这一点,而最确切的证据是在罗马时代(斯特拉博 14.1.2:"而神庙仍然是庇护所,与早期一样")。①

忒墨诺斯作为奴隶庇护所的证据完全来自罗马时代,最早的证据出自西塞罗的《控威尔瑞斯》(*Against Verres* II.)。在这里(2.1.85),演讲者指出:

最近,斯伽罗(M. Aurelio Scauro)……表示,作为以弗所的司法官,他被强制禁止将自己的奴隶从狄安娜圣所带走——

---
① Rigsby 1996:385—393。同参 Thomas 1995:98—106。

奴隶曾在那里寻求庇护——以弗所人伯里克勒斯（Pericles），一个最为高尚之人，被传唤到罗马，因为，他被证明是造成此举不公正的始作俑者。

不幸的是，该文献并没有提供有关奴隶的权利（是否受到尊重）的细节，也没有提供他寻求庇护的结果。然而，文本确实提供了两个有用信息。一方面，它表明以弗所的民众都有享受庇护的权利，甚至是奴隶也在这方面受到了重视，即使是罗马的财务官，如果他企图侵犯圣地的 asylon［**庇护所**］，也会受人蔑视。

另一方面，西塞罗为以弗所的阿耳忒弥斯庇护的奴隶提供了一些事实依据——出自 2 世纪塔提乌斯（Achilles Tatius）的新故事集（novella）《莱夫基佩和克利托丰》（*Leukippê and Klitophon*）（7.13）。在这里，我们读到：

那时，在乡间有一座阿耳忒弥斯圣所，她［莱夫基佩］就跑去占领了那里的神庙。从古代起，那个神社就禁止自由的妇女进入，但对男人和少女开放。若有妇女进去，除非是奴隶控告她的主人，否则必死无疑。对她来说，可以向女神求情，由 arkhontes［**执政官**］在她和她的主人之间进行评判。主人若没做错事，就把仆人接回来，发誓决不怨恨她的逃跑。但如果仆人说得对，她就留在那里做**女神奴隶**（*doulê têi thei*）。

塔提乌斯是该传统的一个来源，遭受虐待的女奴有权到以弗所的阿耳忒弥斯神庙寻求庇护，并可能会由此剥夺主人的所有权。文中最明确的内容是关于非处女奴隶和他们在圣殿中的具体权利和程序。西塞罗的这段话表明，男奴也可以在圣所寻求庇护，我们必须假设，处女也可以。然而，与后两类不同的是，据塔提乌斯说，非处女女性被禁止进入神庙，因此需要对她们的庇护制定具体的规则。

这段话中特别重要的一点是成为"女神奴隶"的妇女的地位。具体来说，这个女人是否被解放了？一种可能是，女人的所有权转移到了女神身上，因此女人成为神庙的财产。另一种可能是，塔提乌斯所说的"女神奴隶"意味着是 hierodule，一个"圣奴"，如上文所见，在女神的庇护下获得自由，因此从本质上来说不再是奴隶。塔提乌斯的书中缺乏专业术语，使得这个问题很难回答，尽管人们也许不应该在一个浪漫的故事里期待太多细节。

前一节给出的证据和来自罗马以弗所的补充铭文证据都表明，所讨论的女奴成为（部分）获得自由的 hierodule［圣奴］。

首先，"hierodoulos"这个词在希腊和罗马帝国的东部地区比在西部更常见。因此，神圣的"奴隶制"概念在安纳托利亚更常见，也会更多被这般理解。①

更重要的是，这样的 hierodouloi（或 hieroi）可以与在以弗所的公奴形成对比。这种公奴被称为 dêmosioi，字面意思是"**公共的人**"，他们出现在与世俗和神圣著作相关的文本中。② 这些公奴与神庙祭司的奴隶形成鲜明对比——他们不像公奴那样，被允许进入 abaton [**内殿**]。③

由于最初在奥古斯都时代早期制定的一系列改革，在公元44年又由法比乌斯·佩尔西乌斯（P. Fabius Persicus）重新制定了，所以关于 dêmosioi [**公奴**]相对于 hieroi [**圣奴**]的地位出现了歧义。根据现存铭文（IEphesos II，21），公奴不再被允许为阿耳忒弥斯献上（kathieroun）婴儿（brephê），以便使用神庙的资金来喂养他们。④ 德博尔（Debord）将此解读为公奴把孩子作为圣奴献给女神，从而确保他们获得自由和社会地位的提高。⑤

---

① Budin 2009：*passim.*
② Debord 1982：88.
③ 同上。
④ Lenski 2006：352；Dignas 2002：153；Beard et al. 1998，Vol. I：343；Debord 1982：88 and 358，n. 106.
⑤ Debord 1982：88.

然而，这个词 *hieros/a* 并没有出现在铭文中，这使得迪格纳斯（Beate Dignas）和伦斯基（Noel Lenski）都认为，这是公奴的一个骗局，他们购买自己的婴儿奴隶，并让神庙支付他们的抚养费，然后在他们长大到可以工作时再索回。[①] 这就意味着在神圣的 *hieroi* 和 *douloi* 之间存在一种地位差别，在那里，人们可以暂时被献给女神，但在以后的日子里又被利用并重新被奴役。这些数据并没有出现在证据中，而且还必须指出，法比乌斯·佩尔西乌斯的法令与这种"再利用"无关。因此，改革的目的可能纯粹是出于财政考虑，即通过限制必须照顾的圣婴的数量来降低圣所的费用。

关于以弗所圣奴地位的更多信息在公元前86年的一项法令（*Syll.*^{3} 742）中得到披露，其中决定授予所有加入以弗所人对抗米特里达特（Mithridates）的人公民身份，包括 *isoteleis*（**外籍高等居留者**）、*paroikoi*（**外籍居留者**）、*hieroi*（如上所述）、*exeleutheroi*（**自由人**）和 *xenoi*（**异邦人**）。此外，以弗所人决心解放公奴，并将他们的地位改为 *paroikoi*［**依附农**］。[②] 很明显，*dêmosioi* 是**奴隶**（在被解放之前），他们的地位与 *hieroi*［**圣奴**］不同。同样明显的是，*hieroi*［**圣奴**］本身不是公民（在被授予

---

① Lenski 2006：352；Dignas 2002：153.
② Zelnick-Abramovitz 2005：123.

公民权之前），他们在概念上有别于 *exeleutheroi*（**自由人**）。然而，正如铭文所示，在赋予他们公民权之前，没有必要对圣奴进行奴役，这再次强调了他们的边缘地位，尽管这与真实的奴隶制截然不同。

那么，我们在阿耳忒弥斯神龛里的请愿者在哪里呢？证据表明，这位女神并没有自己的**动产奴隶**（chattel slaves）。但她的祭司的确存在；圣所的额外工作可以由公奴来完成——*dêmosioi*——归市政府所有。当阿耳忒弥斯与"奴隶"，尤其是在希腊和罗马帝国的东部地区联系在一起时，这里都是 hierodules，即"圣奴"，在各方面都可以与解放法令中的 *hieroi* 和 *hierai* 相媲美——因此是自由的，但仍然依附于女神并受其保护。在这一点上，他们可以与解放的"男自由人和女自由人"（exeleutheroi）作以对比——他们似乎是在法律上被解放的，而不是在宗教上。正如铭文证明 *hierai* 和 *hierodouloi* 经常在解放奴隶的神的圣所中侍奉一样，在塔提乌斯的记述中，*doulai*［**女奴**］也一直留在以弗所的阿耳忒弥斯圣所中。也许值得一提的是，一个特别有名的"阿耳忒弥斯的奴隶"德米特里奥斯（Demetrios），他是公元前 4 世纪神庙的建筑师之一（Vitruvius 7.pr.16—*Demetrius ipsius Dianae servus*）。

有人可能会说，塔提乌斯在他的故事集中记录了一段真实的宗教历史,[①] 以弗所的阿耳忒弥斯圣所,以其更普遍认可的庇护的一个方面,保护了潜在的受委屈的女奴。但必须指出的是,这种庇护并不会自动转化为解放:*arkhontes*[**执政官**]审理了这个案件,并裁定奴隶的申诉没有根据。她被送回了家,尽管她的主人发誓不会把这件事怪罪于她。因此,在这种情况下,阿耳忒弥斯并不是作为解放者,而是作为相关妇女的保护者,在提供庇护和要求主人宽恕方面都是如此。如果主人是彻头彻尾的卑鄙小人,奴隶就会从他的控制中解脱出来,进入阿耳忒弥斯的直接保护之下。

狄安娜在阿里西亚[②]

阿耳忒弥斯作为给予奴隶自由之神这一主题的一个有趣转变,不是发生在希腊的阿耳忒弥斯的崇拜中,而是发生在阿里西亚的狄安娜崇拜中,她的圣所位于距罗马城仅几英里的内米湖畔。与希腊和以弗所阿耳忒弥斯主要(虽然不是完全)参与解放女奴不同的是,在阿里西亚,她的崇拜是由一个祭司主导,

---
① 尽管小说具有虚构的流派特征,但正如托马斯(Christine Thomas)指出的那样,"小说是'流行'宗教态度的可靠指引"。Thomas 1995:82。
② 最后一节,我们离开希腊的阿耳忒弥斯王国,来到罗马的狄安娜王国,因此严格来讲,超出了本章的讨论范围。我在这里把它作为进入最后一章——"后世的阿耳忒弥斯"——的桥梁,作为贯穿全书的几个有关阿耳忒弥斯主题的结论。

Rex Nemorensis[**内米之王**],他作为逃亡奴隶来到圣所。在这里,他从一棵圣树上折断一根树枝,向前一个 *Rex*[**王**]发起致命挑战,如果他赢了,就替换他,直到下一个逃亡奴隶到来。这种崇拜的所有证据都来自罗马时代,并且根据鲍萨尼阿斯的说法,它至少持续到公元 2 世纪。

斯特拉博 5.3.12:

从亚壁古道(Appian Way)上,经过阿尔巴努姆(Albanum),就来到了阿里西亚城……,阿里西亚人称之为"*nemos*/Nemi"[**"树林,林地"**]的阿耳忒弥塞翁(Artemiseion),位于从阿里西亚上方上坡的道路左侧。据说阿里西亚的圣所是献给陶洛波罗斯的,那里真正是野蛮的斯库提亚人统治着的圣所。因为可以确定的是,一个逃犯要成为祭司,是在亲手杀了前任祭司之后才能办到的。那个人总是手持一把剑四处寻找攻击者,随时准备自卫。这个圣所位于一片沼泽旁的树林里。

鲍萨尼阿斯 2.27.4:

除此之外,还有一块古老的石碑;据说希波吕托斯献给[阿斯克勒庇俄斯神]20 匹马。阿里西亚人同意上面的铭文,他们说希波吕托斯是如何死于忒修斯的诅咒，而后又如何被阿斯克勒庇俄斯救活的，而且他复活后拒绝原谅他的父亲，无视他的恳求。所以，他去了意大利的阿里西亚，在那里统治并建立了一块供奉阿耳忒弥斯的忒墨诺斯圣地，直到我所在的那个时代，那里还有单独决斗，胜者成为女神的祭司。这项竞赛只对逃离主人的奴隶开放，自由人不能参加。

塞维乌斯（Servius）*Ad Aen.* 6.136：

一根金枝藏在树荫下。关于这根金枝的麻烦，那些据说记述过普罗塞耳皮娜仪式的人断言，这是用于秘宗仪式中的某种物品，然而一般的看法如下：奥瑞斯忒斯，在陶里克境内杀死国王托阿斯后，带着他的妹妹逃走了，他把狄安娜的神像从那里带到离阿里西亚不远的地方立起来了。在她的辖区内，献祭仪式改变后，有一棵树不被允许折断其树枝。另外，任何设法从树上折断一根树枝的逃亡奴隶都有权与逃亡的神庙祭司来一场搏斗，因为祭司也是逃亡者，象征着最初的逃亡。事实上，这个战斗的机会似乎是为了重现最初的献祭。①

---

① 译自 Green 2007：298—299。

在任何情况下，想当国王的人都是逃犯：在鲍萨尼阿斯的叙述中，希波吕托斯被他的父亲忒修斯驱逐，因为据说他强奸了他的继母菲德拉（见第三章）。相比之下，斯特拉博和塞维乌斯遵循的传统是，奥瑞斯忒斯和伊菲革涅亚从克里米亚回来后创立了这一崇拜。奥瑞斯忒斯在谋杀了他的母亲之后逃跑，又在拯救他的妹妹的过程中，谋杀了陶里人的国王托阿斯。

鲍萨尼阿斯和塞维乌斯都同意，有资格成为下一个 *Rex Nemorensis*［**内米之王**］的逃犯必须是一名逃亡的奴隶。斯特拉博没有提供这个细节，也没有反驳它。特别有趣的是，虽然是逃亡者，但希波吕托斯和奥瑞斯忒斯都不是奴隶。恰恰相反，他们是王子，国王的儿子（即使希波吕托斯是私生子）。因此，当试图理解为什么内米的祭司 – 国王一定是一个逃亡奴隶时，阿里西亚崇拜的希腊原创神话提供不了任何帮助。

他们提供了一种原因论来解释，为什么某种形式的活人献祭会发生在意大利的肥沃土地上。两个起源神话——希波吕托斯和奥瑞斯忒斯——都把崇拜的起源追溯到斯库提亚。[①] 希波吕托斯是一个阿玛宗人安提俄珀（Antiopê）的儿子，因此与斯库提亚野蛮的杀人魔 *oiorpater* 联系在了一起。伊菲革涅亚在一个专门要求献祭希腊水手的崇拜中担任陶里人的阿耳忒弥斯的女

---

① 听起来很熟悉？

祭司（希罗多德 4.103）。更重要的是，也许在这个原因论的背景下，奥瑞斯忒斯本人在塞维乌斯的叙述中犯有过失杀人罪，在与伊菲革涅亚、皮拉德斯以及阿耳忒弥斯的木雕神像一起逃跑的过程中，他谋杀了陶里克国王托阿斯。因此，就像霍尔在她的作品《与伊菲革涅亚在陶里斯的历险记》（*Adventures with Iphigenia in Tauris*，2013）中所暗示的那样：

> 塞维乌斯笔下的奥瑞斯忒斯只是因为杀死了托阿斯国王，才负责保护这一神像，从而保护这一崇拜。当一个逃跑的奴隶发起挑战，然后在一场战斗中击败现任祭司时，狄安娜的每一位继任祭司都采用暴力方法，每一位"森林之王"（Rex Nemorensis）都在献祭中被替换，因此，当一个逃跑的奴隶发起挑战，并在单场搏斗中击败了现任祭司时，奥瑞斯忒斯处决陶里人的国王就变成了一个古老先例。①

在公元前 1 世纪奥古斯都的统治下，陶里克 / 斯库提亚的阿耳忒弥斯 / 狄安娜在内米的仪式中变得尤为重要。虽然陶里人的阿耳忒弥斯和阿里西亚人的狄安娜之间的联系可能可以追溯到公元前 4 世纪，当时欧里庇得斯的《伊菲革涅亚在陶里人中》

---
① Hall 2013：136。强调原始状态。

在意大利花瓶和壁画中流行起来,就连奥古斯都特别推崇内米崇拜。[①] 奥古斯都的母亲是阿里西亚人(西塞罗,*Phil.* 3.6.15—17),奥古斯都也强调了自己和奥瑞斯忒斯之间的联系,并在阿克提姆(Actium)战役后把奥瑞斯忒斯的遗骸从阿里西亚带到了罗马。因此,有可能在公元前1世纪,当奥古斯都利用这种崇拜来进一步宣传自己的家族时,陶里克的原因解释就应时出现了。

然而,必须指出的是,另一种传统普遍流行,即与奥瑞斯忒斯崇拜无关,而是由希波吕托斯创立了这一仪式。更符合这个版本的是另一种关于血祭起源的假设,由格林(Carin Green)在她的著作《罗马宗教和阿里西亚的狄安娜崇拜》(*Roman Religion and the Cult of Diana at Aricia*, 2007)中提出,并以方登诺斯(J. Fontenrose)的《奥里翁:猎人和女猎手的神话》(*Orion: The Myth of the Hunter and the Huntress*, 1981)为依据:

对不受控制的野性的恐惧具体体现在奥里翁、墨勒阿革洛斯、卡利斯托、阿塔兰忒(Atalanta)、阿克泰翁(Actaeon)和希波吕托斯的狩猎神话中。猎人(无论男性或女性)看到或做了侵犯女神的事。惩罚是个人的死亡,通常通过变成一个完

[①] Hall 2013: 140。

全野生的形象,要么是动物,要么是树。猎人要么失去人性,要么失去生命,或者两者皆失。然而,在某些情况下,女神在野外展示了她的绝对力量,就会让猎人起死回生(就像神话中与阿里西亚密切相关的希波吕托斯),或者给他一种永生。①

在阿里西亚的案例中,*Rex Nemorensis*[**内米之王**]的仪式是这个不朽故事的重演,故事中,年轻猎人化身为逃亡奴隶"侵犯"女神,折断了她的树枝,然后杀死了她的祭司。他根据仪式下葬了他的前任,然后与女神达成了和解,他将作为森林里的祭司国王,继续侍奉女神。

根据格林的说法,与奴隶(而不仅仅是逃亡者)的联系是后来才出现的,公元前6世纪半传奇的伊特鲁里亚(Etruscan)国王塞维乌斯("奴隶")·图利乌斯(Senius Tullius)在阿文丁山(Aventine)建立了对狄安娜的崇拜,这一崇拜以为奴隶提供庇护和在8月15日的盛宴中奴隶的突出地位而闻名,费斯图斯(Festus)记载(460.33—36 L):

一般人认为,8月15日是奴隶的节日,因为在这一天,奴隶出身的塞维乌斯·图利乌斯会在阿文丁山为狄安娜神庙献祭;

---
① Green 2007: 179.

她是鹿的特殊守护者；以它们的速度逃亡的**奴隶**（*servi*）被称为"**鹿**"（*cervi*）。[1]

在一个由"奴隶"给狄安娜献供的崇拜中，奴隶的重要性开始更普遍地强调女神崇拜中奴隶的角色，并将这个概念不仅与阿文丁山联系起来，也与阿里西亚联系起来。

格林的解释是个难题。首先，它通过希腊神话解释了罗马崇拜，而且解释了非常早期的罗马崇拜。阿里西亚人的狄安娜崇拜至少可以追溯到公元前6世纪，尽管最早的神庙仅仅是在公元前300年建造的。[2]

更悬而未决的难题是，方登诺斯对"猎人和女猎手神话"的建构并不遵循神话的记载。阿克泰翁是方登诺斯假设的模型：他是一个吹嘘自己有狩猎本领的猎人，或企图勾引塞墨勒，或后来在森林里看到阿耳忒弥斯的裸体，所以变成了一只鹿，并被自己的猎狗所杀。在这种情况下，该范式在某种程度上得到了维持。一些但肯定不是所有与奥里翁有关的神话声称，他吹嘘自己是一个比女神更好的猎人，也有说法称他企图强奸她或希帕波利亚的一位少女，因此被阿耳忒弥斯射杀。还有些神话

---

[1] Green 2007: 200。
[2] Hall 2013: 139; Green 2007: 15–16.

称他被黎明女神厄俄斯绑架,从此过上了幸福生活(阿波罗多洛斯 1.4.5)。希波吕托斯是鲍萨尼阿斯版本中与阿里西亚关系最密切的英雄,他根本没有侵犯阿耳忒弥斯;他冒犯了阿芙洛狄忒,被波塞冬杀死,又被阿斯克勒庇俄斯复活。卡利斯托被宙斯强奸,变成一只熊,被阿耳忒弥斯放逐,又被宙斯神化。墨勒阿革洛斯被他的母亲杀死并长眠不起。

格林解释的另一个难题是,它没有遵循希腊仪式的标准趋势,即在仪式中重复神话中正确的东西,或在仪式中纠正神话中错误的东西。① 取悦神的活动(通常每年)都在仪式中重复出现,比如在以弗所,一个小女孩和阿耳忒弥斯在海边野餐,吃的是芹菜和盐,这让女神非常高兴,以至于她要求每年举办一次这样的盛宴(Daïtis)。与忒斯摩弗洛斯节(Thesmophoria)类似,希腊妇女会加入德墨忒耳,一起哀悼逝去的佩耳塞福涅,一起庆祝她的回归,她们每年都会重温并乐于分享这件女神们生命中的大事。相比之下,在雅典,阿勒弗洛伊的女孩们每年都克制自己,不去看神话中凯克洛普斯国王的女儿们私自打开的盒子,因为这一结果导致了她们的死亡,就像在特洛伊曾城,女孩们剪下一绺头发,留给希波吕托斯一样,她们走向婚姻的路途,是死去的英雄不肯走的路。

---

① 关于这个概念,请参 Redfield 2003:120。

猎人和女猎人的神话显然是一种消极神话（negative myth），导致了女神愤怒和猎人死亡。猎人复活成人形是真正的例外，而这些神话的大多数版本都以糟糕的结局告终。那么，在正统的希腊传统中，人们会期望仪式能够纠正神话中的错误，就像特洛伊曾城的女孩们一样。相反，我们在阿里西亚发现的是相同故事的重演，猎人—祭司—国王的死亡反复出现——被下一个狩猎的祭司—国王取代。再者，这些明显开创性的神话中没有什么能解释为什么 *Rex Nemorensis*［**内米之王**］一定是奴隶。恰恰相反，随着狩猎日益成为一项贵族运动，猎人的角色与奴隶的地位急剧分化。

斯皮纳托（Natale spinineto）提出了另一个建议。对他来说，一个逃亡的奴隶担任祭司，至少在一定程度上是因为，没有人愿意冒一生都担惊受怕的风险去提防下一个对手；只有奴隶才会认为这是一种活法。① 在这一点上，他可能是正确的。更有意义的是，斯皮纳托注意到，（阿里西亚的）狄安娜和奴隶之间的密切关系：二者都超出了 *urbs*［**城市**］的概念定义；他们不完全属于公民团体的概念。此外，使用一个逃亡奴隶作为祭司，强调了在阿里西亚的狄安娜崇拜中内在的"差异性"。这位非城市女神由一个非公民祭司侍奉，而这个祭司目前正蔑视城市

---
① Spineto 2000：22.

法律。简直就是个亡命之徒，在这方面连人都算不上，与其他崇拜的公民祭司相比，逃亡奴隶与阿耳忒弥斯/狄安娜职权范围内的野生动物的联系更为密切。①

这样的意识形态可能与描写希波吕托斯和奥瑞斯忒斯的欧里庇得斯传统融为一体。因此，罗马人对内米的崇拜可能早在公元前4世纪就被希腊化了，当然也到了公元前1世纪——当时奥古斯都·恺撒积极宣传阿里西亚的奥瑞斯忒斯的故事，以争取成为罗马元首的合法性。

如果有任何关于希腊的阿耳忒弥斯和罗马的狄安娜之间形象延续的暗示，若非崇拜的话，有人可能会认为，希腊女神在保护和解放奴隶方面的作用，至少可能是逃亡奴隶在阿里西亚侍奉狄安娜而获得自由的重要方面之一。这和我们在以弗所看到的有些相似。在这两种情况下，受委屈的奴隶都可以逃跑，并寻求庇护，如果在审判（以弗所）或战斗中（阿里西亚）获胜，则留在圣所担任女神的神职人员（奴隶/祭司）。

小结

虽然阿耳忒弥斯主要以她与野生自然、狩猎、妇女和瘟疫

---

① Spineto 2000：22.

的联系而闻名，但她的形象中也有一些更文明的特质。正如《荷马颂诗：致阿芙洛狄忒》的作者所说，她爱的是正义人士的城市。到了希腊化时代，她发现自己成了希腊世界好几个城邦的城市女神。虽然这主要是由于她与更世俗化的女神（如库柏勒）的融合，但明显可见，与边缘地带和国界的联系一直是阿耳忒弥斯形象的一重面相。

从公元前4世纪开始，希腊的阿耳忒弥斯（至少在概念层面上）在解放奴隶，尤其是女奴方面发挥了重要作用，她在以弗所的神庙是遭受了主人（大概是男性主人？）虐待的女奴的庇护所。不需要使用暴力，女神可以根据需要容纳尽可能多的奴隶。相比之下，意大利内米湖畔的崇拜完全以男性为中心，限制性很强，并在其仪式中保持着活人献祭的光环。尽管如此，在这两种社会中，阿耳忒弥斯/狄安娜作为解放奴隶的女神扮演了重要的角色，并以这种方式主持着从奴役到自由的过渡。

八、后世的阿耳忒弥斯

希腊化时代末期,罗马人征服了希腊人,希腊的阿耳忒弥斯由此与欧洲西部罗马的狄安娜融为一体,并被纳入其中。从此以后,大多数欧洲人对罗马的月亮女神的了解远远超过了对希腊女猎手的了解,这两位女神自此再也没有真正的独立身份。以下是对希腊的阿耳忒弥斯(以及通常是狄安娜)在希腊鼎盛时期之后所发生之事的一个非常简短的调查,包括她与新宗教——基督教——在以弗所的互动,文艺复兴时期的思想家对她的看法,以及她如何影响现代艺术和文学。我们从阿耳忒弥斯如何通过伊特鲁里亚的阿耳图密斯(Etruscan Artumes)与罗马人接触,并因此成为狄安娜开始说起。

阿耳图密斯和狄安娜[①]

早在公元前 7 世纪,阿耳忒弥斯就出现在了意大利,当时在伊特鲁里亚人位于维伊(Veii)的波托那西奥(Portonaccio)圣所收到了刻有女神阿耳忒弥提(阿耳忒弥斯/阿耳图密斯),图兰(阿芙洛狄忒)和密涅瓦(雅典娜)的献礼。[②] 这面来自瓦尔奇(Vulci)的装饰铜镜可追溯到大约 470 年,上面显示的是女神(铭文称阿耳图密斯)在年轻的、没有胡子的神"Aplu"(伊特鲁里亚的阿波罗)面前弹奏竖琴的情景。[③] 后来,在罗塞勒(Roselle)南庙的露台上发现了一个公元前 5 世纪中期的杯子,上面刻着"Artmsl"("献给阿耳图密斯")字样。[④] 更多关于女神尊名的证据来自公元前 4 世纪。在伊特鲁里亚人的塔奎尼亚(Tarquinia)遗址的 *Ara della Regina* 圣所,有一柄刻着 *Artum*[es] 名字的青铜权杖,旁边还有一个涂有金箔的青铜箭头,这显然是还愿性质的供品。同样,在奥维耶托(Orvieto)出土的一面公元前 4 世纪晚期的铜镜上,展示了这位女神(已确认

---

① 想了解更多关于罗马的狄安娜的信息,请参阅 Fay Glinister 系列丛书。
② Nielsen and Rathje 2009:269.
③ 同上:页 284。
④ 同上:页 277。

姓名)以侧骑的方式骑在一对鹿的背上。① 因此,女神至少从公元前 7 世纪起就在意大利出现过,至少以伊特鲁里亚人的面貌出现过。

无论是通过本土的罗马女神和阿耳忒弥斯之间的融合,还是这两个女神和伊特鲁里亚的阿耳忒弥斯之间的融合,罗马狄安娜的诞生绝对不晚于公元前 4 世纪晚期,② 甚至更早。正如前一章所指,根据传说,是罗马第六任国王——塞维乌斯·图利乌斯,一个伊特鲁里亚人——他在罗马的阿文丁山上建立了伟大的狄安娜"同盟"圣所。③ 在公元前 1 世纪,奥古斯都急于强调他自己、他的阿里西亚母亲和奥瑞斯忒斯的故事之间的象征联系,因此促进了对阿里西亚的狄安娜的崇拜。④

正如我们所见,狄安娜女神在许多方面与希腊的阿耳忒弥斯相似,但有一些额外的特征。最重要的事实是,狄安娜是一个月亮女神,被视为星体的拟人化身,如希腊万神殿中塞墨勒般。这一特征在与其他女神的融合中得到了加强,比如我们在开篇看到与娜娜雅的融合。即使阿耳忒弥斯在现代西方文学中再度出现(见下文),这一属性也经常伴随着她。

---

① Nielsen and Rathje 2009:页 275—276。
② Strelan 1996:44,n. 45.
③ Green 2007:200; Beard et al. 1998:3.
④ Hall 2013:140.

从罗马征服希腊开始，在西欧的宗教、艺术和文化中表现突出的就是罗马的狄安娜，而非希腊的阿耳忒弥斯。随着公元476年罗马帝国的衰落，西欧与东罗马帝国（现代学术界称为拜占庭）的联系被削弱，希腊语不再使用，取而代之的是日益消亡的拉丁语。直到1453年君士坦丁堡陷落，无数拜占庭难民向西逃亡，希腊语才再次出现在西方，当时有大量的语言教师在寻找歇宿之地。所以，大约一千年以来，阿耳忒弥斯在西方的形象中逐渐消失。然而，她在东方仍然扮演着重要角色，特别是当一个新宗教——基督教——开始与女神发生冲突时。

以弗所和基督教的出现

以弗所城在阿耳忒弥斯崇拜中的突出地位不容小觑。如第一章所示，这是阿耳忒弥斯最广泛的崇拜之一，从小亚细亚海岸一直延伸到伊比利亚海岸，沿途也有许多支流崇拜。因此，当基督教这种新宗教开始在黎凡特和罗马帝国传播时，以弗所可能会给它带来麻烦这件事或许并不令人惊讶。在《圣经·新约》（Acts 19）中，我们读到，塔尔苏斯的保罗（Paul of Tarsus）发现自己置身于一场骚乱中，当时城里的银匠及其他一些人抱怨说，这种新宗教剥夺了他们为前来参观阿耳忒弥斯神庙的人建造纪念庙宇的生意。正如银匠德米特里乌斯（Demetrius）所说的那样（19：27）："不但我们这行当有被败坏的危险，连伟大女神阿耳忒弥斯的神庙也有被蔑视的危险，她那曾使小亚细亚和全世界都敬拜她的威严也要被夺去。"值得注意的是，当一名市政官员指出，任何人都不可能从他们的女神那里夺走荣耀时，骚乱被平息了，而以弗所人认为这是非常合理的。

尽管人们相信基督教在小亚细亚早期的几个世纪里有很强的影响力（特别是因为塔尔苏斯的保罗的援助），但证据表明，以弗所在基督诞生后的几个世纪里，甚至在4世纪早期君士坦丁皈依基督教之后，仍然是坚定的异教徒。对女神的荣耀和声望最确凿的证据是一份铭文公告，现存放在大英博物馆，可以追溯到公元162—164年，由总督佩多（Gaius Popillius Carus Pedo）记载。由于（意外地）在阿耳忒弥斯的圣日办事，总督承认了自己的愚蠢，并继续宣称（*I.Eph*. Ia.24，B8 sqq）：

由于我们的城市领袖，阿耳忒弥斯女神，不仅在她自己的家乡受到尊敬，凭她特有的神圣天性，还使她的家乡成为所有城市中最辉煌的城市，而且在希腊人和野蛮人当中也受到尊敬。结果到处建立了她的神龛和圣所，为她修建了神庙，还有献给她的祭坛,都是因为受她影响的明显表现。以她的名字命名的那个月,在我们这里叫作阿耳忒弥西翁,在马其顿和其他希腊民族当中,以及在他们境内的城市中,叫作阿耳忒弥西奥斯(Artemisios),这就是人们崇敬她的最好证明。在这个月里,人们会举行节日和献祭活动,特别是在我们这个以弗所女神的养育者所在的城市。以弗所人认为,以神之名命名的整个月都是神圣的,都是献给女神的,并通过法令批准了为她规定的宗教仪式。因此,有法令规定,整个阿耳忒弥西奥斯月的每一天都是神圣的,并且在其他月与之相同的日期,以及整个年度中,都要举行盛宴、守节期和阿耳忒弥西翁的献祭活动,因为整个月都要献给这位女神。通过改善对女神的尊崇,我们的城市将永远更加辉煌,更加受到祝福。①

这样的肯定有力地证明了2世纪末至3世纪②的《约翰行传》(Acts of John)中的谎言,其中的门徒声称,在阿耳忒弥斯神庙向基督徒的上帝祈祷时(§42),"阿耳忒弥斯的祭坛随即裂成许多块,神庙内供奉的还愿物都倒落并碎裂,七尊以上的诸神神像也都倒塌了。神庙的一半都倒塌了,祭司也被坠落的(屋

---

① 译自 Horsley 1987: 75—76。
② 参见 Strelan 1996: 81 关于日期的说法。

顶)一击致死。于是,以弗所的人群大声呼喊:'一位是约翰的上帝,一位是怜悯我们的神,唯有你们是神……'"!

相比之下,来自以弗所同时代的献词只提供了最隐晦的暗示,也许某些方面的崇拜在公元2世纪末到3世纪初就已经停止了。这段铭文是由一位已经完成了以弗所阿耳忒弥斯女祭司任期的妇女所献(I.Eph 3059):

(奥蕾莉亚[?]阿耳忒弥斯的女祭司),虔诚有礼地完成了她的女祭司任期,恢复了女神的所有仪式,并按照古老的习俗资助了(这些仪式),她是阿波里纳留斯先生(M. Aur[elius] Hierokleos Apolinarius)的女儿,她的父亲是皇帝钦定的尊贵将军、市场总管、委员会主席、女祭司的父亲。①

我们不知道奥蕾莉亚(Aurelia)恢复的"女神仪式"是什么,但显然这位女士急于宣传她在任职期间内,自掏腰包为宗教崇拜正名。因此,再一次,几乎没有证据表明,以弗所人的女神崇拜在基督教的早期就已经衰败了,或者女神甚至感受到了新神的竞争。

在君士坦丁统治之后,对以弗所的阿耳忒弥斯的崇拜仍然

---
① 译自 Baugh 1999:455。

保持着强大力量，即使早期的基督教作家自己也不愿承认这个事实：

> 公元 4 或 5 世纪的碑文表明，即使基督徒声称胜利，阿耳忒弥斯仍然被视为一个敌对的异教崇拜……公元 348 年，普鲁登提乌斯（Prudentius）声称"女猎手的女仆将以弗所交给了你[基督]"（II.495）。早在公元 5 世纪，赫里索斯托姆（Chrysostom）就声称已经剥夺了狄安娜的权力（PG 65.832）。同一世纪，诺拉的保利努斯（Paulinus of Nola）宣称基督徒战胜了阿耳忒弥斯："狄安娜也逃离了以弗所，因为约翰把她赶了出去。"（Poem 19）但在同一世纪，佩鲁西乌姆的伊西多尔（Isidore of Pelusium）写信给希拉克斯（Hierax），事关异教徒曾在以弗所的阿耳忒弥斯神庙挖掘并崇拜过的某些遗物（PG 78.217c Ep I.55）。然后甚至到了公元 6 世纪，以弗所的约翰还声称他使成千上万的人皈依，并且战胜了神像（idols）力量（Historiae 3.125）……有相当确凿的证据表明，至少在基督纪元的三个世纪里，阿耳忒弥斯仍然在以弗所人的生活中占有重要地位。①

直到公元 5 世纪，当反对异教神的 *asebeia*[**阿塞贝亚**]开

---
① Strelan 1996：81–82.

始被认为是可以接受的时候,这股崇拜女神的潮流才开始转变。这一点在公元 5 世纪以弗所的德梅亚斯(Demeas)写的一段献词中尤为明显:

> 在摧毁了阿耳忒弥斯作为恶魔的虚假形象后,德梅亚斯便立起了这个真理的标志,既向赶走神像的上帝致敬,又向十字架致敬,因为十字架是基督带来胜利的不朽象征。[1]

正如克里斯滕森(Troels Myrup Kristensen)指出,无法确定阿耳忒弥斯的雕像是否真的曾经矗立在这个重新利用(re-used)的基座上。[2] 然而,在这一背景下,重要的是,到了公元 5 世纪,声称宁可污损这种"神像",也不愿污损十字架的形象,被视为是允许的,甚至是值得称道的。只有在这时,基督教才真正占上风。

不过,还是很喜欢这些乳房

从罗马的衰落,伊斯兰教的崛起,到奥斯曼土耳其人的到

---

[1] 译自 Kristensen 2013:9,有完整引用。
[2] 同上:页 12—13。

来，几个世纪以来，西欧很少有机会进入希腊东部。阿耳忒弥斯已成为遥远的记忆。直到文艺复兴，更确切地说是 16 世纪早期的意大利，阿耳忒弥斯，主要是以弗所的阿耳忒弥斯，才再次出现在舞台上。虽然意大利人还没有足够的途径进入土耳其或奥斯曼帝国，但他们却有很多途径进入罗马，并在那里发现了许多不同精致程度的以弗所的阿耳忒弥斯雕像复制品（关于这一雕像见第一章）。"许多口袋"的概念早已被遗忘，事实上，从罗马时代开始，文艺复兴时期的欧洲就与"Diana Efesia Multimammia"——以弗所多乳的狄安娜——开始了长期的恋情。

当然，文艺复兴时期的艺术家并不声称对此感兴趣。相反，拉斐尔（Raphael）是第一个使用这一形象的西方艺术家，他用一对以弗所的雕像作为宝座的腿，而宝座上坐着哲学的拟人化身，就像她出现在梵蒂冈"雅典学院"（School of Athens）上方的圆拱顶上。[①] 根据尼尔森（Marjatta Nielsen）的说法，以弗所的阿耳忒弥斯/狄安娜，无论是在这里还是在整个文艺复兴时期的文库中，都代表了野生自然的概念。对拉斐尔来说，哲学的拟人化身坐在以弗所的宝座上，标志着人类智慧对原始（丰富而感性的）自然的统治。

---

① 所有参考 Nielsen 2009。

八、后世的阿耳忒弥斯

以弗所多乳的阿耳忒弥斯雕像,在整个文艺复兴时期成为自然的普遍象征(common symbol)。有时候,特别是当雕像被描绘为两侧有鹿或与鹿为伴时,更凸显了阿尔忒弥西昂的形象。这样的描述可以在拉斐尔所设计的"梵蒂冈的长廊"(Logge in the Vatican)以及瓦加(Perino del Vaga)在朗特别墅(Lante al Gianicolo)的廊柱上的浮雕中看到,该别墅是为教皇利奥十世(Pope Leo X)服务的教皇官员图里尼(Baldassare Turini)建造的。

无论以弗所圣像的象征(及崇高)意义是什么,文艺复兴时期的艺术家都无法摆脱对这位女神据说有多个乳房的吸引力和诱惑力。早在1524年,建筑师兼画家罗曼(Giulio Roman)就为以弗所的阿耳忒弥斯雕像画了一幅喷泉草图——水从她的多个乳头中喷涌而出。可惜的是,这个喷泉从来没有建成过,即使后来红衣主教德埃斯特(Ippolito d'Este)——他的名字本身使他成为对这个特殊的女神最感兴趣的人——和他的私人建筑师利戈里奥(Pirro Ligorio)接手了这个项目。直到1568年,范·德·弗利特(Gillis van der Vliete)才成功建造了这样一座喷泉——*Fontana della Dea natura*[**自然女神喷泉**]——在蒂沃利(Tivoli,图8.1)。

如果这还不够,耶稣会士科切尔(Athanasius Kircher)发明了一个机械化雕像,可以让乳汁从以弗所"自然之母"的多个乳房中喷涌而出。在艺术史会议上喝咖啡休息的时候用这个真是太棒了。

图 8.1：《自然女神喷泉》(*Fontana della Dea Natura*, Villa d'Este, Tivoli, Italy, by Gillis van der Vliete, 1568. Photograph by Marjatta Nielsen. Used with kind permission)

阿耳忒弥斯在布鲁克林[①]

直到现代，以弗所的多乳女神仍然出现在西欧艺术中。然而，阿耳忒弥斯本人直到 19 世纪才真正开始重现，即使在那时，她仍然与更传统的罗马的狄安娜有着密切关系。也许这方面最著名的例子是圣 – 高登（August Saint-Gaudens）的镀金铜像"塔中的狄安娜"（Diana of the Tower），可以追溯到 19 世纪末。这是一个著名的——可耻的、真正的——风向标，这个铜像从 1894 年被放置在纽约市麦迪逊（Madison）广场花园塔的上方，直到 1925 年被拆除，现存于费城艺术博物馆。让这尊雕像"臭名昭著"的是，它与传统上对贞洁女神的描绘截然相反——这尊雕像描绘的是裸体的阿耳忒弥斯/狄安娜（见图 8.2，有一个更小的版本目前存放在布鲁克林博物馆）。

按照维多利亚时代的传统方式，人们非常担心孩子们可能会在城市上空看到裸体女神，一名记者声称，孩子们什么都没有注意到，这多少缓解了人们这种担忧，但是，"现在广场上挤满了配备双筒望远镜的俱乐部成员"。

[①] 巴赫（P.D.Q Bach）的《伊菲革涅亚在布鲁克林》（*Iphigenia in Brooklyn*）的一个小提示。

图 8.2:《塔里的狄安娜》(*Diana of the Tower*, by Augustus Saint-Gaudens, c. 1895, 23.255 Robert B. Woodward Memorial Fund. Published by kind permission of the Brooklyn Museum)

这不仅与希腊的美学,而且与希腊的意识形态形成了深刻对比。在希腊艺术中,唯一以裸体形式出现的奥林波斯女神是爱情与性欲女神阿芙洛狄忒,而直到公元前 4 世纪晚期普拉克西特利斯令人震惊的克尼迪亚(Knidia)才出现。阿耳忒弥斯可能会在射击时露出乳房,但除此之外,这位处女女神衣着朴素。就像阿克泰翁的故事里说的那样(见第六章),看到她的裸体会招致严厉的惩罚。从男性的角度来看,炫耀无法达到的目标有什么意义呢？另外，一个杀人的女神如此诱人，吸引她的猎物，是件好事吗？在这方面，"塔中的狄安娜"对男性的凝视（male gaze）表现出了明显的矛盾心理。她全身赤裸，在城市上空高翔，供所有人观赏，有时甚至带着双筒望远镜。但她的天上位置突显了她的高不可及，而她危险的裸体和拉弓构成对所有凝视她的男人的威胁，从而使纽约一半的人口变成潜在的阿克泰翁。

图 8.3:《维维安·圣乔治和她的狗》（*Vivian St. George and Her Dog*, by Paul Howard Manship, 1924, 2008.68. Published by kind permission of the Brooklyn Museum.）

曼希普（Paul Howard Manship）为他的铜像《维维安·圣乔治和她的狗》（*Vivian St. George and Her Dog*）创作了与"狄安娜"截然不同的风格，这尊铜像也收藏在布鲁克林博物馆，可追溯到 1924 年（图 8.3）。

在这里，我们看到的不是一个正在暴力狩猎裸体的人，而是一个年轻女孩，与希腊人在希腊化时代描绘的阿耳忒弥斯年龄相仿。她拿握一把没上弦的弓和一对箭，左臂温柔地搂在一条几乎和她一样大的狗的脖子上。她穿着一件齐膝长裙，遮住了肩膀和胸部，因此从很多方面来看，她甚至比阿耳忒弥斯·福斯弗洛斯更端庄，因为福斯弗洛斯的肩膀和乳房都暴露在外面。她右手持有武器，可能隐含着暴力，但相对于她自己的"猎犬"，这位小女神放松的姿态和矮小的身材掩盖了她的力量。

现代文学：伊迪丝·沃顿

就像阿耳忒弥斯 / 狄安娜开始在 19 世纪的西方造型艺术中重现一样，她对维多利亚时代及以后的文学也产生了影响。典范就是沃顿（Edith Wharton）《纯真年代》（*The Age of Innocence*）中的主人公——阿彻尔（Newland Archer）——发现自己陷入了东方异域的伯爵夫人奥兰斯卡（Ellen Olenska）和自己的未婚妻韦兰德（May Welland）之间的困境。离异的伯爵夫人散发出性魅力和东方典雅的气质，因此是阿芙洛狄忒的现代显现；梅作为她的对立面，是天真无邪的处女阿耳忒弥斯的现代显现。正如阿蒙斯（Elizabeth Ammons）在她的文章《冷酷的狄安娜和血红的缪斯：伊迪丝·沃顿论纯真与艺术》（"Cool Diana and the Blood-Red Muse：Edith Wharton on Innocence and Art"）中所指：

未被生活玷污的梅，总是与白色相连：她的童贞、心态和情感，无法触及。她永远纯洁。同样，沃顿暗示，她永远是幼稚的。她有一种清新的"男孩气质"，让人想起她中年母亲的"无敌天真"，这暗示着梅也将在生活中对性浑然不知，以天真武装自己的方式度过一生。可以肯定，她的身体非常强壮——她会骑马、划船、打草地网球，还会在射箭比赛中获胜——但即使是这种健康，也有欺骗性，因为沃顿暗示，梅毫无生机。她走在阿彻尔身边，"她的脸上带着年轻运动员那种茫然平静的神情"；在另一场景中，她的微笑，我们被告知是"斯巴达式的"。在其他地方，沃顿更直接地说，"正是由于她对外界的无知，她的眼睛才显得那么透亮，她的脸才显得像某种类型而非个人的表情；就好像她可能被选中为公民道德典范或希腊女神的模特一样"。①

对沃顿来说,梅更像狄安娜而非阿耳忒弥斯,尤其是这个女孩经常穿着白色和银色的衣服,映照出狄安娜的月光。然而,沃顿也受到了希腊神话的影响,她的诗《阿耳忒弥斯致阿克泰翁》("Artemis to Actaeon")就证明了这一点,因此有人可能会说,我们在梅·韦兰德身上看到的是罗马和希腊两种原型的融合。

《阿耳忒弥斯致阿克泰翁》中的阿耳忒弥斯远比沃顿笔下的虚构人物强大,因为她像之前的神话一样,把她的偷窥者变成了狗粮。基于此,沃顿创造了一个引人入胜的对比角色,与她另一个悲剧女主人公——《欢乐之家》(*The House of Mirth*)中的巴特(Lily Bart)——形成了一种迷人的平衡。正如卡桑沃芙(Jennie Kassanoff)在研究沃顿作品中的女权主义经验(feminist experience)时所指出的那样,这两位女主人公对男性凝视的反应上互为补充。对于被赋予权力的女神阿耳忒弥斯来说,男性无礼的一瞥会导致他们被迅速处死。相比之下,莉莉则完全受制于男性,在某种程度上,正如她那些标榜经商的追求者所说,她之所以受欢迎,是因为她是"一个高度专业化的产品"。身为凡人,又贫穷,莉莉无法逃避她所受到的凝视,

---
① Ammons 2000:396—397,摘录略。

尽管她对婚姻有着同阿耳忒弥斯一般的拒绝:

  沃顿不仅恢复了阿耳忒弥斯的发言权,她还使女性能够从男性的凝视中获得快乐,同时又不成为其伴随而来的一种物化的受害者。阿耳忒弥斯是她虚构的前任莉莉·巴特的一剂强大解药。因为莉莉无法调和小说中挑剔的男人赋予她的各种身份,她自杀了。相比之下,沃顿笔下的女神本身就拥有强大的凝视力量,将她那凡人仰慕者变成了被性欲化的男性受害者:的确,就像被塑造成"装饰和取悦"的莉莉·巴特一样,阿克泰翁被塑造成"被高度使用的一个小时"。①

阿耳忒弥斯·卡忒尼斯

  在 21 世纪的美国大众文化中,没有比《饥饿游戏》(*The Hunger Games*)三部曲中的艾佛丁(Katniss Everdeen)更能体现古代阿耳忒弥斯的形象了。阿耳忒弥斯的所有特质都体现在这位处女、弓箭女猎手身上,她生活在帕纳姆(Panem)国文明世界的边区(字面意思是"夹缝地带")。

  在这部青春小说中找到希腊女神并非偶然:希腊神话是柯

---
① Kassanoff 2014:459.

林斯(Collins)创作《饥饿游戏》神话的一个重要因素:

> 受父亲越战经历的启发,柯林斯在电视真人秀比赛和真实的战争报道之间,那种令人不安的融合中,发现了故事创作的核心。由于她对希腊神话中忒修斯对抗米诺陶(Minotaur),以及她最喜欢的电影《斯巴达克斯》(*Spartacus*)中的反叛主题感兴趣,很快就萌发这个故事的具体情节……从《饥饿游戏》的第一篇到《嘲笑鸟》(*Mockingjay*)的结尾,柯林斯不仅通过当代科幻小说成功更新了古典神话和公元时代的历史,而且还阐释了她对"可接受的"幻想和"不可接受的"现实之间的后现代混乱所固有的危险的焦虑。[1]

在柯林斯对她的女主人公的最初描述中,卡忒尼斯和阿耳忒弥斯之间的对应关系十分明确:"我一到树林里,就从一截空木桩里取出了一副弓和一套箭"(*HG*页5);"除了在树林里,我从来都不笑"(页6);"我最后不得不杀了那只猞猁,因为它把猎物吓跑了"(页7)。在游戏中,柯林斯特别描述了卡忒尼斯的武器(弓和箭)都是银色,这是罗马的狄安娜的月亮特质,[2]

---

[1] Pharr and Clark 2012: 11.
[2] Collins 2008: 199.

但她仍然属于阿耳忒弥斯西昂的范畴。

在开启游戏的收割之前,卡忒尼斯最亲密的伙伴是盖尔(Gale),一个同为猎人的阿波罗式青年。卡忒尼斯亲口说,"他可能是我的兄弟"(页8)。迪沃特(Rodney DeaVault)指出,这两个朋友在外表上简直是双胞胎,"卡忒尼斯有着黑直发,橄榄色皮肤,灰色眼睛,与她的男性狩猎伙伴盖尔惊人地相似"①。他们没有恋爱关系,但他们似乎都有好几个孩子要照顾:"当然,他们不是我们的孩子。可是也一样"(页9);"我从来都不想要孩子"(同上)。因此,我们看到了一个处女猎手和她的双胞胎"养育者",照顾着弟弟妹妹,而她自己却拒绝生育。

作为"卡忒尼斯,燃烧的女孩"(页67),她也体现了阿耳忒弥斯·福斯波斯(phospos)的面相。正如女主人公所说,她与同伴皮塔(Peeta)"比他们都更耀眼"(页72),她不仅制造了一种光明感,而且还创造了一种神性,她与那些更平凡(最终也极其平凡的)的竞争者形成对比。后来,在《星火燎火》(*Catching Fire*)中,卡忒尼斯摒弃了"闪烁的火焰、宝石装饰的礼服和柔和的烛光裙",强调了她炽热的特质。"她像火一

---

① DeaVault 2012:192.

样致命。"①

然而,相似之处并不止于最初的描述,也不止于阿耳忒弥斯形象的这些基本方面。《饥饿游戏》中有许多非常具体的阿耳忒弥斯式的叙述,都与女主人公有关。卡忒尼斯与匿名者之间的渊源极具象征意义,② 红发的艾沃克斯(Avox,字面意为"无声的"——她的舌头被割掉了)在凯匹特(Capitol)都城为卡忒尼斯和她如今已经死去的男同伴服务。她向皮塔叙述了这个故事:

> 我沉默了片刻,回想起这对陌生人,明显不是十二区的人,他们从树林里狂奔逃命过来,让我们不知如何是好。接着我们想是否可以帮助他们逃脱。如果动作快,兴许可以把他们藏起来。没错,盖尔和我当时都惊呆了,可我们都是猎手。我们知道猎物陷入绝境时的样子。我们一看到他们就知道他们有麻烦了。但我们只是看着……
>
> 一张网罩在女孩身上,很快地把她拉了上去……他们又冲那个男孩扔下一支长矛,连接着绳索,他也被拽了上去。但我确定他已经死了。我们还听到那女孩的一声尖叫。

(页 82)

---

① Collins 2009:207.
② 直到《嘲笑鸟》,我们才发现她的名字是拉维妮娅(Lavinia)。

八、后世的阿耳忒弥斯

这些无名人物让人想起伊菲革涅亚和希波吕托斯。森林里的男孩,一个成为猎物的政治流亡者,在卡忒尼斯无能为力的注视下被杀,就像阿耳忒弥斯无助地看着她的心爱之人被他的国王父亲(父权政权)驱逐,并被波塞冬的公牛以压倒性的强力杀死。相比之下,红发女孩(让人想起红发的墨涅拉奥斯和阿伽门农)没有被杀。当然,她的家人已经死了,但她活了下来,并被带到一个充满敌意的地方,在那里她照顾着卡忒尼斯;而伊菲革涅亚没有牺牲,被带到克里米亚然后是布劳戎,成为阿耳忒弥斯的女祭司。主要的区别在于,在《饥饿游戏》场景中,卡忒尼斯(还)没有足够的能力靠自己拯救那个女孩。尽管如此,两人的关系得到了缓和,就像古老神话中的女神和女英雄一样:

我应该试着救你的,我低声说。

她摇了摇头。这是不是意味着我们袖手旁观是对的?是不是在说她已经原谅了我?……

接下来的一个小时,我都帮那个红头发女孩打扫房间。当所有的垃圾都扔进垃圾桶,食物也都被清理干净后,她把我的床放下来。我像个五岁小孩一样爬进被窝里,任由她帮我掖好被角。然后她走了。我想要她一直待着,直到我睡着。等我醒来的时候她要在我身边。我想要这个女孩的保护,尽管她从未得到过我的保护。

(页119)

卡忒尼斯与年轻的露(Rue)之间的亲密、保护但最终注定走向冲突的关系,反映了阿耳忒弥斯与青春期女孩的矛盾关系。尽管神话中经常把阿耳忒弥斯描绘成要求这些女孩献祭的女神,但证据表明,她们实际上很少因为女神而被屠杀,神话通常强调的是女孩的救赎,比如伊菲革涅亚,或布劳戎的女孩们。露也同为献祭品,是游戏的竞争对手,因此卡忒尼斯(或另一个参赛者)将被迫杀人。卡忒尼斯主动反抗她作为杀手的角色,反而选择保护这个女孩。卡忒尼斯对妹妹波丽姆(Prim)和露起到了保护作用,这也突出了女主"善良"的一面。与女神(和阿波罗)一样,这种养育者的角色不同于为人父母,甚至性别模糊。这种对养育的欲望甚至超越了女孩,延伸到了另一个受阿耳忒弥斯恩惠的群体:母亲。正如迪沃特所指,"尽管卡忒尼斯口头上回避做母亲,但她还是成为艾佛丁太太和波丽姆的代理母亲,因为他们依靠她维持生活,所以她们就像她的孩子

八、后世的阿耳忒弥斯

一样"①。

相比之下，卡忒尼斯杀了杀死露的男孩，也让人想起复仇女神阿耳忒弥斯。

从游戏开始，卡忒尼斯不仅被她的狩猎天赋所拯救，还被她的野外生存能力所拯救，尤其是她寻找水源的能力。在这一点上，我们回想起阿耳忒弥斯与有水的地方的特殊关系（见第三章）。《饥饿游戏》中的一个场景让人想起了洛索伊的故事，当时阿耳忒弥斯治好了普罗托斯国王发疯的女儿们。然而，卡忒尼斯并没有多出几个胡言乱语的女儿，而是给受伤严重的皮塔洗澡和疗伤，用草药治疗他的伤口，为他清洗，让他退烧（页255 sqq.）。

卡忒尼斯回想起给她自己是如何给妹妹波丽姆买了一只山羊，这让人回想起海姆波利斯对阿耳忒弥斯·埃拉菲波洛斯（以及阿波罗）的崇拜。她回忆起有一天她和盖尔外出打猎的情景：

> 我们在小溪边休息了一会儿，突然看见了他。一只小雄鹿，从体形看大概只有一岁。他的鹿角刚刚长出来，还很小，外面覆盖着一层鹿茸。准备好逃跑，但对我们不确定，不熟悉人类。美丽。

---

① DeaVault 2012：193.

当两支箭射中他时,一箭射中脖子,一箭射中胸部,也许他就不那么漂亮了。盖尔和我是同时射中……一瞬间,我为杀死如此鲜活和无辜的东西而感到一阵心痛。[1]

这里我们看到了"射鹿手"的标准矛盾心理。一方面,她喜欢狩猎,尤其是捕猎大型猎物。另一方面,她又有点矛盾,到底要不要干掉一只看起来幼小的动物。我们再次意识到,喜爱野生幼兽然后杀死他们的阿耳忒弥斯。

当游戏结束,卡忒尼斯和皮塔获胜(你还能从女神和她的最爱身上期待什么?),卡忒尼斯思索着当她富裕和(相对)安全的时候,她的生活会是什么样子。正如人们对狩猎女神的期望一样,女主人公写道:

不再害怕饥饿。获得一种新的自由。但然后呢?……做什么?我每天的生活会是什么样?以前每日的大部分时间都在为食物奔波。现在改变了,我不清楚自己究竟是谁,我的身份是什么……我知道我永远不会结婚,永远不会冒险生孩子。

(页 311)

---

[1] Collins 2008:269.

八、后世的阿耳忒弥斯

在刻画卡式尼斯的角色时,生存问题变得多余。像阿耳忒弥斯一样,她的狩猎身份与她的食物需求是分离的。正如希腊女神不吃猎物的肉(希腊诸神都吃美味佳肴),卡式尼斯也意识到,她的狩猎与其说是权宜之计,不如说是与生俱来的,是她成为自己以及她与这个世界产生联系的一部分。

对于 21 世纪痴迷于酷儿理论(Queer Theory)的研究机构而言,更重要的是,《饥饿游戏》中的卡式尼斯(像阿耳忒弥斯一样)明显性别含混。当然,其中的一小部分原因是两个少女都对浪漫爱情缺乏兴趣,在流行的学术中,这是为数不多的引起人们关注女神和女主人公之间相似的事实之一,"就像冷漠的,贞洁的女猎手/女神狄安娜,卡式尼斯也经常用她的弓箭打猎,赶走追求者"①。更引人注目的是卡式尼斯,她呈现了传统上男性对狩猎的追求。柯林斯在很大程度上颠覆了这个原型——在游戏期间,卡式尼斯外出狩猎,皮塔则尾随其后,采集可食用的根茎和浆果,这完全颠覆了男性/女性猎手采集的模式。

卡式尼斯的角色最让标准的性别范式感到不安的地方,也是她与阿耳忒弥斯最相关的地方。正如米切尔(Jennifer Mitchell)所写(我强调了阿耳忒弥西昂的属性):

---
① King 2012:111.

尽管人们暗示她又长又黑的辫子似乎是她的女性特征，但卡忑尼斯的其他性别标志主要是男性化的。她的狩猎靴隐藏的弓和箭，以及她与森林的私密关系，为卡忑尼斯描绘了一幅非常男性化的肖像。事实上，卡忑尼斯生活的各个方面都模糊了性别界限。作为一个猎人，卡忑尼斯是森林里的掠食者，她追随父亲的脚步，采用传统的男性狩猎方式……卡忑尼斯在森林中的成功和享受，打破了传统上把女人和壁炉联系在一起的观念。卡忑尼斯没有烹煮食物，而是跟踪它，诱捕它，杀死它；最终，靠着这种力量和威力，她在森林中茁壮成长，随后又在竞技场中茁壮成长。①

迪沃特也描绘了类似的画面：

卡忑尼斯放弃了家庭生活的空间，来到了森林里，像以前一样狩猎，承担了艾佛丁养家糊口的责任。她自己承认，和娇小的母亲和妹妹坐在壁炉边很不舒服，她更喜欢待在树林里，在那里她不受性别规范的束缚，也不受遵循这些规范的期望的约束。放弃了浪漫的爱情和母性，卡忑尼斯依然满足于自己可以随时逃进树林。②

---

① Mitchell 2012：129–130.
② DeaVault 2012：192.

八、后世的阿耳忒弥斯

然而,在上一本书《嘲笑鸟》的结尾处,卡忒尼斯确实成为妻子和母亲。虽然这完全不是阿耳忒弥西翁的风格,但确实展示了现代女神的自由,也许相当于在曼哈顿偷窥狂的头顶上方展示她的裸体射击。即便如此,迪沃特注意到,即使在这场看似没有性别的角色的明显颠覆中,卡忒尼斯还是获得了力量,就像神一样,掌握了自己的命运:

然而,《嘲笑鸟》的结尾处出现了一个奇怪的转折,卡忒尼斯扮演了妻子和母亲的角色。鉴于卡忒尼斯在整个三部曲中对自主和独立的强烈追求,把她推到家庭领域似乎对她造成了严重伤害,因为这样做摧毁了她的"他性"力量……〔但是〕卡忒尼斯的结局让她有机会创造和控制自己的家庭空间……在《嘲笑鸟》的结尾,卡忒尼斯已经厌倦了战争,对她来说,做母亲几乎是对她辛勤工作和牺牲的一种奖励,是她找到平静的一种方式。由于对人类自我毁灭的周期性能力感到幻灭,卡忒尼斯选择放弃在政府的正面角色,决定人们可以让她美好,为她设计武器,"但他们再也不会对我进行洗脑,让我不得不使用它们了"(M377)。相反,她计划成为她的孩子们的老师,利用她的个人经历,让他们为未来作好准备。就这样,在三部曲的战斗结束后很长一段时间,她仍然保持着自己的自主性和身份。①

在现代,我们会提到,这样嘟囔和抱怨却又似乎可以"做一切"的女人,一定是女超人。也许她们就是女神。

小结

当罗马征服了各个希腊化时代的帝国时,希腊的阿耳忒弥斯被月亮女神狄安娜的光芒所掩盖。这标志着阿耳忒弥斯在西方的消逝,尽管早期基督徒谴责她在安纳托利亚东部的存在。多年来,这位处女猎手留下的只是一尊僵硬的雕像,而且乳房太多(没有人抱怨)。19世纪,随着亲希腊运动(philhellenism)的兴起,阿耳忒弥斯再次出现在西方艺术领域,尽管她仍然与她的罗马姐妹关系密切。现代艺术家们用他们自己的创作方式,把她描绘成裸体,像一个无助的孩子,索然无趣,甚至要把她嫁出去。但对一些艺术家,尤其是女性艺术家来说,阿耳忒弥斯仍然是性别异化与性别权利的象征,她们通过射穿男性的眼睛来反抗男性的凝视。

---

① DeaVault 2012:197,节选。

参考书目

Ammons, E. (2000) "Cool Diana and the Blood-Red Muse: Edith Wharton on Innocence and Art." In C. Singley (ed.) *The Age of Innocence: Complete Text with Introduction, Historical Contexts, Critical Essays*. Houghton Mifflin Co. Houston, 393–403.

Athanassakis, A.N. (1977) *The Orphic Hymns: Text, Translation and Notes*. Scholars Press. Missoula.

Barclay, A.E. (2001) "The Potnia Theron: Adaptation of a Near Eastern Image." In R. Laffineurand R. H.gg (eds.) *Potnia: Deities and Religion in the Aegean Bronze Age*. Université de Liège. Liège, 373–386 plus plates.

Barnestone, W. (1988) *Sappho and the Greek Lyric Poets*. Schocken Books. New York.

Baugh, S.M. (1999) "Cult Prostitution in New Testament

Ephesus: A Reappraisal." *Journal of the Evangelical Theological Society* 42.3, 443–460.

Beard, M., J. North, and S. Price (1998) *Religions of Rome*, *Vol. I: A History*. Cambridge University Press. Cambridge.

Beaumont, L. (2003) "The Changing Face of Childhood." In J. Neils and J.H. Oakley (eds.) *Coming of Age in Ancient Greece: Images of Childhood from the Classical Past*. Yale University Press. New Haven, 59–83.

Beaumont, L. (1998) "Born Old or Never Young? Femininity, childhood and the goddesses of ancient Greece." In S. Blundell and M. Williamson (eds.) *The Sacred and the Feminine in Ancient Greece*. Routledge Press. New York, 71–95.

Belayche, N. et al. (eds.) (2005) *Nommer les Dieux: Théonymes, epithets, épiclèses dans l'Antiquité*. Brepols, Presses Universitaires de Rennes. Turnhout.

Bevan, E. (1985) *Representations of Animals in Sanctuaries of Artemis and Other Olympian Deities*. Ph.D. Dissertation University of Edinburgh.

Bilde, P.G. (2009) "Quantifying Black Sea Artemis: Some Methodological Reflections." In T. Fischer-Hansen and B.

Poulsen (eds.) *From Artemis to Diana: The Goddess of Man and Beast*. Museum Tusculanum Press. University of Copenhagen. Copenhagen, 303–332.

Boëlle, C. (2004) *PO-TI-NI-JA: L'élément féminin dans la religion mycénienne (d'après les archives en linéaire B)*. De Boccard. Nancy.

Bousquet, J. (1956) "Inscriptions de Delphes." *BCH* 80, 547–597.

Boyce, M. (1987) *Zororastrians: Their Religious Beliefs and Practices*. Routledge & Kegan Paul. London.

Brelich, A. (1969) *Paides e Parthenoi*, I. *Incunabula Graeca* 36. Rome.

Brosius, M. (2009) "Tempelprostitution im antiken Persien?" In T.S. Scheer and M. Linder (eds.) *Tempelprostitution im Altertum: Fakten und Fiktionen*. Verlag Antike, Oldenburg, 126–153.

Brosius, M. (1998) "Artemis Persike and Artemis Anaitis." In M. Brosius and A. Kuhrt (eds.) *Studies in Persian History: Essays in Memory of David M. Lewis*. Nederlands Instituut voor het Nabije Oosten. Leiden, 227–238.

Brulé, P. (1998) "Le langage des épiclèses dans le polythéisme hellénique (l'example de quelques divinités féminines)." *Kernos* 11, 13–34.

Brulotte, E.L. (2002) "Artemis: Her Peloponnesian Abodes and Cults." In R. Hägg (ed.) *Peloponnesian Sanctuaries and Cults*. Paul Åströms Förlag, Stockholm, 180–182.

Bruneau, P. and J. Ducat. (2005) *Guide de Délos*. École Française d'Athènes. Athens.

Budin, S.L. (2010) "Aphrodite Enoplion." In A.C. Smith and S. Pickup (eds.) *Brill's Companion to Aphrodite*. E.J. Brill. Leiden, 79–112.

Budin, S.L. (2009) "Strabo's Hierodules: Corinth, Comana, and Eryx." In T. Scheer and M. Linder (eds.) *Tempelprostitution zwischen griechischer Antike und Vorderem Orient*. Verlag Antike. Berlin, 198–220.

Budin, S.L. (2004) "A Reconsideration of the Aphrodite-Ashtart Syncretism." *Numen* 51, 95–145.

Burkert, W. (1985) *Greek Religion*. Harvard University Press. Cambridge.

Calame, C. (2001) *Choruses of Young Women in Ancient*

Greece: Their Morphology, Religious Role, and Social Functions. Rowman & Littlefield Publishers, Inc. New York.

Carter, J.B. (1987) "The Masks of Ortheia." *AJA* 91, 355–383.

Cartledge, P. (2002) *Sparta and Lakonia: A Regional History 1300 to 362 BC.* Second edition. Routledge. New York.

Cartledge, P. and A. Spawforth (2002) *Hellenistic and Roman Sparta: A Tale of Two Cities.* Second edition. Routledge. London.

Chamoux, F. (1953) *Cyrène sous la Monarchie des Battiades.* E. de Boccard. Paris.

Chapin, A.P. (2004) "Power, Privilege, and Landscape in Minoan Art." In A. Chapin (ed.) *ΧΑΡΙΣ: Essays in Honor of Sara A. Immerwahr.* ASCSA. Athens, 47–64.

Chapin, A.P. (2002) "Maidenhood and Marriage: The Reproductive Lives of the Girls and Women of Xeste 3, Thera." *Aegean Archaeology* 4, 7–25.

Chaumont, M.-L. (1965) "Le Culte de la Déesse Anahita (Anahit) dans la Religion des Monarques d'Iran et d'Arménie au 1er Siècle de Notre Ère." *JA* 253, 167–181.

Coldstream, J.N. (1982) "Greeks and Phoenicians in the

Aegean." In H.G. Niemeyer (ed.) *Phöizer im Westen*. Verlag Philipp von Zabern. Mainz am Rhein, 261–275.

Cole, S.G. (2004) *Landscapes, Gender, and Ritual Space: The Ancient Greek Experience*. University of California Press. Berkeley.

Collins, S. (2010) *Mockingjay*. Scholastic Inc. New York.

Collins, S. (2009) *Catching Fire*. Scholastic Inc. New York.

Collins, S. (2008) *The Hunger Games*. Scholastic Inc. New York.

Connelly, J.B. (2007) *Portrait of a Priestess: Women and Ritual in Ancient Greece*. Princeton University Press. Princeton.

Dakoronia, F. and L. Gounaropoulou (1992) "Artemiskult auf einem neuen Weihrelief aus Achinos bei Lamia." *AthMitt* 107, 217–227 and Taf. 57–60.

Dalley, S. (1989) *Myths from Mesopotamia: Creation, the Flood, Gilgamesh, and Others*. Oxford University Press. Oxford.

Darmezin, L. (1999) *Les affranchissements par consécration en Béotie et dans le monde grec hellénistique*. études anciennes 22. De Boccard. Paris.

Davis, E.N. (1986) "Youth and Age in the Thera Frescoes." *AJA*

90, 399–406.

DeaVault, R.M. (2012) "The Masks of Femininity: Perceptions of the Feminine in *The Hunger Games and Podkayne of Mars*." In M.F Pharr and L.A. Clark (eds.) *Of Bread, Blood and The Hunger Games: Critical Essays on the Suzanne Collins Trilogy*. McFarland & Co, Inc. Publishers. Jefferson, 190–198.

Debord, P. (1982) *Aspects Sociaux et économiques de la Vie Religieuse dans l'Antiquité Gréco-Romaine*. E. J. Brill. Leiden.

Demand, N. (1994) *Birth, Death, and Motherhood in Classical Greece*. Johns Hopkins University Press. Baltimore.

Demangel, R. (1922) "Fouilles de Délos: Un sanctuaire d'Artémis-Eileithyia à l'est du Cynthe." *BCH* 46, 58–93.

De Polignac, F. (1995) *Cults, Territory, and the Origins of the Greek City-State*. University of Chicago Press. Chicago.

Deubner, L. (1925) "Hochzeit und Opferkorb" *JDAI* 40, 210–223.

Dickinson, O. (2006) *The Aegean from Bronze Age to Iron Age: Continuity and Change Between the Twelfth and Eighth Centuries BC*. Routledge. New York.

Dignas, B. (2002) *Economy of the Sacred in Hellenistic and*

Roman Asia Minor. Oxford University Press. Oxford.

Dillon, M. (2002) *Girls and Women in Classical Greek Religion*. Routledge. London.

Dillon, M. (1999) "Post-Nuptial Sacrifices on Kos (Segre, *ED* 178) and Ancient Greek Marriage Rites." *ZPE* 124, 63–80.

Doumas, Ch. (1992) *The Wall-Paintings of Thera*. Kapon Editions. London.

Dowden, K. (1989) *Death and the Maiden*. Routledge. London.

Edelstein, E.J. and L. Edelstein (1998) *Asclepius: Collection and Interpretation of the Testimonies*. Johns Hopkins University Press. Baltimore.

Ekroth, G. (2003) "Inventing Iphigeneia? On Euripides and the Cultic Construction of Brauron." *Kernos* 16, 59–118.

Ellinger, P. (1984) "Les Ruses de Guerre d'Artémis." In L. Breglia Pulci Doria et al. (eds.) *Recherches sur les Cultes Grecs et l'Occident*, 2. Cahiers du Centre Jean Bérard, IX. Naples, 51–67.

Falb, D.Z.K. (2009) "Das Orthia-Heiligtum in Sparta im 7. und 6. Jh.v.Chr." In T. Fischer-Hansen and B. Poulsen (eds.) *From Artemis to Diana: The Goddess of Man and Beast*. Museum

Tusculanum Press. University of Copenhagen. Copenhagen, 127–152.

Faraone, C.A. (2003) "Playing the Bear and Fawn for Artemis: Female Initiation or substitute sacrifice?" In D. Dodd and C.A. Faraone (eds.) *Initiation in Ancient Greek Rituals and Narratives: New critical perspectives*. Routledge. London, 43–68.

Felsch, R.C.S. (2007) *Kalapodi II: Ergebnisse der Ausgrabungen im Heiligtum der Artemis un des Apollon von Hyampolis in der anitken Phokis*. Verlag Philipp von Zabern. Mainz am Rhein.

Fischer-Hansen, T. (2009) "Artemis in Sicily and South Italy: A Picture of Diversity." In Fischer-Hansen and Poulsen (eds.) *From Artemis to Diana: The Goddess of Man and Beast*. Museum Tusculanum Press. University of Copenhagen. Copenhagen, 207–260.

Fischer-Hansen, T. and B. Poulsen (eds.) (2009) *From Artemis to Diana: The Goddess of Man and Beast*. Museum Tusculanum Press. University of Copenhagen. Copenhagen.

Flower, M. (2009) "Spartan 'Religion' and Greek 'Religion.'" In S. Hodkinson (ed.) *Sparta: Comparative Approaches*. The Classical

Press of Wales. Swansea, 193–229.

Flower, M. (2002) "The Invention of Tradition in Classical and Hellenistic Sparta." In A. Powell and S. Hodkinson (eds.) *Sparta Beyond the Mirage*. Classical Press of Wales. Swansea, 191–217.

Fossey, J.M. (1987) "The Cults of Artemis in Argolis." *Euphrosyne* 15, 71–88.

Fostenpointer, G., M. Kerschner, and U. Muss (2008) "Das Artemision in der sp.ten Bronzezeit und der frühen Eisenzeit."In U. Muss (ed.) *Die Arch äo logie der ephesischen Artemis: Gestalt und Ritual eines Heiligtums*. Phoibos Verlag. Vienna, 33–46.

Gallet de Santerre, H. (1975) "Notes déliennes." *BCH* 99.1, 247–265.

Garland, R. (1990) *The Greek Way of Life: From Conception to Old Age*. Cornell University Press. Ithaca.

Garso.an, N.G. (1989) *The Epic Histories Attributed to P'awstos Buzand (Buzandaran Patmut'iwnk')*. Harvard University Press. Cambridge.

Graham, A.J. (1982) "The Colonial Expansion of Greece." *CAH*, Vol. III, 83–195.

Graham, A.J. (1958) "The Date of the Greek Penetration of the Black Sea." *BICS* 5, 25–42.

Graninger, D. (2007) "Studies in the Cult of Artemis Throsia." *ZPE* 162, 151–164.

Green, C.M.C. (2007) *Roman Religion and the Cult of Diana at Aricia*. Cambridge University Press. Cambridge.

Griffiths, E. (2006) *Medea*. Routledge. London.

Hadzisteliou Price, T. (1978) *Kourotrophos: Cults and Representations of the Greek Nursing Deities*. E.J. Brill. Leiden.

Hall, E. (2013) *Adventures with Iphigenia in Tauris: A Cultural History of Euripides' Black Sea Tragedy*. Oxford University Press, Oxford.

Hamilton, R. (1989) "Alkman and the Athenian Arkteia." *Hesperia* 58.4, 449–472.

Hanson, A.E. (1990) "The Medical Writers' Woman." In D.M. Halperin, J.J. Winkler, and F.I. Zeitlin (eds.) *Before Sexuality: The Construction of Erotic Experience in the Ancient Greek World*. Princeton University Press. Princeton, 309–337.

Hiller, S. (1983) "Mycenaean Traditions in Early Greek Cult Images." In R. Hägg (ed.) *The GreekRenaissance of the Eighth*

Century BC: Tradition and Innovation. Swedish Institute in Athens. Stockholm, 91–99.

Hodkinson, S. (2000) *Property and Wealth in Classical Sparta.* Duckworth Press. London.

Hollinshead, M.B. (1985) "Against Iphigeneia's Adyton in Three Mainland Temples." *AJA* 89, 419–440.

Horsley, G.H.R. (1987) *New Documents Illustrating Early Christianity: Review of the Greek Inscriptions and Papyri Published in* 1979 v. 4. Liverpool University Press. Liverpool.

Jamot, P. (1902) "Fouilles de Thespies: deux familles thespiennes pendant deux siècles." *BCH* 26, 291–321.

Johnston, S.I. (1999) *Restless Dead: Encounters Between the Living and the Dead in Ancient Greece.* University of California Press. Berkeley.

Kassanoff, J. (2014) "Edith Wharton." In E.L. Haralson (ed.) *Encyclopedia of American Poetry: The Nineteenth Century.* Routledge. New York, 455–460.

Kennell, N.M. (1995) *The Gymnasium of Virtue: Education and Culture in Ancient Sparta.* The University of North Carolina Press. Chapel Hill.

Kilian-Dirlmeier, I. (1985) "Fremde Weihungen in Griechischen Heiligtumern vom 8. bis zum Beginn des 7. Jahrhunderts v.Chr." *Jahrbuch des Röm isch-Germanischen Zentralmuseums Mainz* 32, 215–254.

King, H. (1998) *Hippokrates' Woman: Reading the Female Body in Ancient Greece. Routledge.* London.

King, H. (1983) "Bound to Bleed: Artemis and Greek Women." In A. Cameron and A. Kuhrt (eds.) *Images of Women in Antiquity*. Wayne State University Press. Detroit, 109–127.

King, S.D. (2012) "(Im)Mutable Natures: Animal, Human and Hybrid Horror." In Pharr and Clarke (eds.) *Of Bread, Blood and The Hunger Games: Critical Essays on the Suzanne Collins Trilogy*. McFarland & Co, Inc. Publishers. Jefferson, 108–117.

Kondis, I.D. (1967) "Αρτεμις Βραυρωνια" *Arch. Delt.* 22, A1, 156–226.

Kontorli-Papadopoulos, L. (1996) *Aegean Frescoes of Religious Character*. Paul Åströms Förlag. Göteborg.

Kristensen, T.M. (2013) *Making and Breaking the Gods: Christian Responses to Pagan Sculpture in Late Antiquity*. Aarhus University Press. Aarhus.

Laffineur, R. and R. Högg (eds.) (2001) *Potnia: Deities and Religion in the Aegean Bronze Age*. Université de Liège. Liège.

Larson, J. (2007) *Ancient Greek Cults: A Guide*. Routledge. London.

Larson, J. (2001) *Greek Nymphs: Myth, Cult, Lore*. Oxford University Press. Oxford.

Lefkowitz, M.R. and M.B. Fant (1992) *Women's Life in Greece & Rome: A Sourcebook in Translation*. Second edition. Johns Hopkins University Press. Baltimore.

Leitao, D.D. (2003) "Adolescent Hair-Growing and Hair-Cutting Rituals in Ancient Greece: sociological approach." In D. Dodd and C.A. Faraone (eds.) *Initiation in Ancient Greek Rituals and Narratives: New Critical Perspectives*. Routledge. London, 109–129.

Lenski, N. (2006) "*Servi Publici* in Late Antiquity." In J.U. Kraus and C. Vitshel (eds.) *Die Stadt in der Späantike: Niedergang oder Wandel?* Franz Steiner Verlag. Stuttgart, 335–358.

Lesser, R. (2005–2006) "The Nature of Artemis Ephesia." *Hirundo: The McGill Journal of Classical Studies* 4, 43–54.

Lloyd-Jones, H. (1983) "Artemis and Iphigeneia." *JHS* 103, 87–102.

Lundgreen, B. (2009) "Boys at Brauron: The Significance of a Votive Offering." In T. Fischer Hansen and B. Poulsen (eds.), 117–126.

Maclean Rogers, G. (2012) *The Mysteries of Artemis of Ephesos: Cult, Polis, and Change in the Graeco-Roman World*. Yale University Press. New Haven.

McInerney, J. (1999) *The Folds of Parnassos: Land and Ethnicity in Ancient Phokis*. University of Texas Press. Austin.

Mettinger, T.N.D. (2001) *The Riddle of Resurrection: "Dying and Rising Gods" in the Ancient Near East*. Almqvist & Wiksell International. Stockholm.

Mitchell, J. (2012) "Of Queer Necessity: Panem's Hunger Games as Gender Games." In Pharr and Clarke (eds.), 128–137.

Mitsopoulos Leon, V. (2009) Βραυρον: *Die Tonstatuetten aus dem Heiligtum der Artemis, Die frühen Statuetten*. Bibliothetk der Arch.ologischen Gesellschaft zu Athen #263. Athens.

Mitsos, M.Th. (1949) "Inscriptions of the Eastern Peloponnesus." *Hesperia* 18, 73–77.

Morgan, C. (1999) *Isthmia VIII: The Late Bronze Age Settlement and Early Iron Age Sanctuary*. ASCSA. Princeton.

Morizot, Y. (1994) "Artémis, l'eau et la vie humaine." *BCH Supplément* XXVIII, 201–216.

Morris, S.P. (2008) "Zur Vorgeschicte der Artemis Ephesia." In U. Muss (ed.), 57–60.

Morris, S.P. (2001) "Potnia Asiwiya: Anatolian Contributions to Greek Religion." In R. Laffineur and R. H.gg (eds.), 423–434.

Morris, S.P. (1992) *Daidalos and the Origins of Greek Art*. Princeton University Press. Princeton.

Motte, A. and V. Pirenne-Delforge (1994) "Du 《bon usage》 de la notion de syncrétisme." *Kernos* 7, 11–27.

Muskett, G. (2007) "Images of Artemis in Mycenaean Greece?" *JPR* XXI, 53–68.

Muss, U. (2008) *Die Archälogie der ephesischen Artemis: Gestalt und Ritual eines Heiligtums*. Phoibos Verlag. Vienna.

Nielsen, M. (2009) "Diana Efesia Multimammia: The Metamorphoses of a Pagan Goddess from the Renaissance to the Age of Neo-Classicism." In T. Fischer-Hansen and B. Poulsen (eds.)

From Artemis to Diana: The Goddess of Man and Beast. Museum Tusculanum Press. University of Copenhagen. Copenhagen, 455–496.

Nielsen, M. and A. Rathje (2009) "Artumes in Etruria: The Borrowed Goddess." In T. Fischer-Hansen and B. Poulsen (eds.) *From Artemis to Diana: The Goddess of Man and Beast*. Museum Tusculanum Press. University of Copenhagen. Copenhagen, 261–301.

Orsi, P. (1900) "Siracusa – Nuovo Artemision a Scala Graeca." *NSA* 1900, 353–387.

Osborne, R. (1985) *Demos: The Discovery of Classical Attika*. Cambridge University Press. Cambridge.

Pakkanen, P. (1996) *Interpreting Early Hellenistic Religion: A Study Based on the Mystery Cult of Demeter and the Cult of Isis*. Papers and Monographs of the Finnish Institute at Athens. Helsinki.

Papazoglou, F. (1981) "Affranchissement par Consécration et Hiérodulie." ŽA 31, 171–179.

Parker, R. (2005) "Artémis Ilithye et Autres: le probleme du nom divin utilisé comme épiclèse." In N. Belayche et al. (eds.) *Nommer les Dieux: Théonymes, epithets, épiclèses dans l'Antiquité*.

Brepols, Presses Universitaires de Rennes. Turnhout, 219–226.

Parker, R. (1996) *Athenian Religion: A History*. Clarendon Press. Oxford.

Parker, R. (1983) *Miasma: Pollution and Purification in Early Greek Religion*. Oxford University Press. Oxford.

Perlman, P. (1989) "Acting the She-Bear for Artemis." *Arethusa* 22.2, 111–133.

Petrovic, I. (2010) "Transforming Artemis: From the Goddess of the Outdoors to City Goddess." In J.N. Bremmer and A. Erskine (eds.) *The Gods of Ancient Greece: Identities and Transformations*. Edinburgh University Press. Edinburgh, 209–227.

Petrovic, I. (2007) *Von den Toren des Hades zu den Hallen des Olymp: Artemiskult bei Theokrit und Kallimachos*. E. J. Brill Publishers. Leiden.

Pharr, M.F. and L.A. Clark (eds.) (2012) *Of Bread, Blood and The Hunger Games: Critical Essays on the Suzanne Collins Trilogy*. McFarland & Co, Inc. Publishers. Jefferson.

Pingiatog~lou, S. (1981) *Eileithyia*. Königshausen + Neumann. Wurzburg.

Pirenne-Delforge, V. (2004) "Qui est la Kourotrophos

athénienne?" In V. Dasen (ed.) *Naissance et petite enfance dans l'Antiquité*. Academic Press Fribourg. Vandenhoeck & Ruprecht. G.ttingen, 171–185.

Plassart A. (1926) "Fouilles de Thespies et de l'hiéron des muses de l'Hélicon. Inscriptions: Dédicaces de caractère religieux ou honorifique, bornes de domaines sacrés." *BCH* 50, 383–462.

Redfield, J.M. (2003) *The Locrian Maidens: Love and Death in Greek Italy*. Princeton University Press. Princeton.

Redfield, J.M. (1990) "From Sex to Politics: The Rites of Artemis Triklaria and Dionysos Aisymnētēs at Patras." In D.M. Halperin, J.J. Winkler, and F.I. Zeitlin (eds.) *Before Sexuality: The Construction of Erotic Experience in the Ancient Greek World*. Princeton University Press. Princeton, 115–134.

Rehak, P. (2007) "Children's Work: Girls as Acolytes in Aegean Ritual and Cult." In A. Cohen and J.B. Rutter (eds.) *Constructions of Childhood in Ancient Greece and Italy*. ASCSA. Athens, 205–225.

Rehak, P. (2004) "Crocus Costumes in Aegean Art." In A. Chapin (ed.) *ΧΑΡΙΣ: Essays in Honor of Sara A. Immerwahr*. ASCSA. Athens, 85–100.

Rehak, P. (1997) "The Role of Religious Painting in the Function of the Minoan Villa: The Case of Ayia Triadha." In R. H.gg (ed.) *The Function of the "Minoan Villa."* Paul Åströms Förlag. Stockholm, 163–175.

Rigsby, K.J. (1996) *Asylia: Territorial Inviolability in the Hellenistic World.* University of California Press. Berkeley.

Roller, L.E. (1999) *In Search of the God the Mother: The Cult of Anatolian Cybele.* University of California Press. Berkeley.

Rolley, C. (1983) "Les grands sanctuaires panhelléniques." In R. Hägg (ed.) *The Gree Renaissance of the Eighth Century B.C.: Tradition and Innovation.* Swedish Institute in Athens. Stockholm, 109–114.

Rougemont, F. (2005) "Les noms des dieux dans les tablettes inscrites en linéaire B." In N. Belayche et al. (eds.) *Nommer les Dieux: Théonymes, epithets, épiclèses dans l'Antiquité.* Brepols, Presses Universitaires de Rennes. Turnhout, 325–388.

Rudhardt, J. (1992) "De l'attitude des grecs à des religions étrangères." *Revue de l'Histoire des Religions.* CCIX-3, 219–238.

Sale, W. (1975) "The Temple-Legends of the Arkteia." *RhM* 118, 265–284.

Schachter, A. (1992) "Policy, Cult, and the Placing of Greek Sanctuaries." In A. Schachter and J. Bingen (eds.) *Le sanctuaire grec*. Fondation Hardt. Genève, 1–57.

Schachter, A. (1981) *Cults of Boiotia, 1: Acheloos to Hera.* University of London Institute of Classical Studies. London.

Schaps, D. (1977) "The Woman Least Mentioned: Etiquette and Women's Names." *CQ* 27.2, 323–330.

Segal, R.A. (1991) "Adonis: A Greek Eternal Child." In D.C. Pozzi and J.M. Wickersham (eds.) *Myth and the Polis*. Cornell University Press. Ithaca, 64–85.

Shelton, J.-A. (2007) "Beastly Spectacles in the Ancient Mediterranean World." In L. Kalof (ed.) *A Cultural History of Animals in Antiquity*. Berg. Oxford, 97–126.

Spineto, N. (2000) "*The King of the Wood oggi*: una rilettura di James George Frazer ala luce dell'attuale problematica storia-religiosa." In J.R. Brandt, A.-M Leander Touati, and J. Zahle (eds.) *Nemi—Status Quo*. L'Erma di Bretschneider. Rome, 17–24.

Stampolides, N. Ch. (2003) "On the Phoenician Presence in the Aegean." In N. Ch. Stampolides and V. Karageorghis (eds.)

Πλοες ... *Sea Routes* ... : *Interconnections in the Mediterranean 16th–6th c. Bc*. University of Crete. Athens, 217–232.

Strelan, R. (1996) *Paul, Artemis, and the Jews in Ephesus*. Walter de Gruyter. New York.

Themelis, P. (1994) "Artemis Ortheia at Messene: The Epigraphical Evidence." In R. Hägg (ed.) *Ancient Greek Cult Practice from the Epigraphical Evidence*. Proceedings of the Second International Seminar on Ancient Greek Cult. Kernos Suppl. 1. Liège, 101–122.

Thomas, C.M. (1995) "At Home in the City of Artemis: Religion in Ephesos in the Literary Imagination of the Roman Period." In H. Koester (ed.) *Ephesos Metropolis of Asia: An Interdisciplinary Approach to its Archaeology, Religion, and Culture*. Trinity Press International. Valley Forge, 81–117.

Vallois, R. (1944) *L'Architecture Hellénique et Hellénistique à Délos. Première Partie: Les Monuments*. E. de Boccard. Paris.

Van Leuven, J.C. (1981) "Problems and Methods of Prehellenic Naology." In R. Hägg and N. Marinatos (eds.) *Sanctuaries and Cults in the Aegean Bronze Age*. Swedish Institute in Athens. Stockholm, 11–26.

Van Straten, F.T. (1981) "Gifts for the Gods." In H.S. Versnel (ed.), *Faith, Hope, and Worship: Aspects of Religious Mentality in the Ancient World*. E. J. Brill Publishers. Leiden, 65–151.

Vernant, J.-P. (1991) *Mortals and Immortals*. Princeton University Press. Princeton.

Vernant, J.-P. (1963) "Hestia-Hermès: Sur l'expression religieuse de l'espace et du mouvement chez les Grecs." *L'Homme* 3.3, 12–50.

Voyatzis, M.E. (1998) "From Athena to Zeus: An A–Z Guide to the Origins of Greek Goddesses." In L. Goodison and C. Morris (eds.) *Ancient Goddesses: The Myths and the Evidence*. University of Wisconsin Press. Madison, 133–147.

Wallensten, J. (2003) *Αφροδιτη Ανεθηκεν Αρξας: A Study of Dedications to Aphrodite from Greek Magistrates*. Lund University. Lund.

West, M.L. (1997) *The East Face of Helicon: West Asiatic Elements in Greek Poetry and Myth*. Clarendon Paperbacks. Oxford.

Westenholz, J.G. (1997) "Nanaya: Lady of Mystery." In

I.L. Finkel and M.J. Geller (eds.) *Sumerian Gods and their Representations*. Styx Publications. Groningen, 57–84.

Westermann, W.L. (1945) "Between Slavery and Freedom." *AHR* 50.2, 213–227.

Younger, J.G. (1988) *The Iconography of Late Minoan and Mycenaean Sealstones and Finger Rings*. Bristol Classical Press. Bristol.

Zeitlin, F. (1996) "The Dynamics of Misogyny: Myth and Mythmaking in Aeschylus's *Oresteia*." In F. Zeitlin (ed.) *Playing the Other: Gender and Society in Classical Greek Literature*. University of Chicago Press. Chicago, 87–119.

Zelnick-Abramowitz, R. (2005) *Not Wholly Free: The Concept of Manumission and the Status of Manumitted Slaves in the Ancient Greek World*. E.J. Brill. Leiden.

索 引

（数字指原书页码）

Acts of John 《约翰行传》160

Acts of the Apostles 《使徒行传》159

Aeschylus 埃斯库罗斯 98, 121 *Agamemnon* 《阿伽门农》42, 52; *Eumenides* 《欧墨尼德斯》39, 111; *Kallisto* 《卡利斯托》42, 84; *Libation Bearers* 《奠酒人》97; *Suppliant Women* 《请愿妇女》41, 97, 123

agermos ("Collection") 阿格莫斯（"募捐"）110

Akrotiri 阿克罗提利 12

Aktaion 阿克泰翁 118, 153—154, 164

Alkman 阿尔克曼 25, 49, 66

Parthenaion 《帕特奈翁》25—27

Amazons 阿玛宗人 20—23, 30, 82, 152

Amnisos 阿姆尼索斯 100

amphiphôn cakes "两边发光的"蛋糕 62

Anakreon 安纳克瑞翁 50, 143, 145

Anahita (Anaïtis) 阿娜希塔（阿娜提斯）62—63, 143, 145

Anatolia 安纳托利亚 2, 15, 34, 55, 57, 110, 123, 138, 143, 144, 145, 150, 159, 170

Antipater 安提帕特 93

Apollo 阿波罗 5, 19, 23, 25, 28, 34, 37, 42, 49, 51, 58, 67, 69, 70, 76, 78, 81, 83, 84, 86, 90, 92, 93, 96, 97, 99, 102, 103, 111, 115, 118, 123, 126, 138, 145—148, 158, 168

Apollodoros： 阿波罗多洛斯 *Bibliothekê* 《书库》84, 103, 154; *Epitome* 《摘录》121, 128

Aphrodite 阿芙洛狄忒 2, 3, 9, 22, 36, 40, 44, 66, 69, 75, 83, 92, 97, 103, 125, 126, 136, 138, 145, 154, 158, 164

Apuleius 阿普列乌斯 6

Aricia 阿里西亚 29, 133, 134, 139, 151—156, 159

Aristarkhê 阿里斯塔赫 24, 109

Aristophanes 阿里斯托芬 *Clouds* 《云》83; *Lysistrata* 《吕塞斯特拉忒》77—78, 127; *Knights* 《骑士》60, 65

Aristotle 亚里士多德 37, 131 (Pseudo-) *Constitution of the Athenians* （伪）《雅典政制》60, 65

Arkadia 阿卡迪亚 25, 41, 55, 57, 58, 66, 84, 86—87, 111, 116, 144, 147

Arkos 阿耳科斯（"熊"）81, 95, 96, 109

Arkteia 阿克忒亚（"小熊"）73, 77—80, 89, 92, 116, 121, 127

arktoi 阿耳克托伊（"熊"）77—80

Artemis (*see also Oupis and Worthasia*)：阿耳忒弥斯（同参欧佩斯和沃奥萨西亚）；Agrota 阿格罗塔（野生）57；Agrotera 阿格罗特拉（野生）51, 57, 59—61, 65, 87, 126, 134, 136；Agrotis 阿格罗蒂斯（野生）57；Aithopia 埃托菲亚 109；Amphipyron 埃姆菲皮隆（"双［手］举火"或"双［手］举着火把"）65；Anaïtis 阿娜提斯 63, 145；Apankhomenê ("Strangled, Hanged") 阿潘霍美涅（"绞死，勒死"）41—42, 116；Aristoboulê 阿里斯托布勒（"最佳顾问"）62；Astias 阿斯蒂亚斯（"属于城市的"）145；Baïane 柏安妮（棕榈树）58；Batrakhis 巴特拉霍斯（蛙）58；Brauronia 布劳戎尼亚 109；Daphnia 达芙尼亚（月桂树）58；Diktynna 狄克图娜 1, 6, 30, 50；Eileithyia 埃勒提雅 100—102, 112, 148；Einodia 埃诺迪亚（"在路上"）120；Elaphebolos ("Deer-Shooter") 埃拉菲波洛斯（"猎鹿

手")1,2,18,41,49,50,58,64,143,168;Elaphia 埃拉斐亚(鹿)57—58;Eleuthera 埃琉特拉("自由")145;Of Ephesos 以弗所的20—24,65,82,111—112,161;Eulokhia 欧洛赫亚("好分娩的")98;Eupraxia 欧帕西亚("行善")94;Gazôria 加佐利亚147;Hegemonê (Hagemonê) 赫戈默尼(哈戈默尼)59,66,112;Hekatê 赫卡忒97—98,123;Heleia 荷莱亚(沼泽)58;Hippikê 希皮克(马)2,57;Hyakinthotrophos (Hiakynthotrophos) 许坤忒托弗斯(海坤忒托弗斯)70;Hymnia 海姆尼亚111;Iphigeneia 伊菲革涅亚123;Kallistratê 卡利斯特拉忒52;Kaprophagos 卡普罗菲戈斯(野猪-捕食者)58;Karyatis 卡里亚提斯(核桃)58,82;Kedreatis 基德雷阿提斯(雪松)58;Khelytis 柯西利提斯(乌龟)58;Kindyas 金迪亚斯(城市女神)145;Klytotoxos 克利托索斯(以弓著称)58;Korythalia 科里塔利亚(盛放青春)70;Kyparissia 基帕里夏(柏树)58;Kyria 基里亚("君主")145;Laphria 拉弗里亚118—119,140,148;Leukophrynê/Leukophrys 雷欧科菲林/雷欧科菲瑞斯("白的闪耀")145;Limnaya 利姆纳亚(湿地)58;Limnatis 利姆纳提斯(湿地)43,51,57,58,77,147;Limnênoskopos 利姆诺斯科波斯(湿地景观)58;Limnêtis 利姆涅蒂斯(湿

地）58；Lokhia (Lokheia) 洛赫亚（洛赫西亚）97—99，101—102；Lygodesma 吕戈德斯玛（用 agnus castus［穗花牡荆］捆上）58；Lykeia 吕凯亚（似狼的）58；Lysaia 吕赛亚 109；Maloessa 马洛伊萨（绵羊）57；Mesopolitis 美索波利提斯（"中心城市"）144；Monogeneia 莫诺格内亚（"独生女"）123；Oraia 奥拉亚 102；Ortheia 奥忒亚 1，4，16，20，24—31，43，55，57，74，88，117，129—131，133，138，139，144；Pagasitis 帕伽斯提斯 81；Paidotrophos "儿童养育者" 70；Paralia 帕利亚（海边）57，58，71；Pergaia 佩尔盖娅 110；Persikê 佩西克 63，145；Phaesophoria 斐索菲利亚 65；Phakêlitis 法克利提斯（芦苇束）58；Philagrotis 菲拉格罗提斯（喜爱野生）57；Phosphoros 福斯弗洛斯 63，65，66，72，74，144，165，167；Polo 波罗（小马驹）57；Polyboia 波塔米亚（许多羊群）57；Potamia 波塔米亚（河流）58；Pythia 皮提亚 57；Sardianê 萨狄安（萨狄斯）145；Saronia 萨罗尼亚（萨罗尼克湾）57；Soteira ("Savior") 索泰拉（"救世神"）1，59，61，65，67；Tauro 陶洛（公牛）57；Taurophagos 陶洛帕戈斯（公牛–捕食者）58；Tauropolos 陶洛波罗斯（公牛–驯服者，"公牛牧者"或"驯牛者"）57，121，126，128，134，138，151；Thermaia 忒迈雅（温泉）58；Throsia 忒洛

西亚 81；Toxia 陶克希亚（弓的）58；Toxodamos 陶克达摩斯（用弓制服）58；Triklaria 特里克拉里亚 42，84—85

Artumes 阿耳图密斯 158

Asklepios 阿斯克勒庇俄斯 67，70，73，107—109，146，148，152，154

Athena 雅典娜 2，16，20，36，38—39，44，48，67，83，90，97，103，105，110，111，126，145，146，158

Athenaios (*Deipnosophistai*) 阿特奈奥斯《学问之餐》62，70，137

Athens 雅典 9，30，60，62，63，65，66，77—80，88，92，99，105—106，107，109，116，123，124，126，136，154

Attika (see also Athens and Brauron) 阿提卡（同参雅典和布劳戎）4，52，55，58，66，67，76，89，95，99，100，105，106，109，116，117，126—128，144

Aulis 奥利斯 57，58，120—122，125，127

Autokrates (*Tympanistai*) 奥拓卡特斯（《鼓手》）82—83

Bakkhylides: 11th *Epinician* 巴库利德斯:《第11首竞技凯歌》86—87

bears (*see also* Arktoi and Arkos) 熊（同参阿耳克托伊和阿

耳科斯)42,55,78—79,84,116,119,121,127,154

Bendis 本迪斯 30,139

Black Sea 黑海 23,124—125

boars 野猪 49,55,115—116,140

Boiotia 波奥提亚 4,51,52,66,100—101,104,106,112,123,125,147—148

Bomonicae ("Altar Victors") 波姆尼卡("祭坛的胜利者") 133

bow (and arrows) 弓(和箭)48,49,51,52,53,55,58,66,67,70—71,72,81,87,93,98,103,104,124,144,145,164,166,169

Brauron 布劳戎 2,55,57,58,71,72,73,77—80,99,102,105,107,121,126—128,139,144,167,168

bretas 木像 74,117,126

brides 鸟 40,92,95—96

Brooklyn 布鲁克林 163—165

bulls 公牛 121

Calame, Claude 克劳德·卡莱姆 76,89

Catalogue of Women 《列女传》42,118,120,122

Chersonesos 切索尼斯 124—125, 141

childbirth 分娩 1, 49, 56, 67, 72, 75, 77, 86, 92, 93, 96, 97—103, 104, 107, 110, 112, 127

chorus 合唱队 25—27, 43, 44, 49, 80, 81—83, 87, 88—89, 90, 92

Christianity 基督教 159—161, 170

Cicero 西塞罗 *Against Verres II* 《控威尔瑞斯》149；*Philippics* 《反腓力辞》153；*Tusculanae Disputationes* 《图斯库鲁姆辩论集》129, 131, 137

city 城市 50, 56, 58, 143—145, 155

Clement of Alexandria (*Stromate*) 亚历山大的克莱门特（《杂论》）63, 65

clothing 衣服 73, 86, 104—106, 108, 112, 127

Cole, Susan G. 苏珊·科尔 G 56, 65, 127

Collins, Suzanne (The Hunger Games Trilogy) 苏珊娜·柯林斯《饥饿游戏》166—170

Corinth 科林多 52, 88, 109, 124

Crete (see also individual site names) 克里特（同参个别遗址名称）2, 4, 74, 100, 106

Crimea 克里米亚 99, 120—127, 141, 152, 167

Cyprus 塞浦路斯 57, 71

Cyrenê 居勒尼 81, 95—96, 109

Daïtis 盛宴 117, 154

dance (*see also Chorus*) 跳舞（同参合唱队）28

deer (*see also fawns*) 鹿（同参幼鹿）1, 22, 28, 49, 50, 51, 55, 56, 72, 80, 119, 120, 121, 127, 140, 154, 158, 162, 168

Deer-Shooter see Artemis Elaphebolos 猎鹿手（同参埃拉菲波洛斯）

Delos 提洛岛 18, 19, 34, 55, 58, 72, 93, 102, 103, 110, 111

Delphi 德尔斐 19, 42, 49, 64, 81, 84, 85, 102, 106, 111, 117, 146, 148

Despoina 德斯波尼亚 66

Diana 狄安娜 5, 7, 60, 62, 135, 139, 140, 146, 149, 151—156, 158—159, 166, 170

Diana Efesia Multimammia 以弗所多乳的狄安娜 161—162

Diana of the Tower 《塔里的狄安娜》163—164

Diktynna see Artemis Diktynna 狄克图娜，见阿耳忒弥

斯·狄克图娜

Diodoros Siculus　狄奥多鲁斯·希库鲁斯 69，111

Dionysos　狄奥尼索斯 23，37，48，57，70，83，84—85，116，118，125，138

dogs　狗 30，48，50，51，55，56，66，115，118，154，164—165

Eileithyia　埃勒提雅 4，75，77，99—101，104，106，109，111；

Eulokhos　欧洛赫斯 100；

Lysizonos　吕西佐诺斯 100

Ekhinos　埃克希诺斯 72，102

Elaphebolia　埃拉菲波利亚 64

Eleusis　厄琉西斯 9

Elis　埃利斯 43，58

Embaros　伊巴洛斯 79

Emporion　恩波里翁 24

ephebes　以弗比 67，88

Ephesos (*see also Artemis of Ephesos*)　以弗所（同参以弗所的阿耳忒弥斯）2，6，20—24，30，34，55，56，57，58，65，

71, 82, 102, 109, 116, 117, 143, 145, 149—151, 154, 155, 158—161

Epidauros　埃皮道鲁斯 58, 107, 108—109

Essenes　艾塞尼派 111

Etruria　伊特鲁里亚 158

Etymologicum Magnum　《大词源学》116

Euripides　欧里庇得斯 98—99, 102, 107, 127, 128, 136, 155; *Alkestis*　《阿尔克提斯》76; *Bakkhai*　《酒神的伴侣》118; *Helen*　《海伦》80; *Hippolytos*　《希波吕托斯》2, 41, 44—46, 50, 98; *Ion*　《伊翁》92; *Iphigeneia Amongst the Tauroi*　《伊菲革涅亚在陶里人中》29, 65, 98, 105, 121—122, 128—128, 134, 138—139, 153; *Iphigeneia at Aulis*　《伊菲革涅亚在奥利斯》82, 121; *Suppliants*　《请愿妇女》98; *Trojan Women*　《特洛亚妇女们》82

Everdeen, Katniss　艾佛丁, 忒尼斯 166—170

fawns　幼鹿 55, 80—81, 112

Flagellation (Spartan institution)　鞭打仪式（斯巴达制度）129—138

Flower, Michael　弗劳尔·迈克 131, 136

Fontana della Dea Natura　自然女神喷泉 162

France 法国 6

Françoise Vase 弗朗索瓦陶瓶 16，17

goats 山羊 55，59—60，64，67，79，116，117，119，134，168

Greek Anthology 《希腊文选》51，69，74，77，93，100，103，104—105，109

gynê 女人，妻子 40，88，92，96，107

Haghia Triadha 哈吉亚的特昂达 13

hair dedication 献头发 93，112

Halai Araphenides 哈莱的阿拉菲尼德斯 58，126，128，139

Haliartos 哈里阿托斯 51

Halikarnassos 海力卡纳索斯 110

Hall, Edith 伊迪斯·霍尔 29，138，141，152—153

Hekatê 赫卡忒 4，6，36，39，48，50，66，67，69，75，97—98，120，122，123，125，128

Hemeroskopeion 赫莫罗斯科皮昂 24

Hera 赫拉 2，20，34，35，36，40，58，67，75，83，84，87，92，103，118

Hermes 赫耳墨斯 9, 35, 37, 43, 44, 48, 60, 66, 67, 105

Hermionê 赫耳弥奥涅 123

Herodotos 希罗多德 7, 31, 62, 64, 88—89, 93, 110, 122, 123—126, 130, 135, 136, 149, 152

Hesiod (*see also Catalogue of Women*) 赫西俄德（同参《列女传》）7, 84, 122, 124; *Theogony* 《神谱》2, 36, 48, 69, 76, 97—98, 123

Hestia 赫斯提亚 2, 36, 38—40, 76, 99, 126

hierodules "圣奴" 146, 147, 150—151

Hippokratic Corpus 希波克拉底文库 107—109; *Diseases of Women* 《妇女疾病》108; *Epidemics* 《流行病》108; *Illness of Virgins* 《处女疾病》86, 105; *Nature of the Child* 《论孩子的天性》108

Hippolytos 希波吕托斯 44—46, 93, 152—155, 167

Homer 荷马 7, 61, 124; *Iliad* 《伊利亚特》2, 14, 35, 42, 43, 67, 93, 97, 100, 115—116, 118, 122; *Odyssey* 《奥德修纪》2, 40, 49, 118

Homeric Hymn to Aphrodite 《荷马颂诗：致阿芙洛狄忒》38, 44, 76, 82, 143, 155

Homeric Hymn to Artemis 《荷马颂诗：致阿耳忒弥斯》(27)

49, 67, 81—82

horses 马 2, 26—27, 50, 55, 56, 64, 119, 140, 152

hunting 狩猎 1, 2, 30, 34, 45, 48—56, 82, 84, 103, 155, 166–169

Hyampolis 海姆波利斯 18, 19—20, 55, 57, 58, 64, 147, 168

Hyginus, C. Julius (*Fabulae*) C. 尤利乌斯·海基努斯（《寓言》）29, 132—134, 137, 139

Iberia (*see also individual sites*) 伊比利亚（同参个别遗址）24, 159

Institutions of the Lakedaimonians 《拉栖戴蒙人的政制》129

Iphianassa 伊菲纳萨 4, 122

Iphianoê 伊菲诺厄 93

Iphigeneia 伊菲革涅亚 4, 6, 29, 57, 99, 105, 107, 120—128, 139, 152, 167—168

Iphimedê 伊菲梅德 4, 120, 122, 128

Italy 意大利 55, 134, 139, 151—156, 161

Kalapodi see Hyampolis 卡拉波迪，见海姆波利斯

Kallimakhos (*Hymn to Artemis*) 卡利马霍斯（《致阿耳忒弥斯颂诗》）7, 21, 35, 38, 41, 56, 65, 67, 82, 100, 103, 144

Kallisto 卡利斯托 42, 84, 92, 153—154

Kalydon 卡吕冬 55, 58, 118—120, 140, 148

Kamelarga 卡迈拉加 71

kaneon 卡侬 94—95, 112

Kaphyai 卡斐亚 41

Karyai 卡里埃 44, 57, 58, 82, 83

Khaironea 科海罗涅亚 147—148

Khania 卡尼亚 9, 14, 15

King, Helen 海伦·金 40, 41, 108

Kition 基提翁 57, 71

Klearkhos of Soli 索利的克莱尔霍斯 137

Knidos 克尼多斯 70

Knossos 克诺索斯 9, 11, 14, 100

Komaitho 科梅托 42, 84—85, 92, 116, 117

Kondylea 康迪利亚 41, 116, 117

Kopis 割肉节 70

Korkyra 科基拉 54, 55, 58, 70—71, 88—89, 130

Kos 科斯岛 107，110

kourotrophos 儿童的养育者 1，36，49，66，69—77，89，92，97，102，167，168

kourotrophic figurines 儿童的养育者小雕像 2，70—72，89，102

krateriskoi 小搅拌碗 79

krokota 长袍 77—78，80

Kybelê 库柏勒 21，155

Kypria see Stasinos 《库普利亚》见斯塔西诺斯

Lakonia 拉科尼亚 28，43—44，57，58，82

Leto 勒托 34，40，49，98，99，118

light 光 1，60，62，64

liminality 阈限 43，58，59，64，85，92，117，144，166

Linear B 线形文字 B 2，9—11，21，100，122

Lokheia (see also Artemis Lokhia) 洛赫西亚（洛赫亚）1，97—99

Lousoi 洛索伊 55，57，58，86—87，168

Lucius Flavius Philostratos (*Vita Apollonii*) 卢修斯·弗拉维乌斯·菲洛斯特拉托斯《阿波罗传》133

Lydia 吕底亚 82—83, 134, 135, 139, 144

Lykosoura 吕科索亚 66

Lykourgos 吕库耳戈斯 59, 88, 129, 131, 133, 136, 137

Lysizonos 吕西佐诺斯 1, 97, 100

lytra (recompense/ransom) 律特拉（补偿/赎金）81, 95, 113

male gaze 凝视 164, 165—166, 170

Manship, Paul Howard 保罗·霍华德·曼希普 164

Mantineia 曼提尼亚 111—112

manumission 解放 1, 19, 25, 102, 143, 145—156

Marathon 马拉松 60, 61, 67, 98

Masalia 马萨利亚 23, 109

masks 面具 28

maternity 孕妇 97, 169

Megabyzos 梅加比佐斯 23, 112

Megara 麦加拉 62, 122, 123, 125

Melanippos 美拉尼波斯 84—85, 117

menstruation 月经 80, 86, 108

Messenê 梅塞内 27, 30, 43, 65, 74, 75, 139, 144, 147

miasma 瘴气 42, 85, 96, 133, 135

midwife (*maia*) 助产士（迈雅）97—103, 113

Miletos 米勒托斯 57, 123—124

moon 月亮 60, 64, 65, 159

Mounykhia 穆尼基亚 58, 63, 78—79

Mycenae 迈锡尼 9, 127, 139

Nanaya 娜娜雅 4—5, 159

Nature Goddess 自然女神 11—4, 143

Nemi 内米湖 135, 151—156

Neokoros 纽科罗斯（女祭司）74

Nikander 尼康德 121

Niobids 尼俄柏 118

nymphê 新娘 92

nymphs 宁芙 40, 44, 49, 69, 76, 82, 83, 84, 96, 99, 144

Orestes 奥瑞斯忒斯 29, 120, 126, 128, 132, 134, 136, 152, 153, 155, 159

Orkhomenos 奥克霍美诺斯 101, 111, 144

Orphic Hymn to Artemis 《俄耳甫斯颂诗：献给阿耳忒弥斯》

1，7，67，70

Orth(e)ia see Artemis Ortheia 奥提（忒）亚 见阿耳忒弥斯·奥忒亚

Ortygia 奥提伽 34，58，103

Oupis (Oupesia) 欧佩斯（欧佩西亚）21，30，82

Ovid (*Metamorphoses*) 奥维德（《变形记》）40，42，84，118

parthenos 处女 40，78，85，87，92，107，112

Parthenos (Crimean Divinity) 帕特诺斯（克里米亚的神祇）122—126，139，141

Patrai 帕特莱 42，58，84—85，89，116，117，118—120，139

Pausanias 鲍萨尼阿斯 7，20，23，29，41，42，43，44，46，56，57，60，61，64，66，69，70，82，84，93，97，107，111，116，117，118，122，123，131，133—136，138，139，151—152

pausotokeia 波索托凯亚 101，104

Pellenê 佩伦纳 117

Peloponnese 伯罗奔半岛 4，56，102，123，144

Pergamon 佩加蒙 109

Persians 波斯，波斯人 60，61，135—136

Pherai 斐赖 55

Phokis 弗基斯 18，19，55，58，63—64，65，147

"Phokian Desperation" "弗基斯人的绝望" 63—64

Pindar 品达 2，23，31

plague 瘟疫 1，42，78，79，84，86，97，115—118，133，140，155

Plato 柏拉图 7，30，102，136；*Laws* 《法律篇》83，131，136；*Theaitetos* 《泰阿泰德篇》99

Pliny 普林尼 37

Plutarch 普鲁塔克 7，43，60，131，132；*De Herodoti Malignitate* 《论希罗多德的恶意》62；*Institutions of the Lakedaimonians* 《拉栖戴蒙人的政制》129；*Life of Aratus* 《阿拉图斯传》117；*Life of Aristides* 《阿里斯泰德传》133—134，135—136；*Life of Lucullus* 《卢库鲁斯传》63，145；*Life of Lykourgos* 《吕库耳戈斯传》59，129，130，132，137；*Life of Lysander* 《吕桑德传》137；*Life of Themistokles* 《忒米斯托克勒斯传》62；*Moralia* 《道德论丛》137；*On the Glories of the Athenians* 《雅典人的荣耀》62；*Virtues of Women* 《妇女的美德》63—64

Polignac, François de 弗朗索瓦德·波利尼亚克 20, 58

Potnia Therôn 波提尼亚·塞隆 1, 14—18, 20, 27, 52, 55, 143

pregnancy 怀孕 72, 97, 107

priestesses (see also Arkos, Iphigeneia, and Neokoros) 女祭司（同参阿耳科斯，伊菲革涅亚和纽科罗斯）4, 24, 42, 74, 81, 84, 92, 95, 96, 101—102, 109—113, 117, 119, 120—122, 123, 126, 131, 138, 141, 147, 152, 160

proteleia 普罗特利亚 94

Pylos 皮洛斯 2, 9, 10—11, 15, 21, 122

Pythia 皮提亚 41, 84, 111, 116

rape 强暴，强奸 40, 41, 42, 43—44, 83, 84, 92, 111, 154

Renaissance 文艺复兴 161—162

Rex Nemorensis 内米之王 139, 151—156

Rhodê 罗德 24

Saint-Gauden, August 奥古斯特·圣-高登 163

Salamis (Greece) 萨拉米斯（希腊）62, 67

Samos　萨摩斯 88–89, 130

San Biagio　圣·比亚吉奥 55

Sappho　萨福 41, 118

Scala Graeca Sanctuary　希腊斯卡拉圣所 1, 55

Servius (*ad Aen.*)　塞维乌斯 152

Sicily　西西里岛 1, 55, 94, 134

Skythia　斯库提亚 23, 24, 29, 49, 82, 122—126, 133, 138—140, 151—153

Sophokles：索福克勒斯 *Elektra*　《厄勒克特拉》120, 121; *Trakhiniai*　《特拉喀斯少女》65

Sparta　斯巴达 4, 16, 24, 44, 55, 57, 58, 59, 65, 67, 70, 88—89, 117, 129—139

Stasinos (*Kypria*)　斯塔西诺斯（《库普利亚》）120, 121

Stesikhoros　斯忒希科洛斯 118

Strabo　斯特拉博 5, 7, 23, 24, 34, 109, 112, 124, 125, 128, 134, 149, 151—152

Suda　苏达 78

syncretism　融和论 2—6, 24—31, 62, 77, 97, 106, 109, 122–124, 128, 139, 143, 158, 159

Syracuse　叙拉古 1, 55

Tacitus (*Annals*) 塔西佗《编年史》145

Taras 塔拉斯 55

Tatius, Achilles (*Leukippê and Klitophon*) 阿喀里乌斯·塔提乌斯《莱夫基佩和克利托丰》149—151

Tauroi 陶里人 29, 120—126, 133, 135, 138, 152—153

textiles see clothing 纺织品, 见衣服

Thasos 萨索斯 55, 58, 66, 71, 102, 123, 124

Thebes (Greece) 忒拜(希腊)9, 17, 61

Themistokles 忒米斯托克勒斯 62

Theokritos 忒奥克里托斯 80, 94, 100

Thera (*see also Akrotiri*) 锡拉(同参阿克罗提利)12

Thespiai 忒拜 101—102, 112

Thessaly 帖萨利 63—64, 80—81, 100, 101

Thrace 色雷斯 30

Tithenidos 蒂瑟尼多斯("哺乳节")70

torches 火把 1, 30, 61, 66, 72, 79

transition 过渡 2, 48, 67, 75, 83, 89, 92, 109, 145—146

Troizen 特洛伊曾 46, 57, 93, 154

Tyndaris 廷达里斯 94, 134, 139

Vernant, J.-P.　J.-P. 韦尔南 59, 66, 69, 75

virginity　童贞 34, 38—44, 50, 80, 82, 84, 92, 94—96, 97, 99, 103, 117, 166, 169

Vivian St. George and Her Dog　《维维安·圣乔治和她的狗》164—165

war(fare)　战争 1, 59—67, 97

water　水 50, 56—57, 58, 168

Wharton, Edith　伊迪丝·沃顿 165—166; *The Age of Innocence* 《纯真年代》165—166; *Artemis to Actaeon* 《阿耳忒弥斯致阿克泰翁》165-166; *The House of Mirth* 《欢乐之家》165—166

wilderness　荒野 1, 48—58, 155, 166, 168

Worthasia (*see also Artemis Ortheia*)　沃奥萨西亚（同参阿耳忒弥斯·奥忒亚）4, 25, 55, 138, 139, 147

Xenophon　色诺芬 7, 132, 136; *Anabasis* 《长征记》23, 60; *Constitution of the Lakedaimonians* 《拉栖戴蒙人的政制》59, 65, 88, 129, 137; *Hellenika* 《希腊志》59, 63; *On Hunting* 《论狩猎》51, 52

Xeste　克塞斯特 3, 12—13

Zeus 宙斯 1, 2, 9, 16, 22, 34, 35, 37, 42, 48, 56, 58, 67, 76, 84, 93, 103, 125, 126, 144, 146—147, 154

附录：古代世界的诸神与英雄译名表

（希腊语—拉丁语—英语—汉语）

A

Ἄβαι Abae Abae　阿拜

Ἀγαμέμνων Agamemnon Agamemnon　阿伽门农

Ἀγησίλαος Agesilaos Agesilaos　阿盖西劳斯

Ἀγλαΐα Aglaea/Aglaia Aglaea　阿格莱亚

Ἄγλαυρος Aglauros Aglauros　阿格劳洛斯

Ἀγχίσης Anchises Anchises　安喀塞斯

Ἅδης Hades Hades　哈得斯

Ἄδωνις Adonis Adonis　阿多尼斯

Ἀθάμας Athamas Athamas　阿塔马斯

Ἀθηνᾶ Minerva Athena　雅典娜 / 密涅瓦

Αἴας Aiax Aias/Ajax　埃阿斯

Αἴγιστος Aegisthus Aegisthus　埃吉斯托斯

Αἴθρα Aithra Aithra　埃特拉

Αἰνείας Aeneas/Aeneus Aeneas　埃涅阿斯

Ἀλφειός Alpheios Alpheios　阿尔费奥斯

Ἄμμων Ammon Ammon/Amun　阿蒙（古埃及太阳神）

Ἀμφιτρίτη Amphitrite Amphitrite　安菲特里忒

Anat　阿娜特（闪米特战争女神）

Anaïtis/Anahita　阿娜提斯/阿娜希塔（波斯–亚美尼亚女神）

Ἀνδρομάχη Andromache Andromache　安德洛玛克

Anu　阿努（赫梯天神）

Ἀπέσας Apesas Apesas　阿佩萨斯

Ἀπόλλων Apollo Apollo　阿波罗

Ἀργειφόντης Argeiphontes Argeiphontes　阿耳癸丰忒斯

Ἄρης Mars Ares　阿瑞斯

Ἀριάδνη Ariadne Ariadne　阿里阿德涅

Ἁρμονία Harmonia Harmonia　哈耳摩尼亚

Ἀρισταῖος Aristaeus Aristaeus　阿里斯泰奥斯

Ἄρτεμις Artemis, Diana Artemis　阿耳忒弥斯/狄安娜

Ἀσκληπιός Aesculapius Asclepius　阿斯克勒庇俄斯

Astarte　阿施塔忒（腓尼基女神）

Ἀστερία Asteria Asteria　阿斯忒里亚

Ἄτλας Atlas Atlas　阿特拉斯

Ἀτρεύς Atreus Atreus　阿特柔斯

Ἀφροδίτη Venus Aphrodite　阿芙洛狄忒/维纳斯

Ἀχιλλεύς Achilleus Achilles　阿喀琉斯

Ἄψυρτος Apsyrtus Apsyrtus　阿普绪耳托斯

B

Βελλεροφῶν Bellerophon Bellerophon　柏勒洛丰

Βοώτης Boutes Boutes　布特斯

Βριάρεως Briareos Briareos　布里阿瑞奥斯

Βρισηΐς Briseis Briseis　布里塞伊斯

Βρισῆος Briseus Briseus　布里修斯

Γ

Γαῖα Gaea Gaia　盖娅

Γανυμήδης Catamitus/Ganymedes Ganymede　伽努墨德斯

Γλαυκός Glaucus Glaukos　格劳科斯

Γῆρας Geras Geras　革剌斯

Γίγαντες Gigantes Gigantes　癸干忒斯

Γύγης Gyges Gyges　巨吉斯

Gula　古拉（美索不达米亚治愈女神）

Δ

Δαίδαλος Daedalus Daedalus　代达罗斯

Δαναός Danaus Danaus　达那奥斯

Δάφνη Daphne Daphne　达芙妮

Δελφύς Delphus Delphus　德尔福斯

Δευκαλίων Deucalion Deucalion　丢卡利翁

Δηίφοβος Deiphobos Deiphobos　得伊福玻斯

Δημήτηρ Demeter Demeter　德墨忒耳

Δημοφόων Demophoon Demophoon　德摩福翁

Δίκη Dike Dike　狄刻

Διοκλῆς Diocles Diokles　狄奥克勒斯

Διομήδης Diomedes Diomedes　狄奥墨德斯

Διόσκουροι Dioscuri Dioscuri　狄奥斯库里

Διώνη Dione Dione　狄奥涅

Δόλων Dolon Dolon　多伦

Dyáus Pitar　道斯·彼塔（印度教天父）

Dumuzi/Tammuz　杜穆兹/塔穆兹（苏美尔的英雄/神）

Δύναμις Dynamis Dynamis　丢纳弥斯

E

Εἰλείθυια Eileithyia Eileithyia　埃勒提雅

Εἰρήνη Eirene Eirene　埃瑞涅

Ἑκάτη Hekate Hekate　赫卡忒

Ἕκτωρ Hector Hector　赫克托耳

Ἕλενος Helenus Helenus　赫勒诺斯

Ἕλλη Helle Helle　　赫勒

Enki　　恩基（苏美尔欺诈之神）

Ἐνοδία Enodia Enodia　　埃诺狄亚

Ἐνυώ Enyo Enyo　　厄倪俄

Ἐρεχθεύς Erechtheus Erechtheus　　厄瑞克透斯

Ἔρις Eris Eris　　厄里斯

Ἐριχθόνιος Erichthonios Erichthonios　　厄里克托尼奥斯

Ἑρμῆς Hermes Hermes　　赫耳墨斯

Ἑρμιόνη Hermione Hermione　　赫耳弥奥涅

Ἔρως Eros, Amor Eros　　爱若斯 / 阿莫耳

Ἕσπερος Hesperos Hesperos　　赫斯佩洛斯（昏星）

Ἑστία Hestia/Vesta Hestia　　赫斯提亚 / 维斯塔

Εὐδόρος Eudoros Eudoros　　欧多罗斯

Εὔμαιος Eumaeus Eumaeus　　欧迈奥斯

Εὔμολπος Eumolpos Eumolpos　　欧摩尔波斯

Εὐνομία Eunomia Eunomia　　欧诺弥亚

Εὐρυνόμη Eurynome Eurynome　　欧律诺墨

Εὐρώπη, Εὐρώπα Europa Europa　　欧罗巴

Ευφροσύνη Euphrosyne Euphrosyne　　欧佛洛绪涅

Ἐπιμηθεύς Epimetheus Epimetheus　　厄庇米修斯

Ἕως Eos Eos　　厄俄斯

Εωσφόρος Eosphoros Eosphoros　厄俄斯珀洛斯（晨星）

Z

Ζεύς Zeus Zeus　宙斯

Ζέφυρος Zephyros Zephyros　泽费罗斯

Ζῆθος Zethus Zethus　泽托斯

H

Ἥβη Hebe Hebe　赫柏

Ἥλιος Helios Helios　赫利奥斯

Ἥρα Hera Hera　赫拉

Ἡρακλῆς Herakles Herakles　赫拉克勒斯

Ἥφαιστος Hephaestus Hephaestus　赫菲斯托斯

Θ

Θάλεια Thalia Thalia　塔利亚

Θάνατος Thanatus Thanatos　塔纳托斯

Θέμις Themis Themis　忒弥斯

Θέτις Thetis Thetis　忒提斯

Θησεύς Theseus Theseus　忒修斯

I

Ἰάλεμος Ialemus Ialemus　伊阿勒摩斯

Ἰάσων Jason Jason　伊阿宋

Ἱέρων Hieron Hieron　希耶罗

Ἵμερος Himeros Himeros　希墨洛斯

Inanna　伊南娜（苏美尔爱神）

Ἰξίων Ixion Ixion　伊克西翁

Ἰοδάμα Iodama Iodama　伊奥达玛

Ἰόλαος Iolaos Iolaos　伊俄拉俄斯

Ἱππόλυτος Hippolytus Hippolytus　希波吕托斯

Ἶρις Iris Iris　伊里斯

Ἶσις Isis Isis　伊西斯

Ishtar　伊诗塔

Ἰφιάνασσα Iphianassa Iphianassa　伊菲阿纳萨

Ἰφιγένεια Iphigeneia Iphigeneia　伊菲革涅亚

Ἰφιμέδη Iphimede Iphimedê　伊菲梅德

Ἰώ Io Io　伊娥

Ἴων Ion Ion　伊翁

K

Κάδμος Kadmos Kadmos　卡德摩斯

Καλλιόπη Calliope Calliope　卡利俄佩

Καλυψώ Calypso Calypso　卡吕普索

Καρνεῖος Carneius Carneius　卡内乌斯

Κασσάνδρα Kassandra Kassandra　卡珊德拉

Κάστωρ Castor Castor　卡斯托耳

Κέρβερος Cerberus Cerberus　刻耳贝洛斯

Κλυταιμνήστρα Klytaimnestra Klytaimnestra　克吕泰涅斯特拉

Κορωνίς Coronis Coronis　科洛尼斯

Κρεσφόντης Kresphontes Kresphontes　克瑞斯丰忒斯

Κρόνος Cronus Cronos　克罗诺斯

Κυβέλη, Κυβήβη Cybele Cybele　库柏勒

Κύκνος Kyknos Kyknos　库克诺斯

Κυρήνη Cyrene Cyrene　昔兰尼

Λ

Λάϊος Laius Laius　拉伊俄斯

Λαομέδων Laomedon Laomedon　拉俄墨冬

Λήδα Leda Leda　勒达

Λητώ Leto/Latona Leto　勒托/拉托娜

Λῖνος Linus Linus　利诺斯

Λύκτος Lyktos Lyktos　吕克托斯

M

Μαῖα Maia Maia/Maea　迈娅

Marduk　马耳杜克（巴比伦主神）

Μάρπησσα Marpessa Marpessa　玛耳佩萨

Μαρσύας Marsyas Marsyas　玛耳绪阿斯

Μαχάων Machaon Machaon　玛卡翁

Μεγακλῆς Megakles Megakles　麦伽克勒斯

Μέδουσα Medusa Medusa　美杜莎

Μελάνιππος Melanippos Melanippos　美拉尼波斯

Μελίτη Melite Melite　美利忒

Μελπομένη Melpomene Melpomene　美尔波墨涅

Μετάνειρα Metaneira Metaneira　美塔内拉

Μήδεια Medea Medea　美狄亚

Μηριόνης Meriones Meriones　美里奥涅斯

Μῆτις Metis Metis　墨提斯

Μίλητος Miletus Miletus　米勒托斯

Μίνως Minos Minos　米诺斯

Μνημοσύνη Mnemosyne Mnemosyne 摩涅莫绪涅

Μοῖραι Moirai Moirai 莫依赖 / 命运三女神

Μοῦσα, Μοῦσαι Musa, Musae Muse, Muses 缪斯

Μουσαίος Musaeus Musaeus 缪塞奥斯

N

Nanaya 娜娜雅

Ναυσικᾶ Nausikaa Nausikaa 瑙西卡

Νέμεσις Nemesis Nemesis 涅美西斯

Νηρηΐδες Nereids Nereids 涅瑞伊得斯

Νέστωρ Nestor Nestor 涅斯托尔

Νηλεύς Neleus Neleus 涅琉斯

Νηρεύς Nereus Nereus 涅柔斯

Νιόβη Niobe Niobe 尼俄柏

Νύμφης Nymphs Nymphs 宁芙

O

Ὀδυσσεύς Odysseus, Ulixes, Ulysses Odysseus 奥德修斯 / 尤利克塞斯 / 尤利西斯

Οἴαγρος Oeagrus Oeagrus 奥厄阿革洛斯

Οἰδίπους Oedipus Oedipus 俄狄浦斯

Ὅμηρος Homerus Homer　　荷马

Ὀρέστης Orestes Orestes　　奥瑞斯忒斯

Ὀρφεύς Orpheus Orpheus　　俄耳甫斯

Ὄσιρις Osiris Osiris　　奥西里斯

Οὐρανός Ouranos Ouranos　　乌拉诺斯

Π

Παιών, Παιάν Paeon, Paean Paeon　　派翁

Πάλλας Pallas Pallas　　帕拉斯

Πάν Pan Pan　　潘

Πάνδαρος Pandarus Pandaros　　潘达罗斯

Πάνδροσος Pandrosos Pandrosos　　潘德罗索斯

Πανδώρα Pandora Pandora　　潘多拉

Παρθένος Parthenos Parthenos　　帕特诺斯（克里米亚神祇）

Πάρις Paris Paris　　帕里斯

Πάτροκλος Patroclus Patroclus　　帕特罗克洛斯

Πειρίθοος Peirithoos Peirithoos　　佩里图斯

Πέλευς Peleus Peleus　　佩琉斯

Πέλοψ Pelops Pelops　　佩罗普斯

Περσεύς Perseus Perseus　　佩耳修斯

Περσεφόνη Persephone/Proserpina Persephone　　佩耳塞福涅

Πήγασος Pegasus/Pegasos Pegasus　佩伽索斯

Πηνειός Peneius Peneius　佩纽斯

Πηνελόπη Penelope Penelope　佩涅洛佩

Πιερίδες Pierides Pierides　庇厄里得斯

Πλούιων Plouton Pluto　普鲁托

Ποδαλείριος Podalirius/Podaleirius Podalirios　波达勒里奥斯

Πολύφημος Polyphemus Polyphemus　波吕斐摩斯

Ποσειδῶν Poseidon/Neptunus Poseidon　波塞冬 / 尼普顿

Πρίαμος Priamos Priam　普里阿摩斯

Προμηθεύς Prometheus Prometheus　普罗米修斯

Πτώιος Ptoios Ptoios　普托伊奥斯

Πυθία Pythia Pythia　皮提亚

Πύθων Python Python　皮同

Ρ

Ῥέα Rhea Rhea　瑞娅

Σ

Σαρπηδών Sarpedon Sarpedon　萨耳佩冬

Σάτυρος Satyrus Satyr　萨蒂尔

Σειρήν Sirens Sirens　塞壬

Σεμέλη Semele Semele　　塞墨勒

Σπερχειός Spercheius Spercheius　　斯佩耳凯奥斯

Στερόπη Sterope Sterope　　斯忒洛佩

Σφίγξ sphinx sphinx　　斯芬克斯

T

Τάρταρος Tartarus Tartarus　　塔耳塔罗斯

Τειρεσίας Teiresias Teiresias　　忒瑞西阿斯

Τεῦκρος Teukros Teukros　　透克洛斯

Τηλεμάχος Telemachos Telemachos　　忒勒玛霍斯

Τήλεφος Telephus Telephos　　忒勒福斯

Τηθύς Tethys Tethys　　泰堤斯

Tiamat　　提亚玛特（巴比伦混沌母神）

Τιθωνός Tithonus Tithonus　　提托诺斯

Τιτᾶνες Titans Titans　　提坦

Τιτυός Tityos Tityos　　提图奥斯

Τρίτων Triton Triton　　特里同

Τρώς Tros Tros　　特洛斯

Τυδεύς Tydeus Tydeus　　提丢斯

Turan　　图兰（伊特鲁里亚爱神）

Τυνδάρεος Tyndareus Tyndareus　　廷达瑞俄斯

Τυρώ Tyro Tyro 提洛

Τυφῶν Typhon Typhon 提丰

Y

Ὑάκινθος Hyacinthus Hyacinthus 许阿辛托斯

Ὕδρα Hydra Hydra 许德拉

Ὕλας Hylas Hylas 许拉斯

Ὑμέναιος Hymenaeus/Hymenaios Hymenaeus/Hymen 许墨奈奥斯 / 许门

Ὑπερίων Hyperion Hyperion 许佩里翁

Ushas 乌莎斯(吠陀黎明女神)

Φ

Φαέθων Phaeton Phaeton 法厄同

Φαίδρα Phaedra Phaedra 菲德拉

Φήμιος Phemius Phemius 费弥奥斯

Φιλάμμων Philammon Philammon 菲拉蒙

Φιλήμων Philemon/Philemo Philemon 菲勒蒙

Φινεύς Phineus Phineus 菲内乌斯

Φοίβη Phoibe Phoibe 福柏

X

Χάος Chaos Chaos　卡俄斯

Χάρις Charis Charis　卡里斯

Χάριτες Charites Graces　卡里忒斯/美惠三女神

Χείρων Chiron/Cheiron Chiron　喀戎

Χρυσάωρ Chrysaor Chrysaor　克律萨奥耳

Ω

Ωκεανός Oceanos Oceans　奥刻阿诺斯

Ὧραι Horae Horae　荷莱/时序三女神

Ὠρίων Orion Orion　奥里翁

（张鑫、玛赫更里　编）

跋"古代世界的诸神与英雄"

"古代世界的诸神与英雄"主编苏珊（Susan Deacy）教授，欣然为中文版专文序介丛书缘起，她撰写的"前言"始于这样一个问题："什么是神？"说的是公元前6世纪古希腊抒情诗人西摩尼德斯（Simonides of Ceos），如何受命回答这个问题。故事源自西塞罗《论神性》（*De Natura Theorum*, 1.22）：对话中，学园派科塔（Gaius Cotta）愤而驳斥伊壁鸠鲁派维莱乌斯（Gaius Velleius）"愚蠢的"神性论说，认为就"神的存在或本质"（quid aut quale sit deus）而言，他首推西摩尼德斯；而向诗人提出"什么是神？"的人，正是叙拉古僭主希耶罗（tyrannus Hiero）；就此提问，诗人再三拖延，终于以"思考越久事情就越模糊"不了了之；按科塔的说法，"博学和有智慧"（doctus sapiensque）的诗人，对回答僭主的问题感到"绝望"（desperasse）。

启蒙哲人莱辛（Lessing）称抒情诗人西摩尼德斯为"希腊的伏尔泰"（griechischer Voltaire）：想必因为"西摩尼德斯与希耶罗"的关系有似于"伏尔泰与腓特烈大帝"。1736年，伏尔泰与尚为王储的腓特烈首次书信往还：当年8月8日，腓特烈致信伏尔泰，说他正在将沃尔夫（Chr. Wolff）的文章《对上帝、世界和人类灵魂及万物的理性思考》("Vernünftige Gedanken von Gott, der Welt und der Seele des Menschen, und allen Dingen überhaupt")译成法语,一俟完成就立刻寄给伏尔泰阅正。如此,直至1777—1778年间最后一次书信往还,上帝或神学政治问题,一直是两者探讨的重要主题。

尤为值得一提的是,1739年王储腓特烈写成《反马基雅维利》(*Der Antimachiavell*),伏尔泰超常规全面修订,让这本书的作者成为"公开的秘密",其核心主题之一也是"神学政治论":譬如,"第六章:君主建国靠的是他的勇气和武器"中,腓特烈或伏尔泰认为,马基雅维利将摩西(Moses)擢升到罗慕路斯(Romulus)、居鲁士(Cyrus)和忒修斯(Theseus)等君主之列,极不明智;因为,如果摩西没有上帝的默示,他就和悲剧诗人的"机械降神"没有两样;如果摩西真有上帝的默示,他无非只是神圣的绝对权力的盲目的奴仆。如果所有神学政治问题都可以还原到"什么是神",既然从古代城邦僭主到近代开明专制君主都关注这个问题,"什么是神"的问题必定攸关其僭政或专制主权。

中华儒学正宗扬雄《法言·问神》开篇"或问'神'。曰:'心'"。用今人的话说,就是"有人问'什么是神?'答曰:神就是'心'"。中国先哲就"什么是神"设问作答毫不含糊隐晦,与古希腊诗人西摩尼德斯"绝望"差别大矣哉!扬雄有见于"诸子各以其知舛驰,大氐诋訾圣人,即为怪迂","故人时有问雄者,常用法应之,撰以为十三卷,象《论语》,号曰《法言》。"(《汉书·扬雄传》)正因孔子"无隐尔乎"(《论语·述而》),扬雄效法圣人自然直言不讳:"潜天而天,潜地而地。天地,神明而不测者也。心之潜也,犹将测之,况于人乎?况于事伦乎?"就"问神"卷大旨,班固著目最为切要:"神心聪恍,经纬万方,事系诸道德仁谊礼。"(《汉书·扬雄传》)可见,中国先哲认为,"神"就是可以潜测天地人伦的"心",这既不同于古希腊诸神,更不同于犹太基督教的上帝。

以现代学术眼光观之,无论《荷马史诗》还是《旧约全书》,西方文明的原始文献就是史诗或叙事,其要害就是"神话"(mythos)。虽然连《牛津古典词典》这样的西方古典学术巨著中竟然找不到"神话"词条(刘小枫《古希腊"神话"词条》),作为叙事的"神话"终究是西方文明正宗。西北大学出版社鼎力支持编译出版"古代世界的诸神与英雄"丛书,正是有鉴于此。

黄瑞成

癸卯春末于渝州九译馆

谷雨改定

著作权合同登记号：陕版出图字 25-2020-189
图书在版编目（CIP）数据

阿耳忒弥斯 /［美］斯蒂芬妮·林恩·布丁著；
玛赫更里译 . — 西安：西北大学出版社，2023.11
（古代世界的诸神与英雄 / 黄瑞成主编）
书名原文：Artemis
ISBN 978-7-5604-5191-6

Ⅰ.①阿… Ⅱ.①斯…②玛… Ⅲ.①神—研究—古希腊 Ⅳ.① B933

中国国家版本馆 CIP 数据核字 (2023) 第 142002 号

Artemis，1 edition By Stephanie Lynn Budin /9780367001001
Copyright © 2016 by Routledge
Authorized translation from English language edition published by Routledge, an imprint of Taylor & Francis Group LLC All Rights Reserved. 本书原版由 Taylor & Francis 出版集团旗下 Routledge 出版公司出版，并经其授权翻译出版。版权所有，侵权必究。
NORTHWEST UNIVERSITY PRESS Co.,Ltd. is authorized to publish and distribute exclusively the Chinese (Simplified Characters) language edition. This edition is authorized for sale throughout Mainland of China. No part of the publication may be reproduced or distributed by any means, or stored in a database or retrieval system, without the prior written permission of the publisher.
本书中文简体翻译版授权由西北大学出版社有限责任公司独家出版并在中国大陆地区销售。未经出版者书面许可，不得以任何方式复制或发行本书的任何部分。
Copies of this book sold without a Taylor & Francis sticker on the cover are unauthorized and illegal.
本书封面贴有 Taylor & Francis 公司防伪标签，无标签者不得销售。

阿耳忒弥斯

［美］斯蒂芬妮·林恩·布丁 著　玛赫更里 译
出版发行：西北大学出版社
（西北大学校内　邮编：710069　电话：029-88302621　88303593）

经　　销：	全国新华书店
印　　装：	陕西博文印务有限责任公司
开　　本：	787mm×1092mm　1/32
印　　张：	15
字　　数：	260 千字
版　　次：	2023 年 11 月第 1 版
印　　次：	2023 年 11 月第 1 次印刷
书　　号：	ISBN 978-7-5604-5191-6
定　　价：	108.00 元

本版图书如有印装质量问题，请拨打电话 029-88302966 予以调换。